本书为2020年教育部人文社会科学研究一般项目"清末中外商约'知识产权条款'研究：缘起、实施与影响"（项目批准号：20YJA770001）研究成果

陈福初　著

QINGMO ZHONGWAI SHANGYUE
"ZHISHI CHANQUAN TIAOKUAN"
YANJIU

清末中外商约"知识产权条款"研究

图书在版编目（CIP）数据

清末中外商约"知识产权条款"研究／陈福初著．
北京：知识产权出版社，2024.7． -- ISBN 978 - 7 - 5130 - 9358 - 3

Ⅰ．D923.404

中国国家版本馆 CIP 数据核字第 202496MY16 号

责任编辑：罗　慧　　　　　　　责任校对：谷　洋
封面设计：乾达文化　　　　　　责任印制：刘译文

清末中外商约"知识产权条款"研究

陈福初　著

出版发行：知识产权出版社有限责任公司	网　　址：http://www.ipph.cn
社　　址：北京市海淀区气象路 50 号院	邮　　编：100081
责编电话：010 - 82000860 转 8343	责编邮箱：lhy734@126.com
发行电话：010 - 82000860 转 8101/8102	发行传真：010 - 82000893/82005070/82000270
印　　刷：三河市国英印务有限公司	经　　销：新华书店、各大网上书店及相关专业书店
开　　本：720mm×1000mm　1/16	印　　张：14.5
版　　次：2024 年 7 月第 1 版	印　　次：2024 年 7 月第 1 次印刷
字　　数：226 千字	定　　价：78.00 元
ISBN 978 - 7 - 5130 - 9358 - 3	

出版权专有　侵权必究
如有印装质量问题，本社负责调换。

目录 Contents

绪　论 …………………………………………………………………… (1)
　一、问题的提出 ……………………………………………………… (1)
　二、研究成果之梳理 ………………………………………………… (3)
　三、研究的目标、主要内容、重点和难点 ………………………… (5)
　四、研究的创新 ……………………………………………………… (10)

第一章　清末中外商约"商标条款"：缘起、实施及影响 ………… (11)
　第一节　清末中外商约"商标条款"的缘起 ……………………… (11)
　　一、近代中国涉外商标纠纷处理的困境 ………………………… (11)
　　二、清末中外商约"商标条款"的形成 ………………………… (16)
　第二节　清末中外商约"商标条款"的实施 ……………………… (26)
　　一、清末商标立法及挫折 ………………………………………… (26)
　　二、北洋政府自主制定商标法 …………………………………… (33)
　　三、清末中外商约"商标条款"与涉外商标纠纷解决的
　　　　有限适用 ……………………………………………………… (46)
　第三节　清末中外商约"商标条款"的影响 ……………………… (49)
　　一、清末中外商约"商标条款"与近代中国商标权观念的
　　　　形成 …………………………………………………………… (49)
　　二、清末中外商约"商标条款"与商标权取得制度的确定 …… (57)
　　三、清末中外商约"商标条款"背景下领事裁判权扩展与
　　　　限缩的博弈 …………………………………………………… (66)

第二章　清末中外商约"版权条款":缘起、实施及影响…………(72)

第一节　清末中外商约"版权条款"的缘起 …………………(72)
一、清末"文告示禁"保护模式及其困境 ………………(73)
二、清末中外商约"版权条款"的形成 …………………(81)

第二节　清末中外商约"版权条款"的实施 …………………(97)
一、清末中外商约"版权条款"与涉外版权纠纷的解决 …(97)
二、西方突破商约"版权条款"保护的尝试………………(104)

第三节　清末中外商约"版权条款"的影响…………………(116)
一、清末中外商约"版权条款"与治外法权的"限缩"……(116)
二、清末中外商约"版权条款"与近代版权私权观念的
　　初步形成 …………………………………………(121)
三、被动移植还是主动保护——近代中国著作权法律制度的
　　道路选择 …………………………………………(141)

第三章　清末中外商约"专利条款":缘起、实施及影响………(152)

第一节　清末中外商约"专利条款"的缘起…………………(152)
一、清末中外商约谈判前专利保护的历史现状…………(152)
二、清末中外商约"专利条款"的订立与涉外专利保护
　　方式的转变 …………………………………………(159)

第二节　清末中外商约"专利条款"的实施…………………(164)
一、清末中外商约"专利条款"与专利立法的中外交涉 …(165)
二、《专利法》的正式颁布 ………………………………(170)
三、清末中外商约"专利条款"与涉外挂号专利的法律地位…(174)
四、中外经济技术合作中涉外专利的保护………………(178)

第三节　清末中外商约"专利条款"的影响…………………(182)
一、清末中外商约"专利条款"与近代专利的初步转向………(182)
二、清末中外商约"专利条款"与近代中国专利私权性质的
　　形成 ………………………………………………(194)

三、清末中外商约"专利条款"与近代中国专利保护体制的

　　构建 ··· (204)

四、清末中外商约"专利条款"对治外法权、最惠国待遇的

　　影响 ··· (210)

参考文献 ··· (215)

后　　记 ··· (222)

绪　　论

一、问题的提出

1. 清末中外商约"知识产权条款"

19世纪末,《巴黎公约》《伯尔尼公约》相继签订,形成了知识产权国际化保护的趋势,西方近代知识产权观念及其法律制度也开始进入中国。在中外商贸往来中,知识产权的冲突逐渐显现,为了扩大在华利益,西方拟通过条约将涉外知识产权在中国实行"制度化"保护,在《辛丑条约》之后的中外商约谈判中,首次提出了保护知识产权的要求,清政府在与英、美、日等国签订的通商条约中订立了"知识产权条款"。清末中外商约"知识产权条款"(下文或称清末商约)是指1902—1903年,清政府与英国、美国、日本开展商约谈判中签订的有关保护知识产权内容的条款,具体包括,1902年9月5日签订的《中英续议通商行船条约》第七款关于保护商标的规定,1903年10月签订的《中美通商行船续订条约》第九款、第十款、第十一款保护商标、专利及著作权的规定,1903年10月签订的《中日通商行船续约》第五款保护商标及著作权的规定。

2. 研究的理论和实际应用价值

作为近代中国知识产权发展史上最重要的现象级事件,清末中外商约"知识产权条款"成为近代中国涉外知识产权保护与交涉的主要依据,也是研究近代中国涉外知识产权中枢性的论题。

(1) 本书研究的理论价值。

第一,目前,学界对近代中国涉外知识产权的研究集中在清末中外商约

"知识产权条款",但多为史实性的描述,缺乏理论提升。本书在理论研究上的创新之处主要有:一是清末中外商约"知识产权条款"是近代中国涉外知识产权从"文告示禁"的特权保护向条约保护的重大转变,是西方实现涉外知识产权"制度化"保护的体现,还是近代中国知识产权从封建特许权向近代私权递进的节点;二是清末中外商约"知识产权条款"是在外力胁迫下清政府不得已的妥协之举,但因其特有的话语体系,实施的结果并未如西方所愿,涉外知识产权的保护反而受到一定的限制,产生了有利于中方、限制西方的意外效果;三是近代中国知识产权法律制度虽受清末中外商约"知识产权条款"的直接影响,但中国政府逐步走出一条独立、自主的立法之路;四是清末中外商约"知识产权条款"对治外法权的影响,这是学界较少关注的一个论题,西方在华享有广泛的治外法权,但清末商约"知识产权条款"特有的话语体系对其有一定的限缩,西方便以中国破坏治外法权为借口,干涉中国内政,使得涉外知识产权的冲突更具复杂性。

第二,本书的研究与近代版权、近代商标、近代专利互为补充,共同构成近代中国知识产权研究的完整学术谱系。目前,学者多聚焦于近代版权史、商标史、专利史的研究,出版了不少专题性的论著,取得了可喜成果,其中虽也涉及涉外知识产权问题,但研究还不够深入、全面,尤其缺乏涉外知识产权研究的整体性研究成果。本书从清末中外商约"知识产权条款"的缘起、实施、影响三个方面对这一专题进行研究,以期形成整体性的研究成果,与近代商标、近代版权、近代专利的研究共同构成近代知识产权研究的完整学术谱系。

第三,史、法结合,通过跨学科研究,深化近代中外关系研究的内容。在研究方法上,以往学者多从史学角度研究涉外知识产权,易流于史实性的描述,但条约属国际法的研究范畴,涉外知识产权保护涉及治外法权、领事裁判权等国际法问题,在近代中国主权不完整的特殊背景下,涉外知识产权的冲突尤其复杂,只有在具体历史背景下,运用国际法理论,史、法结合,才能深刻揭示近代中国涉外知识产权冲突、交涉的内在逻辑,为近代中外关系的研究提供新的视域。

(2)本书的实际应用价值。

改革开放以来,我国涉外知识产权面临的国际形势、争议的诸多问题与近代有相近，总结历史经验，具有重要的现实意义，其表现在以下几个方面：一是根据国家发展的不同阶段选择不同的知识产权保护水平，是近代中国涉外知识产权交涉的重要经验。在知识产权国际化趋势下，作为国家政策工具，知识产权应根据国家发展的不同阶段选择不同的保护水平。清末商约谈判中，清政府根据自身落后的国情，争取了较为有利的"知识产权条款"，版权方面，将涉外版权限定在"专备中国人民所用"这一狭小范围，且仅保护复制权，不保护翻译权；专利权方面，将敏感的军用技术排斥在外，等等，最大限度地维护了中方利益。二是充分发挥社会组织及媒体在涉外知识产权纠纷中的积极作用。在近代上海发生的版权纠纷中，上海书业商会与政府积极沟通，形成合力，为争取胜诉创造了重要条件。1923年，在中外关于《商标法》颁行的交锋中，上海总商会及报刊舆情给予了政府有力的支持。

二、研究成果之梳理

1. 国内外研究现状

自改革开放以来，知识经济、知识产权在社会经济发展中的作用越来越重要，作为回应，对近代知识产权的研究也逐渐受到学界关注，清末中外商约"知识产权条款"是研究近代知识产权的应有之义。目前，学界尚无清末中外商约"知识产权条款"研究的专著，相关论文有20余篇，研究相对薄弱，学者的论题主要集中在以下几个方面。

第一，清末中外商约"知识产权条款"的产生。多数学者聚焦于此，对该条款产生的过程、重要人物的作用等进行了较深入的研究，代表性成果有：崔志海《试论1903年中美〈通商行船续订条约〉》（2001）、刘保刚《近代以来中外关于知识产权保护的谈判》（2002）、王黎明《论近代中外首次商标问题谈判》（2005）、冯秋季《张之洞与中外版权交涉》（2004）和《伍廷芳与中美专利交涉》（2005）等。

第二，清末中外商约"知识产权条款"的实施。这方面的研究集中在涉外商标和涉外版权，而且讨论的问题也较为集中，涉外版权方面集中在清末民初几起较大的涉外案例上，涉外商标方面则集中在清末和北洋政府时期的两次商标立法上。代表性的成果有：李明山《张百熙与中国近代的版权保护》(2001)、《民国初年的涉外版权纠纷》(2003)，蔡晓荣《清末涉外版权纠纷问题》(2006)、崔军伟《保护与拒绝：清末民初译书版权之争》(2015)，蔡晓荣、王国平《晚清时期的涉外商标侵权纠纷》(2005)和屈春海《清末中外关于〈商标注册试办章程〉交涉史实考评》(2012)，对涉外专利实施的研究较少见。同时，关于中国政府与外国政府之间涉外知识产权交涉方面的研究也较少，仅见贾中福《1923年中国商标法交涉过程中的中外商会》(2005)等少数论文。

第三，清末中外商约"知识产权条款"对近代中国知识产权法律制度的影响。近代中国知识产权法律制度受内外因素的影响，学者在这方面的研究不断深入，吴汉东在《知识产权法律构造与移植的文化解释》(2007)中提出，中国知识产权法是一个从"逼我所用"到"为我所用"的制度变迁史，也是一个从被动接受到主动安排的法律移植史；张东刚、冯素杰在《近代中国知识产权制度的安排与变迁》(2004)中对近代中国知识产权制度的产生与演变作了概述。近年来，学者对影响近代中国知识产权法律制度的内外因素作了更细致的分析，如夏扬《外来压力还是内在需求？——重新认识近代知识产权制度的建立动因》(2011)一文认为，近代中国知识产权制度是内外因素共同作用的结果，外来压力并不是决定性因素；刘文远《从"移植"到"内生"的演变：近代中国商标权取得原则的确定及调整》(2015)一文从商标取得原则这一视角探讨了《商标法》从"移植"到"转换"的内生性转换。

2. 国内外研究的趋势

目前，该领域的研究虽然取得了一定的成果，但是就整体而言，该领域研究的论题还比较陈旧，重复研究突出，大多数成果聚焦于清末中外商约"知识产权条款"的产生过程、清末与民国早期的相关案例的分析、1923年北洋政府的商标立法等方面，不仅涉及领域较为有限，而且研究不平衡，涉外版权较多，涉外专利则很少，讨论涉外专利的专门论文几乎没有。随着近代史研究不断拓展新的对象领域，加之当代对知识产权的普遍关注，对近代涉外知识产权的研究也激发了更多学者的兴趣，并出现新的研究趋向。

第一，整体性研究。目前，学界已有近代版权史、商标史、专利史专著，出现了系统性的研究成果，但近代涉外知识产权系统性研究成果阙如，涉外知识产权方面的研究为涉外知识产权整体性研究提供了一定的基础。

第二，新的研究领域不断拓展。在原有论题研究继续深入的基础上，许多新的研究论题逐渐受到关注，如涉外知识产权与治外法权的关系、近代知识产权的理论研究不断深入、涉外商标专利海关挂号的中外争议及评价、涉外专利的中外交涉及我国对涉外专利认识的深化等，关于这些论题的研究丰富了近代史的研究内容。

第三，从研究方法看，学者开始运用法学、外交学、经济学等多学科的理论与方法对近代中国涉外知识产权予以探讨，多角度的研究有助于更深刻地揭示近代中国涉外知识产权冲突的根源以及近代中国知识产权法律制度演变的内在机理，能以史为鉴，总结涉外知识产权交涉应对的历史经验。

三、研究的目标、主要内容、重点和难点

1. 研究的目标

通过研究清末中外商约"知识产权条款"的缘起、实施及影响，探讨近代中国涉外知识产权保护的模式，以及在此模式下涉外知识产权冲突产生的原因、特点及其解决途径，揭示国际法语境下近代中国知识产权法律制度的冲突与融会、博弈与修正的内在逻辑，总结涉外知识产权交涉应对的历史经验。

2. 研究的主要内容

（1）清末中外商约"知识产权条款"产生的研究。

其产生的历史背景：一方面，传统的"文告示禁"模式由于其因"一时一事"而发布、具有地域局限性等，这种特许保护模式不能适应工业化条件下知识产权保护的海量需求；另一方面，19世纪末，在知识产权国际化的趋势下，西方试图通过条约将涉外知识产权这类新型权利实现"制度化"保护，1902年的清末中外商约谈判为此提供了契机。其产生的过程：涉外商标的谈判，中外分歧较少，且很快达成了协议；涉外版权，主要在中国与美、日间进行，双方分歧较大，分歧主要在保护的客体范围、地域、期限、权利

内容等方面，客体范围是争议的焦点，最终达成一致，版权客体限制在"专备中国人民所用"，版权内容重点保护复制权，而不保护翻译权，于中国有利；涉外专利，主要在中美之间进行，双方冲突激烈，清政府担忧保护涉外专利会影响中国工业制造，尤其是军工，故坚决反对。美国以治外法权进行威胁，要求保留，最终双方妥协，同意待中国制定《专利法》后才开始保护涉外专利。

清末中外商约"知识产权条款"的内容既不同于其他国家间的知识产权双边协议，也不同于有关的知识产权国际公约，而是形成了特有的中国话语体系，深刻影响了近代涉外知识产权的保护与交涉，也是涉外知识产权从特许保护向条约保护模式的转变，标志着近代中国知识产权由封建特许权向近代私权的递进，推动了近代中国知识产权法律制度的产生与发展。

（2）清末中外商约"知识产权条款"实施的研究。

涉外商标。中外在商约谈判中，关于涉外商标并无明显争议，但在实施过程中，因其涉及中国主权，中外冲突尤为激烈，主要围绕清末及1923年两次《商标法》的制定展开。综合两次争议，其焦点问题集中在：一是海关商标管理权，西方列强要求维持其海关管理的既有现状，中方则坚持主权原则，要求收回列强海关商标管理权；二是涉外商标注册管理，西方列强要求中方承认海关挂号商标合法有效，且企图以各种方式染指中国的商标行政管理，中方则要求西方重新注册，仅认可其在申请中享有"优先权"；三是涉外商标的争议解决，包括商标申请争议及商标侵权争议两类，西方列强要求均由中外共同审理，中方则认为商标申请属一国内政，反对西方参与，仅同意商标侵权争议按照领事裁判权原则审理。

涉外版权。清末中外商约"知识产权条款"中，涉外版权保护的客体被限定在"专备中国人民所用"这一较为狭窄的范围内，是条款实施中争议的焦点。本研究拟从两个方面展开：一是研究近代几起典型的涉外版权纠纷案例，分析商约版权条款是导致外国书商败诉的直接原因，也是中外辩诉的焦点；二是西方列强企图通过各种方式突破商约版权条款的限制，如要求中国修改商约、邀请中国加入国际版权同盟、书籍商标注册、与中方书商合作出版图书等，但均被中国以违背商约版权条款为由拒绝。

涉外专利。清末中外商约对涉外专利的保护以中国制定《专利法》为前提，但自清末至民国一直采取"延宕之计"，本研究拟重点关注两个问题，一是民国不同时期"延宕之计"的实施方式，即以各种工业技术奖励法代替《专利法》，强调其临时性质，并非《专利法》，以应对西方的交涉。二是研究抗战时期国民政府制定第一部《专利法》而开始保护涉外专利的诸种原因：一方面是国内外局势的变化，民国政府与西方签订协议，西方同意取消在华治外法权；另一方面，中国政府认识到，保护涉外专利有许多积极作用，如可以引进西方技术，开发国内资源，培养国内技术工人等，保护涉外专利"有无穷利益"，而中国所失者，"仅十余年专利利润而已"。政府对涉外专利认识的深化，推动了清末商约"知识产权条款"的实施，也促进了近代中国专利法律制度的建立。

(3) 清末中外商约"知识产权条款"影响的研究。

对近代中国知识产权法律制度的影响。为了保护涉外知识产权，清末中外商约"知识产权条款"规定清政府须制定知识产权相关法律制度，因而，清末中外商约"知识产权条款"是近代中国知识产权法律制度产生的直接原因。但中国政府在知识产权的立法上仍保持了相对的自主性，本书拟从三部法律诞生、演变的具体过程进行实证研究。商标法方面，当清末首次制定《商标法》时，由于清政府外交上的孱弱，西方列强几乎主导了该法的制定，最后仍然流产。民国以后，随着国家主权意识的勃兴，北洋政府排除西方干扰，于1923年颁布了第一部正式实施的《商标法》；版权方面，1910年制定的《大清著作权律》、1915年民国初期制定的《著作权法》均没有保护涉外版权的规定，1928年民国政府颁布新的《著作权法》及其实施条例，首次规定保护涉外版权，遭到西方列强的反对，但由于其内容与清末商约"知识产权条款"一致，民国政府除对保护年限稍作改变外，未作其他修改，也排除了西方的干扰；专利法方面，民国政府颁布了多部奖励发明创造的法规，在法规的名称上均冠以"暂行"二字，在议定机构上不由法院议定，改由行政院通过，以其行政法属性，并非《专利法》，将外国人专利排除在外。抗战爆发后，由于国际形势的变化，以及对涉外专利认识的深化，直至1944年，民国政府自主颁布了第一部《专利法》。

对治外法权的影响。按照治外法权的原则，外国人在华享有广泛的权利，依照领事裁判权的被告主义原则，如外国人在中国侵犯中国人的知识产权，根据其所属国的法律审判，中国人侵犯外国人的知识产权，则依中国法律。在近代中国涉外知识产权司法实践中，主要以清末中外商约"知识产权条款"为依据，而清末中外商约"知识产权条款"特有的话语体系对外国人知识产权保护形成了一定的约束，西方借此指责中国违背治外法权，成为涉外知识产权交涉中的一个焦点问题。依法理层面而言，治外法权不能等同于领事裁判权，广义上，除领事裁判权外，近代治外法权还包括一般国际法上的国家元首、外交使节等的豁免权，西方列强混淆治外法权与领事裁判权的区别，用治外法权正当性部分掩盖领事裁判权国际法上的不法性，成为西方干涉中国内政的口实。

清末中外商约谈判中，清政府不情愿地接受了涉外知识产权条约保护模式，由于"知识产权条款"所形成的特有话语体系，因此产生了有利于中方、限制西方的意外效果，这是西方所始料未及的，这一观点尚未为学界充分讨论。此外，本书还对学界较少关注的清末中外商约"知识产权条款"相关论题也作了较深入探讨，如领事裁判权与涉外知识产权的关系，外国人商标、专利海关挂号的争议，国际知识产权公约与近代中国涉外知识产权保护，外国人之间知识产权保护，商会组织、报刊舆情在涉外知识产权冲突中的作用等，能够拓展该领域研究的视域，丰富涉外知识产权研究的内容。目前，这一领域研究的成果较少，尤其缺乏整体性研究成果，本书可以推进近代中国涉外知识产权领域研究的深入。

3. 本书研究的重点内容

（1）清末中外商约"知识产权条款"的评价。对清末中外商约"知识产权条款"的研究，不应仅限于条款产生这一单纯的历史事件，而应从学理上进行更深层次的探讨。一方面，清末中外商约"知识产权条款"是西方在中国实现知识产权"制度化"保护的表现；另一方面，清末中外商约"知识产权条款"推动了近代中国知识产权保护模式的转变，即从传统的"文告示禁"特许保护向条约保护转变。同时也是知识产权从传统的封建特许权向近代私权的转变。唯有如此，才能准确把握中外商约"知识产权条款"在中国知识产权法律制度产生、发展演变中的历史地位,这是本书研究的重点内容之一。

(2)清末中外商约"知识产权条款"在各领域实施中争议的焦点。清末中外商约"知识产权条款"在商标、版权、专利各个领域有不同的规定,决定了其实施过程中冲突的焦点各有侧重,涉外商标冲突的焦点是商标的行政管理,涉外版权冲突的焦点是作品保护范围的界定,涉外专利冲突的焦点是《专利法》的制定。自清末至1944年《专利法》颁布,中外围绕涉外知识产权各领域的焦点问题多次发生矛盾与冲突,构成近代中国涉外知识产权保护与交涉的基本内容,成为本书研究的重点内容之二。

4. 本书研究的难点

(1)清末中外商约"知识产权条款"对近代中国知识产权法律制度的影响。近代中国涉外知识产权"制度化"保护既表现为清末中外商约"知识产权条款"本身,也表现为中国制定的相关知识产权法律制度,从具体历史发展来看,近代中国知识产权法深受外部因素的影响又力图摆脱其影响,呈现"西化"与"本土化"的两难选择,是研究涉外知识产权保护领域重点而又复杂的议题。从中国近代知识产权相关法律的立法进程来看,从是否立法到何时立法,中国政府逐步掌握了一定的自主权:清末《商标法》因西方干扰而流产,然而1923年,北洋政府在西方列强的一片反对声中自主制定了第一部《商标法》;清末民初颁布的两部《著作权法》均没有涉外版权的规定,1928年,民国政府修改《著作权法》时排除了西方的干扰;中国政府先后颁布了多部奖励发明创造的法规,也未规定涉外专利条款,1944年,民国政府自主颁布了我国第一部《专利法》。

(2)清末中外商约"知识产权条款"与治外法权、领事裁判权的矛盾及影响。清末中外商约"知识产权条款"是中外商事主体从事知识产权类商贸活动纠纷解决的依据,也是中外政府交涉的条约基础。然而,由于该条款的内容与知识产权国际公约并不相同(如国民待遇原则等),也与其他国家间知识产权的双边协议迥然有别,而是形成了特有的中国式话语体系,对西方知识产权权利人的利益有一定的限制,于是产生了西方人眼中的奇怪现象:版权方面,在中国的适法行为在西方看来却是典型的盗版行为,导致外商在涉外版权的诉讼中屡屡败诉；在商标立法中，中国维护主权的正当行为被西方视为破坏治外法权的不法行为，涉外专利又长期得不到有效保护，凡此种种，由此西方便指责中国损害了其享有的治外法权。法理上，治外法权与领事裁判权不能等同，西方列强混淆其区别，指责中国破坏其享有的治外法权，旨在消解清末商约"知识产权条款"的约束力，干涉近代中国知识产权的立法、司法及行政诸权，使涉外知识产权的纠纷及解决更复杂化。

四、研究的创新

（1）本书填补了近代中国涉外知识产权整体性研究的部分空白。目前，已有近代版权史、近代商标史、近代专利史专著出版，尚无涉外知识产权整体性研究成果，清末中外商约"知识产权条款"是研究近代中国涉外知识产权的中心议题，其研究可以填补近代涉外知识产权研究的空白。现有研究呈现不平衡及碎片化现象，从知识产权的领域看，研究著作权、商标的较多，研究专利的极少；从过程来看，主要集中在该条款的产生及其实施，而影响方面的研究较少，整体性的研究成果更是付诸阙如。

（2）观点创新。涉外版权争议的焦点是客体范围，涉外商标争议的焦点是商标的行政管理，涉外专利争议的焦点是《专利法》的颁布。涉外知识产权保护模式的转变，即从特许权向"条约保护"转变，本书提出，涉外知识产权保护的"一体两面"，即围绕涉外知识产权这一主题，涉外知识产权的保护既有"知识产权条款"规定的内容，也有在该条款不能"周全"情况下的补救措施，形成"一体两面"的互补共生的保护形态，共同构成近代涉外知识产权保护的全部内容。在近代领事裁判权不断扩张的情况下，清末中外商约"知识产权条款"因其特有的话语体系对西方列强享有的领事裁判权反而形成了一定的限制，是中国近代外史上的一抹亮色。虽然近代中国知识产权法为外力所逼，但由于国家主权意识的逐步增强，近代中国仍然走出了一条独立自主的知识产权立法之路。在近代涉外知识产权交涉中，企业、商会、媒体、政府多方联动，是中外知识产权交涉取得一定成绩的有益经验。

| 第一章 |

清末中外商约"商标条款": 缘起、实施及影响

第一节 清末中外商约"商标条款"的缘起

一、近代中国涉外商标纠纷处理的困境

1. 我国古代商标发展的历史特点

商标是生产者、经营者用来使自己的商品或服务与他人的商品或服务相区别的标志。据考证,"商标"一词,在我国最早出现于1902年。[1] 商标与商品经济密切相关,商品经济愈发展,商标现象愈凸显,商标法律制度是维护商品经济秩序的重要制度。

早期商标的功能,主要为表明商品来源及出处,帮助消费者选择商品。同一商品多达千百种,消费者可以"按图索骥",作为取舍商品之标准,而不必有辨别货品真伪优劣之专业知识;生产者则为得消费者信心,以及保证出品品质,对其出品精益求精,不敢存蒙蔽之心。商人往往抛数十年心血,耗千万金钱,以培养消费者对其商标之好感,而假冒者窃人商标,无异于窃取其数十年之心血、数千万之金钱,因而各国对于商标,视同版权、发明予

---

[1] 曾友林:《中国商标法制近代化研究》,西南政法大学2019年博士论文,第13-16页。

以保护。①

中国历史上很早就存在商标现象，西汉时期，铁器上有"川""渔"字样，陶器上有"陶彦"字样。三国时期，曹操在其文学作品《短歌行》中有"何以解忧，唯有杜康"名句，"杜康"即当时有名之白酒牌号。至唐宋时期，商品经济进一步繁荣，类似商标现象更为普遍。《唐律疏议》："物勒工名，以考其诚。功有不当，必行其罪"，古代存在的"物勒工名""物勒地名"现象是我国商标制度之滥觞。宋朝时期，商标发展更趋成熟，单纯的商标功能更为凸显，且其图样设计图文并茂，具有鲜明的显著性，易于发挥商标功能。最为大众熟知的"白兔"商标，据载，其针铺主人为章丘人，祖辈铁匠出身，制作功夫细针多年，其商标图样中间为一只白兔，上面刻有"济南刘家功夫针铺子"，其左右两边还刻有"认门前白兔为记"，"白兔"就是针铺的商标。②《东京梦华录》记载了许多有名的牌号，如"李生蔡小儿药铺""张戴花洗面药""丑婆婆药铺""曹婆婆豆饼""乳酪张家""孙好手馒头""万家馒头""唐家酒店""仙客来酒店""桥西贾家瓠羹"等，到明代已经出现较有影响的商标，如"景泰蓝""同仁堂""六必居""张小泉""内联升"等。

明清时期，随着商品经济的进一步发展，一些不法商人隐射假冒商标现象也逐渐增多，除商标的设计有了发展以外，在商标的管理上也有显著进步，出现了行业管理及政府的令状管理两种管理方式。

行业管理。古代中国，手工业主要靠行会进行管理，行会以会所或公馆形式出现，承担民间商标管理是其职责的应有之义，也较有效果。如清末，上海绮藻堂布业公所有自己的组织机构，并且制定了行业规范。为了规范同行业业主设计标牌，防止混淆，特别制定了"牌谱""牌律"。"牌谱"，即商家设计商标，其"各牌"第一、第二或第二、第三个字，不准与其他商家有连续两字相同，也不许有音同字异或形似的情形。"牌律"的规定更加接近近代商标法，共六章 24 节，第三章为"布牌注册"，规定有牌号注册的条

---

① 受百：《商标法之国际协定与我国商标注册情形》，《银行周报》1926 年第 456 期。
② 魏华：《中国设计史》，中国传媒大学出版社 2013 年版，第 193 页。

件、注册的程序等,"入所各号行销各路布牌,除已经注册由本公所保护外,尚有未曾入册之布牌及新开号庄之新布牌或老号庄之新创布牌,均须随时开送注册,以便一体保护。其未曾注册之牌号,本公所不负任何保护之责",同时规定,牌号设计"须由本所会同查明与他所已经注册者并不相同,方准注册,如有与已注册者相同,创新者必须更换"。"牌律"对于假冒者也有惩罚规定,如第六章为冒牌罚则:"同业如有顶冒他号已经注册之同路同货牌号,经本所查明,或被本牌呈报确有实据者,将冒牌之货尽数充公,如有捐客经手,必须追查姓名,由公所通告,各号以后永远不准该捐客再捐布客,如号家徇私情相授受亦须受罚。"① 这些规定与近代商标法关于商标的设计规范十分接近。苏松两府是手工业发达之地,字号布记,不许假冒雷同,"著有成案",射利之徒,不自立字号,觊觎他人字号,或以字音相同,或以音同字异,以伪乱真,起衅生非,病累商民。但是商家设计布记招牌原以取信远商、别货之高下、定价之低昂。

政府的令状管理,表现为"勒石示禁",即对于不法商人的假冒行为,地方政府会根据被害人的请求,对假冒者予以惩罚,"勒石示禁",告诫后来者。清顺治十六年(1659),松江地区纺织业发达,不法商人沈青臣假冒著名布号"金三阳","私翻摹刻,以伪乱真,丑布射利",为此,松江府"勒石示禁","给贴众商,永为遵守,勒石通衢,志为定例。今后牙商,各守各业。如有奸牙地棍,觊觎字号,串同客贾,复行假冒,起衅生端,上误国课,下病商民,许即知名报府,以凭立拿究解抚院,正法施行,决不轻贷"。② "勒石示禁"的方式反映了政府对假冒行为的惩罚态度,"志为定例"则表明了政府对假冒行为的一贯管理方式。

江南松江一带是富庶之地,棉纺织业发达,由于法久渐驰,苏郡奸徒,复萌故智,又有布商窃冒他人字号招牌牟利,1703年、1739年,松江地方政府应商人之请,又两次"勒石永禁"。从用词来看,有"勒石示禁""勒石永禁""勒石申禁""勒石严禁""勒碑示禁"等,由县一级衙门向上一级政府

---

① 上海市档案馆馆藏:《绮藻堂布业公所牌号簿》,全宗号:S232,目录号:1,案卷号:2。
② 上海博物馆图书资料室:《上海碑刻资料选辑》,上海人民出版社1980年版,第85页。

申请"勒石碑禁",由"督部堂"批示,或"督宪批饬勒碑",一般"立碑县署"或"勒碑府治署旁",也有"立于店门首",既是对已有假冒行为的惩罚,同时又警示后来者。

令状管理也是世界各国早期商标管理的普遍方式,即商家向政府申请取得保护令,禁止同行商家使用相同或类似商标。

2. 清末涉外商标的冲突及其法律规定的阙如

(1) 国际商标保护的趋势。

在简单商品经济中,商品交易多局限于当地集市,流通区域狭窄,即使商标存在,其商业功能亦未能充分发挥。西方近代工业革命后,工业品价廉物美,商品出现规模化生产,随着交通运输工具发展,远程贸易空前繁荣,商品大规模行销全球各地,大面积扩张市场以实现利润的最大化。欧美各国欲保护其商人在国外的商标专用权,以维护世界经济秩序,必然要求统一的商标管理办法。同时,由于市场扩展,商标对于商品的表彰和区分商品来源的作用愈加重要,在一国受保护的商标,随着商品的流动,必然要求商品在其所流至的国家亦受保护,以防止其利益受损。

但是,世界各国商标法律制度并不相同,各国立法有两大主义,一为商标专用权认定主义,实际上是商标权的使用原则,为美、法国家采用,凡首先使用商标者即获得该商标的专用权,注册仅具有证明其权利之法律效力而已。二为商标权的注册主义,无论商标使用时间久暂,概以最先向商标局申请注册者享有商标专用权,此为德、奥、日所实行之注册制度。前一制度必须重点考察商标的使用情况,以最先使用商标者为商标权利人,但判定最先使用者,孰先孰后实难,必然发生"缠讼",而后者仅以申请注册之"时日"作为评定标准,手续简便,为多数国家采行。[①] 各国商标法律制度的参差不齐,使得商标纠纷的法律适用面临困境。国际贸易中,商标惯常存在的问题主要有假冒、仿冒、搭便车、抢注等,鉴于规制贸易的需要,世界各国商标法律制度渐追求趋同化,形成世界统一商标管理办法,禁止欺诈与虚假陈述,限制不正当竞争,以维护世界贸易秩序。

---

① 《我国商标法律制度沿革及注册商标之统计与分析》,《工商半月刊》1929 年第 1 卷第 12 期。

1886年、1891年、1900年，分别在意大利罗马、西班牙马德里、比利时布鲁塞尔多次召开商标国际会议，讨论商标的统一注册，尤其是于1891年签订的《商标国际注册马德里协定》奠定了商标国际保护的基础，至20世纪初，已经形成商标的国际保护趋势。

（2）清末涉外商标冲突调处的困境。

海通以降，中外互市，商贾辐辏，百货杂陈，西方人带来洋货的同时，也带来了近代的商标观念，加之清末"新政"为商标发展提供了良好的契机。洋人的商标意识较华人强，商标之保护，"其需要之动机，则属于洋商者，实较之华商为早"[1]。起先，只有新奇的奢侈品拥有商标，现在，欧美各国即便普通的日用品亦使用商标，如米粮，我国向无用瓶匣包装出售，欧美各国用袋装，并且，每袋有规定的重量、品质及价格，贴商标出售。又如酱油，起初我国不知用商标，在海外推销受阻，营业不振，而日本商人装以玻璃瓶，贴上商标，每瓶有重量、价格，购者"蜂起"。商标能够保证其商品的品质、数量、重量、优劣，如若不然，消费者对商标所指代商品"共弃之"，"商标有一种无形的担保作用"，这是商标受欢迎的重要原因。[2]

涉外商标的纠纷成案早已存在。1882年6月，上海顺全隆洋行指控上海泰丰洋货店冒牌销售其制造的"双斗鸡"牌自来火，称其自来火使用甚为灵便，其匣上绘有斗鸡，下横有月牙等记号，畅行中国已有两年，故在其匣上添有"华"字，发现有人假冒本厂老式斗鸡月牙样，制造低货销售，后查得乃泰丰洋货店售此假货，涉事店主章文誉则辩称该牌号自来火从日本三菱公司购买，共五箱，不知为冒牌货，有进货簿可据，后在法租界会审公堂经中西法官会审，判决泰丰洋货店侵权成立，责令店主交保候审，余货缴案。[3]

由于中西贸易习惯、法律制度不同，贸易纠纷难以调处，对此，中国驻英大臣郭嵩焘有非常清醒的认识，他在给清帝的上奏中称："每遇中外人民

---

[1]《关于商标之沿革》，见农商部商标局：《商标公报》（第一期），1923年9月15日出版，附录第4页。
[2] 受百：《商标法之国际协定与我国商标注册情形》，《银行周报》1926年第456期。
[3]《控究假冒》，《申报》1882年6月11日。

交涉事件，轻重缓急，无可依循。是以历年办理洋案，各口领事，与各地方官交互抵难，辗转避就，无一能持平处断者。推原其故，由中国律例与各国相距太远，又不能究知西洋律法，遇有辩论事故，无例案之可援，观望周章，动为所持"，一遇民商事案件，多"窥探揣合，舍己从人"，"诚惧口岸日开，事端日剧，为累亦将日大"，因此，亟须参核各国所定通商律法，制定"通商则例"，① 制定商标法自是其应有之义。

据学者侯庆斌研究，法国外交部档案馆保存有晚清时期法租界会审公廨华洋民商事诉讼判决书五十余件，就法律适用而言，并不存在援引大清律断案的情况，主要原因是，除了对中华法律有偏见，清律中有关民商事活动的法律亦非常有限，难以适用复杂的华洋诉讼，在已经发生的判决书中，"不乏依据法国民法典断案的情况"，对于没有成文法典涉及的华洋纠纷事项，法庭尽量援引地方习惯，华洋纠纷也有援用判例断案的成例。如 1907 年，英美烟草公司诉华商盗用商标案，原告律师援用英国本土判例，禁止被告从事仿冒行为。②

清末华洋商标纠纷的泛滥中，以华商仿冒洋商商标居多，因华洋商标纠纷法律的阙如，影响了洋商的在华利益，按照西方的制度化保护其利益的习惯思维，西方列强在清末中外商约谈判中必然会提出保护商标的要求。

二、清末中外商约"商标条款"的形成

1901 年，清政府与西方列强签订了丧权辱国的《辛丑条约》，该约第十一款规定："将通商行船各条约内，诸国视为应行商改之处，及有关通商各他事宜，均行议商。"③ 扩大在华权益、改善在华商务环境，始终是西方列强谋求的主要目标，因此，《辛丑条约》签订不久，西方列强便把商务谈判提上了议事日程。1902—1903 年，清政府先后与英国、美国、日本、德国等开

---

① 《郭嵩焘奏稿》，杨坚校补，岳麓书社 1983 年版，第 380、382 页。
② 侯庆斌：《晚清中外会审制度中华洋法官的法律素养与审判风格》，《学术月刊》2017 年第 1 期。
③ 王铁崖：《中外旧约章汇编》（第一册），生活·读书·新知三联书店 1957 年版，第 1007 页。

始了商务谈判，其中涉及商标问题，形成了保护涉外商标的共识，可概括称之为中外商约"商标条款"。

1. 中英商约"商标条款"

中英商约谈判始于 1902 年 1 月 10 日下午，地点在上海盛宣怀住宅，双方全体成员出席，英方代表包括办事大臣马凯，协办大臣戈颂、德贞，中方代表办理商税事务大臣盛宣怀，税务司戴乐儿、贺璧理随同办理。英国代表在谈判草案中提出三款要求，第一款是关于英国人在中国任何地方的居住问题，涉及国家主权，中国难以接受；第二款关于货栈问题，双方原则上可以接受；第三款关于商标，"英国商标的注册和保护"。从行文来看，这只是英方一个提议，缺乏具体内容，但该条只涉及保护英国商标，中国方面提出异议，认为商标保护应该是"彼此互利的"，英国表示同意，并答应"重新斟酌字句"。①

1902 年 1 月 13 日，英方又提出了一个新的谈判草案，详列了拟在谈判中讨论的问题，共 24 条，第一款为"货物商牌（商标）的注册和保护"，英国把商标保护放在第一款，说明其对商标保护的重视程度。中英双方分歧不大，英方接受了中方在第一次谈判中的建议，条款中删除了"英国"二字，以示商标保护是针对双方，而非单方面保护英国。在接下来的谈判中，双方重新拟订了"商标条款"全文，首先，条文体现了双方互保的旨意，"英国政府保护中国贸易牌号以免英国臣民假冒影射名色。中国政府亦应保护英国贸易牌号以免中国臣民假冒影射名色。"其次，对于商标的注册管理也提出了基本思路，"中国政府再请南北洋大臣在各管辖境内设立局所，归中国海关管理，以便外国贸易牌号可以注册。应收之注册费，数目应秉公收取"。②至此，中英商约"商标条款"内容基本成型。

此后，中英又进行了多轮谈判，双方主要围绕加税、居住权等问题进行磋商，而商标保护并无争议，不是谈判的主要议题，仅在第八次谈判中

---

① 中国近代史资料丛刊编辑委员会：《辛丑和约订立以后的商约谈判》，中华书局 1994 年版，第 19 页。

② 中国近代史资料丛刊编辑委员会：《辛丑和约订立以后的商约谈判》，中华书局 1994 年版，第 23 页。

对"商标条款"进一步加以确认，直至 1902 年 9 月 5 日双方签字，完成签约。关于商标条款的具体内容，《中英续议通商行船条约》第七款规定："英国本有保护华商贸易牌号，以防英国人民违犯、迹近假冒之弊，中国现亦应允保护英商贸易牌号，以防中国人民违犯、迹近假冒之弊。由南、北洋大臣在各省管辖境内设立牌号注册局所一处，派归海关管理其事，各商到局输纳秉公规费，即将贸易牌号呈明注册，不得借给他人使用，致生假冒等弊。"①

该条款的内容主要有两点，一是中英双方相互保护对方商标，二是在中国南北洋管辖境内设立商标注册机构，并且由海关具体管理，而海关主要是由英国人赫德负责，这为以后清政府商标立法过程的中外巨大争议留下隐患。

2. 中美商约"商标条款"

中美商约谈判始自 1902 年 6 月 27 日，美方代表为美国驻上海总领事约翰·古纳（John Goodnow），中方代表主要是盛宣怀、吕海寰等。谈判伊始，美方提出了 39 款的谈判草案，非常详细，涉及商标保护的为第三十一款："无论何国人民，美国允许其在美国境内保护独用商标，如该国与美国立约亦允保护美国人民之商标。中国今允在中国境内美国人民、行铺及公司有商标实在美国已注册，或在中国已行用，或注册后即欲在中国行用者，中国政府准其独用，实力保护。凡美国人民之商标，经美国官员向南北洋大臣注册者，中国政府允由南北洋大臣出示禁止中国通商人犯用、或冒用，或射用，或故意行销冒仿商标之货物；所出禁示应作为律例。"② 美方的谈判条款比照英国制定而成，在商标问题上，当时中英谈判虽然还未结束，但是关于"商标条款"的谈判内容已经成型，中美商约在相互保护及中国政府注册后保护等核心内容上与英国"商标条款"基本一致。所不同者，美国提出了一个新条款，如果美国人民的商标是在美国已经注册，或在中国已经实际使用，或注册后即将使用的商标，即美国商人的商标只要经过美国注册或已经使用，

---

① 王铁崖：《中外旧约章汇编》（第二册），生活·读书·新知三联书店 1959 年版，第 103 页。
② 中国近代史资料丛刊编辑委员会：《辛丑和约订立以后的商约谈判》，中华书局 1994 年版，第 156 页。

中国政府均应予以保护,这里涉及商标权获得原则这一复杂而且敏感的问题,也是以后商标立法中长期争执不休的焦点问题。此外,美国"商标条款"语句较为复杂,中方认为也应当适当修改。

1902年9月12日,中美第三次商约谈判,盛宣怀提出该条文译文不够清晰,暂时搁置。9月24日,在第四次谈判中,双方又详细地讨论了此问题,古纳认为此条是按照美国法律起草的,且经过了法律顾问的审定,盛宣怀提出了几点疑问,主要是希望该条文"看起来更像一个双方互惠的协议",在作了几处修改之后,双方同意分别请示后再作决定。[1] 1903年3月17日,美方交来新的谈判草案,"商标条款"仅在文字上略作修改,条文序号由以前的第三十一款改为第九款,文字表述略有改动,语义更清晰:"无论何国人民,美国允许其在美国境内保护独用合律商标,如该国与美国立约亦允保护美国人民之商标。中国今欲中国人民在美国境内获得保护商标之利益,是以允其在中国境内美国人民、行铺及公司有合律商标实在美国已注册,或在中国已行用,或注册后即欲在中国行用者,中国政府准其独用,实力保护。凡美国人民之商标,经美国官员向南北洋大臣声请,并在中国所设立之注册局所注册、缴纳公道规费,中国政府允由南北洋大臣在各管辖境内出示禁止中国通商人民犯用、或冒用、或射用、或故意行销冒仿商标之货物,所出禁示应作为律例。"[2]

此后,由于清政府拟设立商部,执掌全国商务及铁路矿务事宜,因此将"商标条款"中"南北洋大臣"字样取消。[3]

1903年8月26日,中美商约谈判进入白热化,尤其是在专利谈判几近破裂之时,中方代表提出了关于"商标条款"的新建议,要求取消条文中的"或在中国已行用,或注册后即欲在中国行用者",中方甚至以此为条件,提出如果美方同意取消第十款"专利条款",中方可以考虑不取消这一句,但

---

[1] 中国近代史资料丛刊编辑委员会:《辛丑和约订立以后的商约谈判》,中华书局1994年版,第160页。

[2] 中国近代史资料丛刊编辑委员会:《辛丑和约订立以后的商约谈判》,中华书局1994年版,第167页。

[3] 中国近代史资料丛刊编辑委员会:《辛丑和约订立以后的商约谈判》,中华书局1994年版,第172页。

被美方拒绝。在接下来的 27 日谈判中，美国代表古纳明确反对就"商标条款"进行任何字句的改动。①

1903 年 9 月 2 日，在中美第 41 次谈判中，中方代表吕海寰提出在"美国人民之商标在中国所设之注册局所"后加"由中国官员查察后"字样，此后，中美商约"商标条款"再无改动。②

1903 年 10 月 8 日，经过 50 余轮谈判，中美商约终于签字，"商标条款"为《中美通商行船续订条约》第九款："无论何国人民，美国允许其在美国境内保护独用合例商标，如该国与美国立约，亦允照保护美国人民之商标；中国今欲中国人民在美国境内得获保护商标之利益，是以允在中国境内美国人民、行铺及公司有合例商标实在美国已注册或在中国已行用或注册后即欲在中国行用者，中国政府准其独用，实力保护。凡美国人民之商标在中国所设之注册局所由中国官员查察后，经美国官员缴纳公道规费，并遵守所定公平章程，中国政府允由中国该管官员出示禁止中国通商人民犯用、或冒用、或射用、或故意行销冒仿商标之货物，所出禁示应作为律例。"③

3. 中日商约"商标条款"

1902 年 6 月 16 日，中日在上海举行首次商约谈判，日方代表为日驻上海总领事小田切万寿之助和驻华公使头等参赞官日置益，中方代表为盛宣怀、吕海寰，伍廷芳在 1902 年 12 月 29 日加入谈判。日方提出了十款草案，其中，第八款是关于商标、版权的规定，关于"商标条款"内容比较简略，"中国国家需定一章程，以禁止中国人民冒用日本臣民所执挂号商牌，有碍利益，所有章程必须切实照行"④，日方这一规定只明确了中方对日方应承担的商标保护责任，而没有日方对中方所应尽的责任。

1902 年 9 月 22 日，中日举行第二轮谈判，进一步完善了"商标条款"，

---

① 中国近代史资料丛刊编辑委员会：《辛丑和约订立以后的商约谈判》，中华书局 1994 年版，第 200 - 201 页。
② 中国近代史资料丛刊编辑委员会：《辛丑和约订立以后的商约谈判》，中华书局 1994 年版，第 203 页。
③ 王铁崖：《中外旧约章汇编》（第二册），生活·读书·新知三联书店 1959 年版，第 186 页。
④ 中国近代史资料丛刊编辑委员会：《辛丑和约订立以后的商约谈判》，中华书局 1994 年版，第 212 页。

主要有三个方面的内容：一是首次明确提出，要求中国制定商标章程，以防止中国人民冒用日本臣民"所执挂号商牌"，切实照行；二是"南洋与北洋通商大臣"，应在其管辖范围内设立注册局所，外国商牌根据中国商标章程在该局注册；三是对等保护，既然中国保护日本商标，日本也应该保护中国商人的商标，"日本国家亦允保护中国人民按照日本律例注册之商牌及印书之权，以免为日本臣民冒用之弊"①，这就纠正了日方草案中对中方单方面责任的规定。

1902年10月2日，中日举行第5轮谈判，关于保护商标问题，按照张之洞的意见，中方代表提出，由于中日贸易中经常发生日本臣民将自己的名义给中国人冒用商标以逃避厘卡查验，损害中方利益，因此，希望日方同意在条文中添加禁止性规定，否则，中方拒绝保护日本商标。日方代表小田切辩解说，中国商人以日商名义寻求保护，主要是为了避免敲诈和勒索，并不是企图逃避查验，与商标无关，如果中国官方以公正的态度对待人民，他们也不会找外商来保护。②

1903年2月27日，参与谈判的伍廷芳对于第八款关于商标的要求在条文的形式上略作了调整，在条文开头即言明"中国国家允设立商牌注册局……"，日方代表认为新条款与原条款本质一样，无须更改，商议留待下一次会议讨论。③ 之后，中日主要讨论了米谷出口、内港行轮、裁厘加税、开埠通商、合股经营问题。

1903年10月8日，中日签订《通商行船续约》，第五款关于"商标条款"规定："中国国家允定一章程，以防中国人民冒用日本臣民所执挂号商牌，有碍利益，所有章程必须切实照行。……中国国家允设立注册局所，凡外国商牌并印书之权请由中国国家保护者，须遵照将来中国所定之保护商牌及印书之权各章程在该局所注册。日本国家亦允保护中国人民按照日本律

---

① 中国近代史资料丛刊编辑委员会：《辛丑和约订立以后的商约谈判》，中华书局1994年版，第213-214页。
② 中国近代史资料丛刊编辑委员会：《辛丑和约订立以后的商约谈判》，中华书局1994年版，第219-220页。
③ 中国近代史资料丛刊编辑委员会：《辛丑和约订立以后的商约谈判》，中华书局1994年版，第243页。

例注册之商牌及印书之权,以免在日本冒用之弊。"①

4. 中德商约"商标条款"

相较于其他国家,中德商约谈判比较晚,在 1905 年 4 月 14 日举行,地点在上海盛宣怀宅,中方代表有吕海寰、盛宣怀、贺璧理、戴乐儿等,德方代表有上海总领事克纳甫、商务谈判代表罗思勒等。德方提出了 14 款的谈判草案,第六款为保护商标的规定,与英、美、日"商标条款"相比,内容上有所不同。首先,关于商标保护,无论中方或德方,均须有德国领事出示该商标合法有效之凭据,中国商标在德国受保护,须"经驻华该德国领事署出有文据",德国在华商标受保护,须"呈有德领事署签押盖印之德国该管衙门文凭";其次,双方还须互相保护对方"名姓店号";再次,德方提出,中方须保护德方商人"特式之包装",所谓"特式之包装"实为商品的包装装潢,商品的包装装潢能使商品外观美观,激发消费者的购买欲望,同时也是商品相互区分的标识,属知识产权的范畴;最后,德方还提出,"俟中国立有注册局所,并颁有保护商标章程",届时德国与中国另立商标专条。②

从德国提出的条款内容来看,其明显偏袒德方,规定无论中方、德方受保护之有效商标,概由德国领事决定,并片面保护德国商人的商品包装装潢。

之后,中德双方就草案内容逐条磋商,1905 年 10 月 2 日,海关副总税务司裴式楷在致盛宣怀的函中提出修改建议,关于"商标条款",认为由德国领事证明中国商标在中国公认,无异于德国领事享有定夺中国商标是否系中国商标之权,应改为中国商标应由中国该管衙门认定该呈请保护者之商标。关于洋商所用之"华字行号",由于可能存在与华商"长用之行号相同",如果只准德商独用,并禁止华商用此等行号,恐"有难办之事",提议德商所用之华字行号,须"加用字样",明示洋商之行号,以示区别。关于"特式包装",过于宽泛,且仅保护德商,应规定德商"亦不可假用华商独用之特式之包装",体现对等保护。③ 客观而言,裴式楷的建议比较公允,于中方

---

① 王铁崖:《中外旧约章汇编》(第二册),生活·读书·新知三联书店1959年版,第193页。
② 中国近代史资料丛刊编辑委员会:《辛丑和约订立以后的商约谈判》,中华书局1994年版,第294页。
③ 中国近代史资料丛刊编辑委员会:《辛丑和约订立以后的商约谈判》,中华书局1994年版,第301-302页。

有利。

1905年10月13日,双方举行第八轮谈判,此次谈判是在清政府颁布《商标注册试办章程》后进行的,就"商标条款"中方提出,德国商标在中国"只须德国驻华领事验明签押即可",维持原文不变,对中国商标在德国受保护条件则作了修改,"只要经过驻德中国使馆注明,即受保护",体现对等互保的原则。对于"特式包装",中国代表认为可以作为商标登记。①

1905年11月2日,中方将双方基本谈妥的条约草案照会德方,其中,关于"商标条款"与前次基本相同,强调中方在德国受保护之商标须呈有中国驻德使馆之凭据,德国在中国受保护的商标须有德国领事签押盖印之凭据,另外增加一款,强调注册商标均应遵照各国商标法办理。具体条文如下:"第五款,中国商标凡呈有驻德中国使馆之文凭,载明此项商标也在中国注册保护者则该商标在德国当允一体保护,与德人商标毫无歧异。至华人姓名行号亦允在德国保护,不准他人违例冒用,以作货物标记,此项无须呈验文凭。德国商标凡呈有德国领事验明后签押盖印之德国该管衙门文凭,证明此项商标业在德国注册保护者,则当允在中国保护该商标,不准中国人违例冒用。至德姓名行号,及所用华字行号均允为保护,不准中国人违例冒用,亦无须呈验文据。"中国方面仅作了字句的调整,并在最后添加一条:"所有中国商标德国商标在德国中国注册保护等事,均应遵照该国章程办理。"②

1905年12月14日,盛宣怀的谈判秘书赫美玲就商约"索改之处"致函中方谈判代表吕海寰、盛宣怀,关于商标,"德国如肯将彼此保护商标办法平列,并在第二段添入以作货物标记一语,中国似可将遵守章程一层删去,鄙意章程一层德国必不肯允也"。③

---

① 中国近代史资料丛刊编辑委员会:《辛丑和约订立以后的商约谈判》,中华书局1994年版,第311-312页。

② 中国近代史资料丛刊编辑委员会:《辛丑和约订立以后的商约谈判》,中华书局1994年版,第322-323页。

③ 中国近代史资料丛刊编辑委员会:《辛丑和约订立以后的商约谈判》,中华书局1994年版,第328页。

最终，由于中德双方对谈判重要条款分歧较大，加上德方谈判代表克纳甫工作上的变动，中德商约没有签字，中德商约"商标条款"仅具雏形，也就无法付诸实施。

5. 中葡商约"商标条款"

中葡商约谈判早在 1902 年即开始，后由于葡萄牙议会否决谈判内容，于 1904 年又重开谈判，双方主要聚焦于澳门设关、铁路、葡萄酒等问题，关于商标，几乎没有论及，主要原因是此时中英、中美、中日商约已经签订，知识产权问题已经成型，谈判中葡萄牙代表提出"在条约草案的第八款至十八款内一般地接受中国与英、美、日各国所商定的事项"，就包含商标条款。1904 年 11 月 11 日，关于商标，《中葡通商条约》第十五款："葡国本有定例，他国若将葡国人民在该国内所使之货牌竭力保卫以防假冒，则葡国亦将该国人民在葡国所使之货牌一律保卫，兹中国欲本国人民在葡国境内得享此项保卫货牌之利益，允许凡葡国人民在中国境内所使之货牌亦不准华民有窃取冒用、或全行冒仿、或略更式样等弊，是以中国应专定律例章程，并设注册局所，以便洋商前往该注册局所输纳秉公规费，请为编号注册。凡葡国人民若创制新物、新法，在中国专管创制衙门定有创制专律之后，请领创艺执照者，中国查察若不犯中国人民所先出之创制，可由葡国人民缴纳规费后，即给以专照保护，并以所定年数为限，与葡国保卫华民在葡国所请创艺执照者一律无异。"①

从清政府与各国谈判的进程来看，商约"商标条款"谈判比较顺利，主要原因是商标纠纷不是中外商约谈判的重点，各方争议不大，保护商标符合各方需求，易于达成共识。

（1）清末中外商约"商标条款"谈判的特点。

关于此次谈判的特点，可以归纳为以下两点：

一是对等互保。谈判中，从不平等、单方面保护转向对等、互保的条款

---

① 王铁崖：《中外旧约章汇编》（第二册），生活·读书·新知三联书店 1959 年版，第 256 页。

内容。《辛丑条约》后，清政府与西方列强事实上处于不平等地位，谈判初始，无论英国还是美国、日本，其谈判草案均单方面、片面地保护己方利益，只规定了清政府保护洋商商标权利的责任，而丝毫不提西方对中国商人商标权利的保护。英国的表现最为典型，通过盛宣怀、吕海寰等谈判代表力争，英、美、日均同意在条款中加入保护中国商人商标权利的内容，"商标条款"体现了对等互保的特点。

二是清政府国家主权意识的强化。在商约开议之前，清政府的枢机重臣就十分重视主权的完整，1901年5月20日，张之洞致电各省督抚，关于修改商约，"惟有视彼要索何款，相机抵制，设法保全，总以勿碍我商民生计，勿侵我自主权利为要义"。[①] 可以发现，谈判中，盛宣怀、吕海寰等谈判代表始终注重将洋商商标保护纳入清政府的控制范围，在谈判的过程中，在主旨条款内容初定后，中方一再要求对"商标条款"作文字修改，修改的内容除对等互保外，尤其注重洋商商标应该由中国政府管理。在中英、中美商约中规定为南北洋大臣，中日商约中由中国设立专门机构进行管理，同时，要求清政府颁布商标法律，负责商标注册管理。在中德谈判中，起先，德国要求无论德国商标还是中国商标要受保护均须经德国领事出具之凭据，后经中方谈判代表争取，改为德方商标由德国领事出具凭据，中方商标则由中国领事出具凭据。

（2）清末中外商约"商标条款"的主要内容。

清末中外商约"商标条款"的内容，各国不尽相同，按照谈判时间的先后，愈晚近，条款内容愈清晰、完整，中英谈判最早，"商标条款"内容模糊，中日商约"商标条款"较晚达成，内容最清晰、完整。综合来看，商约"商标条款"主要内容包括：

中外双方同意互相保护对方商标。清政府与英、美、日签订商约"商标条款"的最终文本，均承诺按照本国商标法律保护对方商民的商标权。

清政府须制定商标法。中英商约中没有明确清政府须制定商标法，但规定实行注册制，制定商标法是其应有之义；中美商约中则规定不明显，只是

---

① 赵德馨：《张之洞全集》（第十册），武汉出版社2008年版，第285页。

提出美商在华"遵守所定公平章程";而中日商约中则十分明确要求清政府"允定一章程",所有章程必须切实照行。

设立商标注册管理机构,负责商标注册事宜。商约中均约定商标必须注册,但注册管理的机构,各商约规定不同。在中英商约"商标条款"中规定由"南、北洋大臣在各省管辖境内设立牌号注册局所一处",由津海、江海两关临时管理外商的商标注册事宜。1903年9月,清政府成立商部,中美、中日商约"商标条款"无此规定,也没有规定津海、江海两关临时管理外商的商标注册事宜,但中美、中日商约的规定略有不同,中美商约"商标条款"有"在中国所设之注册局所"之语,尚不十分清晰,在中日商约"商标条款"中,规定"中国国家允设立注册局所",凡外国商牌须遵照将来中国所定之保护商牌章程在该局所注册,中日商约"商标条款"注册管理机构的规定十分明了。注册管理机构的不同规定及其分歧,是商约"商标条款"在实施中酿成外交纠纷的主因。

第二节 清末中外商约"商标条款"的实施

《辛丑条约》签订以后,清末外交总体方针是履行该约的诸项内容,就商约"商标条款"而言,核心是制定商标法。在该法的制定过程中,中外产生了极大的争议,以致商标法迟迟不能出台,断断续续近20年时间,其间,尤以1904年和1923年两次商标法的立法为要,中外争议的焦点是商标的注册管理、商标的取得原则,津、沪海关商标挂号的法律地位等问题。

一、清末商标立法及挫折

商标注册,外国视为商务"第一要务",中外商约签订后,西方列强屡次催促清政府履行商约,尽快制定商标法。《字林西报》甚至登函,谓中英所订商约中国多未实行商标及版权,"谓其寂然已死",要求英政府诘问中国违约一事。① 迫于压力，清政府将商标法的制定提上议事日程。

1.《商标挂号章程》

1903年，清政府设立商部，预备履行商约诸条款。关于商标，拟在商部设立商标登录局，1903年10月31日，由外务部饬总税务司赫德帮助起草商标章程草案，具体条陈由海关副税务司裴式楷负责。由于中英《续议通商行船条约》第七款规定"由南、北洋大臣在各管辖境内设立牌号注册局所一处，派归海关管理其事"，加之清政府商标立法经验阙如，清政府一开始就将商标法的立法权、管理权交予英方。

1904年2月2日，裴式楷主持制定的《商牌挂号章程》② 完成，全文共13条，该章程一经公布，即受到广泛批评，最为诟病的是以下几点：

一是该章程开头即表明其宗旨为由中国设立注册局所，保护"洋商商标商牌"。商标法是维护市场秩序的重要法律，对商标主体应平等保护，该章程却在宗旨中公开宣示仅保护西方商人利益，在具体条文中亦多规定洋商的特殊利益，显示该法的殖民色彩。

二是在北洋之津海、南洋之江海两关各设注册局房，并由税务司特派注册专员负责商标登录管理，反将中国排除在外。

三是将商标分为洋牌、华牌二项：洋牌为已在外国按照该国例章挂号之商标，华牌为已在中国使用，尚未在外国挂号之商标，虽然规定了华商、洋商均可申报，但明显主要是为外商考虑。

四是商标争议处理。此章程规定，如果洋商冒用华、洋各牌，应该向税务司报明立案，若华商冒用华、洋各牌，亦在税务司处立案，再由税务司会同该国商标管理衙门审办，把商标的争议解决权纳入洋人之手。

五是挂号领照收费标准不同，洋商挂号领照收关平银十两，专牌、华牌挂号领照收费二十两关平银，华商挂号费高出洋商一倍。

由于各方反对，1904年3月8日，海关总税务司对《商标挂号章程》进

---

① 《论英人言中国不守商约事》，《东方杂志》1905年第2卷，第7期。
② 总税务司署造册处：《中国海关起源、发展和活动的文件汇编》（第11册），1938年上海出版，第388-391页。

行了部分修改，是为赫德版的《商标挂号章程》，将之前商标二类改为三类，在保留"洋牌"的基础上，将原来的"华牌"改为专供中国人申请的商标，另外将洋商在中国使用、尚未在外国挂号的商标作为"专牌"，中国商人的商标终于可以正式列入中国的商标法。最值得关注的是第一条，"议由北洋之津海，南洋之江海，两关各立注册局房，以该关税务司作为特派注册之员"，即仍将商标注册权揽入洋人手中。该法还对华商提出了特别要求，第八条规定，华商所用之商牌，若日后"货色与初时相逊者"，即由挂号该局将其商标注销。

2.《商标注册试办章程》

清政府对税务司起草的商标法中袒护外商的条陈不能接受，表示华洋商注册应"无分轩轾"。商部为制定商标法预做准备，致函清政府驻外使节购买各国商标法资料，并翻送参考。同时，由于日、美相继敦促中方落实商标法，在裴式楷、赫德草案基础上，商部先后重新拟订了《谨拟商标章程试办章程》（4月6日）①、《商标注册试办章程》（8月4日）②，这两部商标法内容差别不大，由于是商部主持制定的商标法，与之前英国人主持制定的商标法有重大区别。

最后定稿的《商标注册试办章程》共有22条，加上附则共28条，1904年6月奏准施行，同年8月4日公布，同时，还公布了《商标注册试办章程细目》23条。为清楚说明商标法重要内容的变化，在行文中将英人裴式楷版商标法、赫德版商标法和清政府拟定的《谨拟商标章程试办章程》《商标注册试办章程》进行比较叙述，以示清政府为商标立法付出的努力。

首先，商标注册管理人员的重要变更，初步奠定了清政府制定《商标法》的主导权。英国人制定的商标法均规定由税务司负责商标登录，裴式楷版的《商标挂号章程》第一条规定，"议由北洋之津海，南洋之江海，两关各立注册局房，以该关税务司作为特派注册之员。凡商人有应记载之标牌，

---

① 总税务司署造册处：《中国海关起源、发展和活动的文件汇编》（第11册），1938年上海出版，第402–409页。
② 北洋政府农商部商标局：《商标公报》（第二期），1923年10月15日出版，附录第1–5页。

或本商自赴局房,陈明一切,或亲在他口税务司处报明,请为转致该局注册即可",赫德版《商标挂号章程》在有关注册人员的规定表述上与裴氏完全相同,核心是"以该关税务司作为特派注册之员"。4月6日,商部重新拟订《谨拟商标章程试办章程》,对此条作了重大修改,第三条规定,由商部设立注册局,注册局遴选"熟谙注册事宜人员,廉正明干者"充任,以专责成,把商标的管理权纳入自己手中。后清政府正式颁布《商标注册试办章程》,其第二条规定,商部设立注册局,执掌商标注册事宜,虽然没有直接规定由商标局负责人员选任,但是在《商标注册局办法》中规定了由商标局选任人员,即由商标局行使商标注册的行政管理权。

其次,明确北洋津海关、南洋江海关商标注册的代办定位。《谨拟商标章程试办章程》第四条规定,北洋津海关、南洋江海关应暂作为商标代办注册处,其人员虽然由两关税务司代办,但是由商部"劄派",明确了北洋津海关、南洋江海关注册体系上的从属地位,其设立不过是为了方便中外商人就近申请办理商标注册而已。《商标注册试办章程》第二条维持了这一规定,"津、沪两关作为商标挂号分局,以便挂号者,就近呈请"。

再次,废除了商标洋牌、华牌之划分。英国人制定的商标法均将商标划分为洋牌、华牌,洋牌有优越地位,有歧视华牌之嫌,《谨拟商标章程试办章程》未将商标分为洋牌、华牌,无论华洋商标"视同一律",但为了商标申报归档的便利,将商标分为"在他国注册者""在中国始行注册者"两类,"在他国注册者",欲在中国申请,须将该国注册执照呈验,该执照还须该国管理部门及驻华领事"印押",作为有效之凭证,方准注册。"在中国始行注册者",凡将未在他国注册,欲在中国注册者,无论洋商、华商,均须声明,该商标确系本商标牌,他商未曾使用。洋商由该管领事"画押盖印"为凭,华商则由商会总董"画押加用图记"为凭。《商标注册试办章程》同样未区分华、洋商标。对于外国人申请商标,纳入中国商标的日常管理,但是又作了更加具体的规定,该章程第七条规定,在外国业已注册之商标,由其注册之日起,限四个月以内,将此商标申请注册者,可以承认其在外国原注册之时日。第二十六条规定,商标局未开办之前,在外国已经注册之商标,须于本局开办六个月以内，将此项商标申请注册，商标局可以承认此项商标为最先呈请者。

又次，对商标的争议处理分类管理。《谨拟商标章程试办章程》只规定了商标侵权管理，由于涉及法律问题，基本按照领事裁判权的原则处理。第十六条规定，按照"本部嗣后奏定之商标律"惩办，第十七条又规定，无论洋商冒用华商商标，或华商冒用洋商商标，均由商标权人赴商标注册处报明立案，即由商部注册局，或津、沪代办处，由该管地方官照会该领事"会同讯办"；若两造均系洋商，或均系华商，亦由商标权人赴商标注册处报明立案，由该管领事及地方官按律照办。然而，《谨拟商标章程试办章程》没有关于商标申请争议的解决方面的规定，对此，《商标注册试办章程》予以完善，将商标争议分为申请争议及侵权争议两类。关于商标的申请争议，第十五条规定，有不服"批驳"者，自"批驳"之日起6个月内，许其据情向注册局呈请，再行审查，把申请争议纳入商部管辖范围之内。对于侵权争议，第二十条规定了三种情况，基本与《谨拟商标章程试办章程》类似，分别是"如被告系外国人，即由该地方官照会该管领事会同审判；如被告系中国人，即由该领事会同地方官审判；若两造均系洋商，或均系华商，遇有侵害商标事件，一经告发，由各该管衙门照办，以示保护"，这实际上沿用了领事裁判权的断案原则。

最后，内容更加详明，操作性更强。商标样式设计、禁止性规定、商标的冲突、商标申请书的格式、商标转让和许可以及商标的续展、注销等均有明确规定。

《商标注册试办章程》是中国正式颁布的第一部商标法，连同《商标注册试办章程细目》在体例及内容上，构成了完整的商标法体系。相较于英国人制定的二法，基本达到了无论华洋商人商标"自应一体保护，以示平允"[①]的立法目的，这是商部在向光绪皇帝进呈的奏折中特别强调的一点，表明清政府国家主权意识的增强，以及争取商标立法主导权的初步尝试。

---

① 《商部奏拟订商标注册试办章程折》，《申报》1904年8月18日第1版。

3. 《各国会议中国商标章程》

《商标注册试办章程》奏准后，商部转请外部，咨询有约各国驻使查照，各国依据自身利益，大加指责，"德美奥英意法比各国驻京公使，以商部所定商标章程，以商部构讼裁判之权，由商标总局官判断，不经领事及地方官会审，有碍各国治外法权，大为反抗，将全案驳回"。① 英使"照复"外务部，仍有"异词"，并且嘱咐其商务参赞详加斟酌，"意欲有所修正"。德国方面，由于先前赫德版《商标挂号章程》明显偏袒英国，德使嘱其"旅沪公所"开会集议，并照会外务部，要求清政府对所有通商各国商标保护"应视同一律"，更进一步要求清政府拟订商标法之前，"须听各洋商陈述意见"，奥地利、意大利、比利时等国也相继加入。② 1906 年 4 月，各国通过商议，公布了草拟的《各国会议中国商标章程》③，这部代表西方利益的商标法与清政府颁布的《商标注册试办章程》相比，可以明显看出西方列强维护其特殊利益的诉求，主要体现在以下几个方面：

（1）另立专册。该法第一条规定，将光绪二十九年（1903）正月初一以前已经使用之商标"呈局存案"，并将此类商标另外列于"专册"之内。此条虽然包括华、洋商民，但是在贸易中，洋商较华商更重视商标，使用商标更加普遍，而华商商标意识淡薄，这是其强调光绪二十九年（1903）正月初一以前这一时间节点的主要原因，也是裴式楷版、赫德版商标法"洋牌""华牌"区分的延续，充分反映了西方列强维护其特殊利益的强烈愿望。

（2）商标申请争议解决。商标在申请的过程中不可避免存在驳回呈状、批驳不注、注销等争议情形，该法第十五条规定，出现此种情形，若案内有外国人，那么就应该由该国领事官或领事官委派之人"会同审理"。商标申请过程中的争议解决，属于中方行政管理权限，西方列强将其纳入各自管辖范围，是西方领事裁判权从司法领域向行政领域扩张的企图。商标申请争议

---

① 《各国公使争商标之构讼裁判权》，《大陆》1905 年第 20 期。
② 黄宗勋：《商标行政与商标争议》，商务印书馆 1940 年版，第 77 页。
③ 《各国会议中国商标章程》，《东方杂志》（商务）1906 年第 3 卷，第 3 期。

不同于商标侵权之争，商标争议由商标行政管理部门解决，这是各国通行原则，商标侵权由会审公廨按照领事裁判权的原则解决，该章程把商标申请争议与侵权之争混为一谈，要求外国人参与、会同审理，是对中国商标行政主权的干涉。

（3）对商标的侵权审理维持了西方享有领事裁判权的被告主义原则。该法第二十条规定，发生商标侵权，如涉及外国人，无论原告、被告，均应由注册局照会该管领事，照约办理，会同审判。第二十一条更明确规定，此类案件，均须按照"被告主义"原则，即被告属何国之人，"即照何国律例惩罚"。

总之，西方所拟《各国会议中国商标章程》企图延续此前裴式楷、赫德制定商标法时所体现的外方特权。

1906年3月，商部虽参考《各国会议中国商标章程》拟订了《商标法规》《商标实行细则》《商标审判章程》《商标特别条例》，但各国公使仍不同意。1906年9月，商部改为农工商部，又对商标法作了两次修改，各国仍不接受，仍然希望以《各国会议中国商标章程》为基础，不被清政府同意，由于各方对商标法均不认同，清末商标法最终流产。

4. 清末商标法立法流产之原因

清末围绕商标法的制定，中外争议不断，西方列强内部也因利害关系不同，彼此之间"凤存猜忌"，有鉴于此，清政府为慎重起见，未能正式实施《商标注册试办章程》，导致中国历史上第一部商标法最终流产。其中主要有两个方面的原因。

从清政府方面来看，由于清政府缺乏商标立法的经验，又囿于主权意识薄弱，从一开始就将《商标法》的制定权拱手让于外人，导致立法过程中处处受制于人。商标法为内国法，商标的行政管理是一国主权范围内之事，清政府先是把商标法的制定权轻易委托外国人，后又商之于"有约各国"，并被西方列强纷纷扰扰的意见所左右，既影响了商标法的制定，又损害了中国主权。当时即有人评论清政府实施商标注册章程的四点失误，"夫办理商标，本是内政，初不须知会各国，今之照会，是授人以权，一误也；如欲恐人阻扰，则应照会于未奏定之前，不应照会于奏定之后，使无转圜之地，二误也；

且既照会矣,则各国皆应照会,不应只照会三国,三误也;其尤大误者,则开办之初距奏定之日太近,路远之国不及赶到,致来偏袒之讥,四误也。"①更有学者明确指出,"保护商标,乃主国应尽之责,亦即主国应有之权……即不商于各国,亦未尚不可举行",各国驻使"已有干预中国商政之迹"。②由于晚清政府外交上极度羸弱,过于顾虑西方的态度,商标法虽"三易其稿",最终仍然流产,清政府制定商标法、行使商标管理权的努力付诸东流。

从西方列强方面来看,因其利害关系,彼此之间"夙存猜忌",无法达成一致。赫德在制定第一部商标法草案时明显偏袒英方,不仅引起中方不满,西方诸国也指责其过于照顾英方利益。在仿冒商标方面,西方诸国间的仿冒更甚,"中国工商大业究未发达,其能与外国工商家竞争者寥寥可数,故在中国方面,犹不足虑,所虑者,各国之自相侵犯耳"。③特别是日商仿冒洋商更为积极,1915年,日本大阪商业会议所议员安佐伊三郎承认:"清政府时代预告商标法之施行,我国商人争先恐后呈请商标之登录,而其中不正之辈,每多模造外国商品之商标以登录者,英美德法诸国商人闻之,请其驻清公使提出抗议,而清国政府亦惧别生问题,故遂中止,推其原因皆我日本不正之商人所致也。"④为此,西方列强相互签订条约,保护商标,如1908年,英国与美国两国议定了与日本的商标互保协定,1914年,德国与日本签订了在华知识产权互保条约,1916年,英国与德国签订了在华商标保护协定。

二、北洋政府自主制定商标法

1. 1923年商标法制定的历史背景

辛亥革命以后,中国经济迅速发展,国内外经济往来愈加频繁,尤其是第一次世界大战爆发以后,西方列强忙于战争,使中国民族经济得到较为快

---

① 《实施商标注册之纠葛》,《东方杂志》(时评) 1904年第12期。
② 《论商标注册不应展期》,《东方杂志》(商务) 1904年第12期。
③ 霆公:《德日二国互保在华商标之确闻》,《协和报》1914年第4卷第37期。
④ 《中日商业问题之日人心曲》,《申报》1915年6月8日。

速的发展，商标的注册管理愈加显现必要而又紧迫。其时，由于国家处于分裂状态，一些地方政府颁布了地方商标法规，以规范本地的商标管理。以广东为例，民国元年（1912），广东实业司颁布了《商标法法规》，1925年7月，广州国民政府成立，并且于9月12日正式对外颁布《商标条例》（共40条）、《商标条例实施细则》（共32条）。北洋政府时期，四川修订了本省暂行商标注册章程，提出："商标注册及专卖特许，尤为保商要政，刻不容缓。现由司中斟酌本省习惯，参以旧日商律，拟就本省暂行公司律及各项章程，一俟中央另订颁行，即行取消。"① 各地的商标立法培育了国人的商标意识，也为统一的商标立法积累了经验。

其时，随着中国工商经济的发展，商标申请备案与日俱增，上海总商会纱厂联合会及其工商团体"咸呈请颁布商标章程"，中外商标屡起纷争，日、德两使"亦时有催询之举"，② 华洋商人均感商标保护之必要性，这些因素促使北洋政府加快出台商标法。

2. 1923年商标法颁布

民国以降，清末商约"商标条款"的实施主要有两个特点：一是由于政局不稳，商标法的拟订体现出断断续续的特点；二是辛亥革命后，中华民国建立，国家主权意识增强，在制定商标法时逐渐有意识地摆脱西方的干扰，力争独立自主地制定商标法。

民国肇始，商标事务由民国政府工商部接管，1913年12月，北洋政府进行机构改革，将农林、工商两部合并，成立农商部，张謇任部长。在任内，张謇以履行清末商约为处理对外关系总纲，而"商标条款"为其内容之一，所以在农商部附设"商标登录筹备处"，其职责除负责受理商标备案管理外，主要是拟订新的商标法。经过几次农商部修改完成《商标章程》，共53条，之后咨送外务部并致各国驻使查照。不久，欧战爆发，袁世凯称帝，一系列的政局动荡导致商标立法工作又行废止。

---

① 赵宁渌：《中华民国商业档案资料汇编》第一卷（1912－1928）下册，中国商业出版社1991年版，第436页。

② 《关于商标之沿革》，见农商部商标局：《商标公报》第一期，附录。

1916年7月，谷钟秀任农商部部长，其承袭了张謇的外交路线，仍以履行清末商约为处理对外关系总纲，但在落实"商标条款"、制定商标法的认识及实践方面有重要变化，他认为商标法"实系内国法之一种，应由立法机关之国会议决施行"，而不应该似以前各界政府，在商标立法上瞻前顾后，过于考虑西方的态度，而且，随着中国工商业的发展，商标管理工作越显重要，于是着手重新修订商标法，草拟完成《商标法草案》，拟"提请国务会议议决，以备提出国会通过"。后由于北京发生政变又遭终止，此后数年，再无"议行者"。①

1922年11月，李根源出任农商部部长后，商标的交涉似乎到了非解决不可的地步。1923年2月26日，农商部呈大总统文，曰商标法一日不公布，则商民之权利，一日不能确定，商标纠纷"争讼苦难应对"。②

1923年3月23日，农商部部长李根源在向大总统的呈文中以一种非常急切的心情陈述："中外商标交涉悬案，待决甚多。上年十二月，上海鼎丰与亚细亚肥皂商标交涉。本年本月十三日，英使馆质问荧昌火柴公司商标诉讼事件。本月十四日，英使馆派员来部，商办山东英商利华公司与华商裕华商标交涉事件，亟待依法解决。揆度情形，实有迫不及待之势。"他甚至提出折中办法，可以先将此草案作为暂行商标法，或改为暂行商标条例，先以教令公布施行，一俟国会议决，再正式公布。③

1923年4月11日，李根源再次向国会提出商标法议案，强调"所有累年悬案，积至三万余件。法令一日不公布，则悬案一日不能解决，即中外商人之权利一日不能确定。审度形势，万难再事延缓，惟有拟请仍照二月八日国务会议议决案，作为暂行商标条例，先以教令批准施行"。④

综上所述，日益增加的涉外商标纷争亟须制定商标法予以规范。李根源

---

① 黄宗勋：《商标行政与商标争议》，商务印书馆1940年版，第79页。
② 《为商标法案急待施行，请咨催国会提前议决以便公布由》，见农商部商标局：《商标公报》第一期，公文第3页。
③ 《〈商标草案〉可否咨询国会作为暂行法，抑或作为条例，先以教令公布呈请核示由》，见农商部商标局：《商标公报》第一期，公文第3—4页。
④ 《商标法案万难延缓，拟请仍照二月八日阁议议决原案，作为商标暂行条例，先以教令批准施行议案》，见农商部编辑处：《农商公报》第九卷第十册第一百零六期，议案第1—2页。

就任农商部部长后拟对商标法"始力谋根本解决",并秉承前任部长的立法宗旨,独立自主地制定商标法。此前,农商部登录筹备处已经拟订《农商部编订商标法草案》,且趋于成熟,于是李根源对其重新加以修订,并斟采"英使代拟各节",拟订《商标法》共44条,于1922年底函送国务院,于1923年2月交国会议决,"业经两月",最后参众两院"未增损一字",照案通过。1923年5月4日《商标法》公布实施,这是我国第一部正式实施的《商标法》,5月12日又通过了《商标局暂行章程》,5月15日商标局正式成立,开始了我国商标自主管理的新阶段。

由于李根源承袭谷钟秀部长的外交策略,制定《商标法》时并未"商之于有约诸国",《商标法》公布后,引起了英国、美国、法国等国驻华公使及外商的强烈不满,1923年11月25日、26日、28日,英、美、法等国商人在上海召开特别会议,讨论我国新颁布的《商标法》,英国方面反对尤为激烈,提出了对我国商标法的修正议案,几乎将我国《商标法》"完全推翻","该法四十四条,二十二条被完全修改,五条被删除,五条存疑,两条推到公使团解决。其认为无异议者,不过十条而已"。[①]

3. 1923年《商标法》争议的焦点问题

1923年5月至1924年6月,在西方列强驻华外交机构的怂恿下,西方商会在北京、上海多次召开会议,讨论对策,反对中国颁布的新商标法,提出了系统的反对意见。围绕该法的颁布,中外发生了一起严重的外交纠纷,双方争议的主要有四个方面的问题。

(1)商标注册管理。1923年的《商标法》第六条规定"外国人民依关于商标相互保护之条约专用其商标时,得依本法呈请注册",《商标局暂行章程》更明确规定了商标局隶属于农商部,负责"商标注册各项事务",局长、会办、科长、科员等"均由农商总长遴派部员兼任",局长综理局务,这样,由农商部商标局负责全国商标注册管理事务,同时筹划收回由英国人控制的海关管理商标事务的权力。总之,北洋政府正式行使商标的管理权力,并且拟收回海关商标的管理权。对此,以英国为首的西方列强极为不满,指责中

---

① 彭十严:《商标法案与吾国主权》,《申报》1924年5月11日。

方"局中人员,既无商标经历,又无法律智识,不过一种官僚机关"①。1924年3月28日,西商总商会在上海召开年会,指责农商部商标局"人员完全由华人充当","本会对该法,其反对主因:系在商标事务,完全由中国管理。该法规定商标须在北京商标局注册,该局人员完全由华人充当,商标诉讼三审,全由中国官厅受理",甚至提出商标局"须由外国专家助理,且在商标局及商标公断处,外人亦应有管理权"②。显然,列强反对的目的是"希望中国商标行政权,永归英人占势力的海关管理,竭力反对商部注册事宜移归商标局"③。商标的注册管理是一国内政,陈独秀在《向导》发文,抨击西方列强,认为"无论公私何种机关,若自动的聘用外人,便于国家用人行政的主权有碍"④。

(2)商标争议处理。商标的争议分为两种,一为商标侵权争议,二为商标注册申请争议。

商标侵权争议。商标侵权主要表现为假冒商标、售卖假冒商标之商品等行为,属司法管辖范围。鸦片战争后,西方攫取了在华的司法主权,享有领事裁判权,《商标法》第三十六条规定,对于商标专有权,如提出民事或刑事诉讼,"应俟评定之评决确定后,始得进行其诉讼程序",商标局内设评定委员会,由商标局长聘请3人组成。该条的实施,以1925年为例,该年共由评定委员会判决20件,从发生的案由来看,主要是"商标式样相仿""商标名称相同"或"商标名称相仿",原告既有中国人,也有外国人,被告以中国人居多,但也有外国人如日本人,审判结果,原告胜诉居多。此类20件中复审仅两件。对于商标专用权提出民事或刑事诉讼,一般应为发生商标侵权情形,按此条规定,在提出诉讼前应该经过商标局评定委员会审定,从法理上看并不合理,易引起西方人的担忧,给西方列强以中国破坏领事裁判权的口实,西方在其提出的《商标法》修改案中,最关注的就是商标的争议统由中国法庭处理,"侵其领事裁判之权利"。然而,《商标法》第四十三条又规

---

① 正华:《英商公会记反对吾国商标法事》,《总商会月报》第四卷第四号"纪事"。
② 《西南年会会纪·商标法问题》,《申报》1924年3月30日。
③ 南雁:《商标法及关税预备会两交涉的结束》,《东方杂志》1924年7月第21卷第13号。
④ 独秀:《外人对于商标之无理要求》,《向导》1924年第68期。

定,"关于商标之罪罚及赔偿损害,其审理及执行关于外国人民时,有条约特别规定者,依现行条约办理",这正是西方领事裁判权的体现,可见,商标法并无损害领事裁判权之实。

商标注册申请争议。此类争议的起因是由于申请商标时其设计等不符合《商标法》规定而被驳回,是商标申请中普遍存在的现象,属商标局履行行政管理权的内容之一,也是各国商标法申请程序中均出现的普遍规定,由商标局作出行政裁决,是各国通例。1923年的《商标法》也是如此,且第二十七条规定,"对于审查之审定有不服时,得依法诉愿于农商部",若仍不服,"得依法提起行政诉讼",给予申请人以司法救济权利。商标局行使商标注册争议的裁决权体现了国家主权意志,是各国通例,西方列强却指责中方,"按该法所载,商标争端,悉由中国所设商标局处理"①。西商总商会指责中国《商标法》"其内容于外人利益相妨,有破坏领事裁判权之情形……该法规定商标须在北京商标局注册,该局人员完全由华人充当,商标诉讼三审,全由中国官厅受理",还进一步提出,商标局"须由外国专家助理,且在商标局及商标公断处,外人亦应有管理权",②公开攘夺中国商标行政管理权。

商标注册争议属行政管理权范围,商标侵权争议属司法权范围,两者性质不同,西方列强之所以将二者混为一谈,其实质是将其攫取的司法权扩张至中国的行政权,进一步损坏中国的主权完整,这正是辛亥革命以后西方列强在中国扩大侵略的一个重要表现。

(3) 收回津、沪海关商标登录权。1922 年 7 月,由于上海总商会等工商团体的催办,加之德日两国催询,农商部又重设"商标登录筹备处",李澂任处长,负责起草《商标法》、组建商标局、登记备案商标,以及收回津、沪两关商标挂号等事宜。李澂上任后还亲赴上海"总税务司",拟收回委托代办之商标挂号事宜。同年 10 月,在津、沪设立筹备分处,准备接管津、沪注册事宜,而各国驻使对此提出异议,彼此相持,"竟久不能决",直至李根

---

① 正华:《英商公会记反对吾国商标法事》,《总商会月报》第四卷第四号"纪事"。
② 《西南年会会纪·商标法问题》,《申报》1924 年 3 月 30 日。

源接掌农商部。

《商标法》公布后不久，1923年5月12日，农商部向总税务司发出一〇四七号咨文，重申收回津、沪两关的商标注册挂号权，要求总税务司并饬津、沪两海关"讯将所有前经挂号之各项商标，查明件数，悉数移送商标局"①。但总税务司指责农商部制定《商标法》时没有经过与英方的协商。1923年9月17日，农商部再次向税务司发出第一三四七号咨文，针对西方的无理要求予以有力反驳，指出"国内之立法与国际之订约，显有区别。订约须得双方同意，立法固属一国主权。世界凡能立国之国家，均无以国内之制定，须于事前或事后，经外人之许可"②。

在西方列强的反对声中，尤以英国突出，主要源于中英《续议通商行船条约》（又称《马凯条约》）第七款的规定。1923年12月8日，中国准备收回津、海两关外商商标登记权时，英国人把持的总税务司密电江海关税务司，要求他们继续行使商标挂号工作，其理由是"中国应对《马凯条约》第七款规定负责"，英国之所以强调此款，是由于该款中有"由南、北洋大臣在各管辖境内，设立牌号注册局所一处，派归海关管理其事"一语。事实是，关于中英商约第七款的相关规定，早在商部成立时已经解释得相当清楚，中英签约时清政府尚未设立商部，1903年7月，清政府成立商部，将与国外通商事宜全部纳入其管辖范围，因此，其后与美国、日本签订商约时再无类似条款规定，英国政府以此条攻击并无道理。光绪三十年（1904）正月二十八，在商部咨外务部的呈文中即十分清楚地表明，关于涉外商标注册，华洋商人商标，一体保护，无所偏倚，拟定商标章程奏明颁行后，请外务部转总税务司并"转饬津、沪两关暂行代办，作为代理商标注册分局，所有发给执照及收纳注册公费，各事均应遵照部定章程办理。再查各国商务均有专管之部省，著为通例，前年中英续议通商行船条约系在中国未设商部之先，是以约内第七款载有由南北洋大臣在各管辖境内设立牌号注册局所一处，派归海关管理等语，现在本部责有专归，此项商牌注册局所自应照各国通例，

---

① 农商部商标局：《商标公报》（第一期），1923年9月15日，公文第11页。
② 《请仍照前案转饬津、沪两海关，讯将商标图样卷宗，移送商标局，并令知有各该商民，依法呈请核办由》，《商标公报》第二期，1923年10月15日。

由本部专司管辖"①。商部首先明确,商标注册本部"责有专归",进一步指明由于中英谈判时,清政府尚未成立商标专管部门,津、沪两关注册商标只是清政府临时委托代办,当然,亦可随时收回。次日,商部与外务部继续磋商涉外知识产权事宜,重申商标海关注册为"代办商牌注册收费事宜","兹后凡商人赴津、沪两局挂号之件,应由该两局按照定章收费,先给商人收费凭单,一面将商牌式样随时径报本部,案件编号注册后填就执照加盖印信。"②

在此问题上连日商也撰文支持中方,1924年3月,《总商会月报》刊登了一篇日人撰写的文章《日人对于〈马凯条约〉之〈商标法〉观》,对此作了客观分析,其认为,在《马凯条约》签订的第二年,清政府成立商部,将南、北洋通商事务、管理条约义务归入商部管理,"此不过一地方官权之变更,决不能谓之违反条约也",且早在1904年8月《商标注册试办章程》颁布时其第二条即规定,在商部设商标注册局所,专办商标注册,津、沪两关作为商标挂号分局,以便就近呈请,商标局为中国商标主管机构,在二十年前即为各国所承认,所以"今日主管官宪,虽累有变更,条约上之权利,依然存在,故不能谓中国之变更管理权,遂为违反条约也。今日农商部施行《商标法》,其不违反《马凯条约》之精神,固彰彰明甚";该文更进一步指明英美反对中国《商标法》的目的,是趁中国混乱,蔑视中国主权,欲将中国《商标法》之施行"置诸列强管理之下"。③

(4)津、沪海关登录商标的法律效力。清末至北洋政府颁布商标法再至1923年间,津、沪海关登录了大量涉外商标,关于该批商标的法律效力,在1923年商标法制定时是中外一个争议较大的问题。

津、沪海关登录商标统计。津、沪两海关在清末已开始登记涉外商标,截至1923年颁布《商标法》时,其数量相当可观。1923年2月、3月,为了尽快出台商标法,北洋政府农商部反复向大总统呈文,指出互保商标载在条

---

① 《商部咨外务部商标注册应由商部管理文》,《东方杂志》1904年第3期,第180-181页。
② 《商部咨外务部商标由商部给照及保护创制版权专利亦归商部文》,《东方杂志》1904年第3期,第181-182页。
③ 《工商界消息》,《总商会月报》1924年第四卷第三号,第6页。

约，为保商之要政，制定商标法"势难延缓"，其中一个紧迫的理由就是，津、沪两关挂号之商标"共积三万余件"，亟待依法核办。① 黄宗勋亦认为，津、沪两关挂号之商标"复逾三万件"②，该数据应源于农商部的统计，这还不包括北洋政府时期工商主管部门登记的少量部分涉外商标。1913 年，北洋政府将农林部与工商部合并成立农商部，并成立商标登录筹备处，开展全国性的商标备案工作，截至《商标法》颁布，国内工商企业"经本部准予备案之商标，计千余件"③。由以上统计可知，其时，国内登录商标共三万余件，涉外商标占绝大多数，且以海关登录为主，华商商标占比极少。对这三万余件中的涉外商标，其应享何种法律地位，成为 1923 年颁布《商标法》时中外争议的焦点问题。

津、沪海关登录商标之由来。津、沪两海关登录商标源于中英《续议通商行船条约》第七款"由南、北洋大臣在各管辖境内，设立牌号注册局所一处，派归海关管理其事"。1903 年 3 月，清政府设立商部，以前由南、北洋大臣管理的通商事务归并入商部。1903 年 7 月，清政府成立了商标登录局，负责商标注册及立法工作。1903 年 10 月，由于天津、上海是外商云集之处，商部与南、北洋大臣及海关总税务司协商，为了履行中英商约"商标条款"，方便洋商注册商标，先后在天津、上海设立商标注册局所，由津海、江海两关具体负责。1904 年 8 月，清政府颁布的第一部商标法《商标注册试办章程》第二条规定，商部设立商标注册局一所，专办注册事务，同时规定"津、沪两关作为商标挂号分局，以便就近呈请"，第三条"凡呈请注册者，呈纸送呈注册局，或由挂号分局转递亦可"，如此，中英《续议通商行船条约》第七款在《商标法》中得到落实，明确洋商商标注册由津、沪两海关负责，基于此，有学者认为《商标注册试办章程》"亦深受商约之约束"，该条

---

① 《为商标法案急待施行，请咨催国会提前议决以便公布由》，见农商部商标局：《商标公报》第一期，第 3 页，1923 年 9 月 15 日。
② 黄宗勋：《商标行政与商标争议》，商务印书馆 1940 年版，第 80 页。
③ 《为商标法案急待施行，请咨催国会提前议决以便公布由》，见农商部商标局：《商标公报》第一期，公文，第 3 页，1923 年 9 月 15 日。

"即纯系兼顾光绪二十八年《中英商约》第七款之约定而设"。① 由于各国的反对，《商标注册试办章程》最终流产，然而，该法第二条关于"津、沪两关作为商标挂号分局"被保留了下来，并且付诸实施。1904年8月4日，商部咨外务部在《请知照总税务司转札津、沪两海关，办理商标挂号由》② 中提出，由外务部通过各国使馆及总税务司转告各国洋商可以在津海、江海两关就近申请商标挂号，同时，商部又给津海、江海两关发文，要求两关商标挂号局"选派专员，妥慎经理"，受理中外商标挂号。③ 1904年9月，津、沪海关作为挂号分局开始正式接受洋商商标注册申请，为防止津、沪两关商标注册出现混淆，津局按照单数，沪局按照双数登记"号式"，这便是津、沪海关商标挂号之由来。

中外关于涉外商标地位的不同态度。自清末中外商约"商标条款"订立以后，西方列强一直认为其持有的商标在华应获得特殊地位，并要求体现在中国的《商标法》中，这以裴式楷、赫德拟订《商标法草案》为开端，成为此后历次商标法制定中争议不断的焦点，但中国政府并不接受该要求，导致清末商标法一再难产。承袭清末，北洋政府时期，北洋政府对涉外商标的特殊地位仍持否定的态度。1923年2月至4月，农商部反复向国会、大总统呈递议案，要求尽早颁布《商标法》，以解决涉洋商标地位问题，这实际上间接否定了洋商商标的特殊地位，农商部认为，制定商标法可以从根本上解决洋商法律地位及法律效力问题。2月9日，李根源代表农商部向国会提出议案，曰："比年以来，中外商人呈送商标注册者日多。徒以法律未经公布，无从依据审核，仅予暂行备案。惟此项法律，一日不公布施行，则商标专用权，一日不能确定。"④ 1923年4月11日，李根源再次提出："所有累年悬案，积至三万余件。法令一日不公布，则悬案一日不能解决，即中外商人之

---

① 黄宗勋：《商标行政与商标争议》，商务印书馆1940年版，第77页。
② 《海关代办商标挂号责在寄递之案据》，见农商部商标局：《商标公报》第三期，附录第2页，1923年11月15日。
③ 《会同税务司办理商标挂号分局由》，见农商部商标局：《商标公报》第三期，附录第2页，1923年11月15日。
④ 《提请公决咨交国会议决公布案》，见农商部编辑处：《农商公报》第九卷第十册第一百零六期，议案第2页，1923年5月15日。

权利一日不能确定。"① 1923年5月，《商标法》颁布，该法第六条规定，"外国人民依关于商标互相保护之条约专用其商标时，得依本法呈请注册"，包括津、沪海关登录之涉外商标，把涉外商标与中国商人商标同等看待，没有给予其特殊地位，并且，洋商在津、沪海关挂号之三万余件商标，亦必须重新注册，否则，无法享有商标专有权，这是在法律层面对涉外商标特殊地位予以否定。《商标法》颁布以后，农商部商标局发布《商标局布告》（第一号），该《布告》明确指明："由海关挂号，或农商部备案，以及并未备案仅于呈请公司注册时，附呈图样者，自均未取得商标专用权之权利，不能享受法律上之保护。"② 同时，农商部商标局还通知各省实业厅并转各总商会、商会："欲得专用权之商标，均应由各该商民，依照此项法令，呈请核办。"③ 商标局一再强调，海关登录商标必须重新注册，并不因其已经挂号而享有特殊权利。国内华商挂号之商标同样如此，在1916年浙江杭县一起商标案件中，农商部即指明，商标经本部批准备案，亦仅予挂号，并非依据该章程为商标之登录，势难发生法律上之效力。④ 这正体现了对清末华洋商人商标"一体保护"的宗旨。

  关于海关登录商标争议的解决。中外关于涉外商标争议的一个重要原因是商标制度的不同，英美法系对商标权的取得是以使用为原则，大陆法系国家是以注册取得为原则，既是注册取得，也不排除使用取得。无论使用取得原则还是注册取得原则，均十分重视商标是否已经实际使用。北洋政府的《商标法》采取注册取得原则，注册是商标权取得的唯一途径。西方国家商标意识强烈，其商品舶来中国，许多已经使用商标多年，且英美法系对于商标权的取得是以使用为原则，并不强调注册这一程序，因此，虽然并不反对北洋政府《商标法》的注册原则，但是其认为，海关挂号商标经年已久，应该给予一定的特殊权利，这是西方不满北洋政府《商标法》的重要原因。实

---

① 《商标法万难延缓，拟请仍照二月八日阁议议决原案，作为商标暂行条例，先以教令批准施行议案》，见农商部编辑处：《农商公报》第九卷第十册第一百零六期，议案第2页，1923年5月15日出版。
② 农商部商标局：《商标公报》（第一期），扉页第1页，1923年9月15日。
③ 农商部商标局：《商标公报》（第一期），公文，第7页，1923年9月15日。
④ 《商标涉讼案件仍可依照习惯及条理处断咨》，《司法公报》，民国五年（1917）十一月三十日。

际上，1923年的《商标法》对于海关挂号商标已经有所照拂，该法虽然实行注册制，但是对于已经使用的商标在申请时仍然予以一定的注册优先权，当然并非直接获得商标权。该法第四条规定，《商标法》实施前，以善意继续使用五年以上之商标，在该法实施六个月内申请商标注册时，"得不依第二条第五款及第三条之限制，准予注册"，《商标法》第二条第五款规定是禁止将"相同或近似于世所公知之标章"使用于同一商品者，第三条规定"二人以上于同一商品以相同或近似之商标呈请注册时，应准实际最先使用者注册"，显然，这是对洋商已经使用的商标的一项优惠规定。英、美等国仍然非常不满，提出了新的要求，要求将第四条改为："（一）此项所呈请之注册商标，系于一千八百九十年正月一日（1890年1月1日）以前，为呈请人或其前人在中国商务上已经使用者。（二）呈请注册商标人或其前人，在本法实施前十年，在中国商务上曾经诚实使用而未经第二人反对或要求于呈请注册相同或近似商标之时，给予特别优先权。"① 即1890年1月1日以前，申请人在中国商务上已经使用的商标，或在《商标法》实施前10年，在中国商务上曾经诚实使用而未经第二人反对的商标，应该给予"特别优先权"。洋商商标是以海关挂号为主，此规定不仅涵盖了津、沪海关登录商标，而且把更早使用的未在海关登录的商标也纳入其保护范围，均享有"特别优先权"，总之，英、美等国仍然坚持其商标应享有特殊地位。其时，在国内也有人认为，已经挂号的海关商标应受法律保护，原因是，1902年我国与英国订立商约，为了保护英国商人在我国商标专用权起见，特委津、沪海关为商标注册处，凡在该处注册之商标，即受法律保护。② 但海关挂号并不等于注册，从法理上来说，实行注册制的国家，商标法一般规定，商标须经过申请、审查、公告、异议、复审五个重要程序，商标局才能授予申请人商标权，尤其公告是必经程序，可以防止相同或相似商标的重复注册。1923年的《商标法》同样规定了五个程序，按此规定，洋商津、沪海关商标登录虽然经过缴费、登记在册，但仅仅是备案，并没有经过审查、公告、异议、复审等必要程序，

---

① 《英美商会修改〈商标法〉之议案》，《总商会月报》第四卷第三号"工商界消息"，第3页，1924年3月。

② 受百：《商标法之国际协定与我国商标注册情形》，《银行周报》1926年第456－468期。

无法取得商标专有权。因此，1923年的《商标法》对于外国人申请商标，规定必须重新登记，符合各国商标法的一般规则。

北洋政府独立制定商标法得到了国内舆论界大力支持，当时的主流报刊《申报》《大公报》等纷纷刊登文章，以此支持政府的立场，谴责列强干政的行为："《商标法》为中国商人及各国在华商人而设，非单独为英人设立也。英人欲享通商之权利，当遵守吾国商法之义务。"[①] 更有人直指《商标法》是内国法律，外方"无理取闹，借口条约，干涉中国立法权"[②]。

西方列强内部也有分歧，"吾国《商标法》，于上年五月颁布后，外商中如日人首先循例注册，无异词。而英商素以海关兼办为宗旨，至是大悖。始则附会壬寅旧约，继又斥华官为不能信任，并侵其领事裁判之权利。在沪速合各国商人，迭电公使，争之于吾外部。英商词极戾，谓非共同管理不可。"[③]

对于外商申请商标，农商部亦给予一定让步，作了微调，在收费问题上，如果曾经在海关"挂号"，并缴纳关平银5两，有收据为凭，可以"免其五元之呈请费"[④]。同时，农商部认真处理涉外商标纠纷，成功办理了几起影响较大的案例，如英商在山西的商标争讼案例，"缠讼七年，未得了解"，得到解决。

由于中国态度坚决，在原则问题上坚决不让步，策略上兼具灵活性，加之国内外形势的变化，1926年，美国、英国、意大利、法国、日本等国相继承认中国的《商标法》。

实行注册制的国家如日本、德国等国的商人十分关注北洋政府颁布的《商标法》，"六个月期限将满，德、日等国商人，赶紧把商标呈请注册"。尤其日本商人表现更为积极，日本仁丹公司将其使用多年的药品商标申请注册等[⑤]。

1923年《商标法》颁布后，"外人之对我国商标行政，渐弃其干涉成见，而国内之工商业亦渐次蓬勃活跃，呈请注册者亦日见增多"[⑥]。据统计，截至

---

① 彭十严：《商标法案与吾国主权》（续），《申报》1925年5月18日。
② 南雁：《商标法及关税预备会两交涉的结束》，《东方杂志》第21卷第13号，1924年7月。
③ 《函请商标局，请驳斥外人干涉商标行政》，《总商会月报》第四卷第六号，会议记载第3页，1924年6月。
④ 农商部商标局：《商标公报》第三期，《商标局布告》（第二号），1923年11月15日。
⑤ 国民政府实业部商标局：《商标公报百年纪念特刊》，1935年6月15日，第4页。
⑥ 黄宗勋：《商标行政与商标争议》，商务印书馆1940年版，第81页。

1925年底,申请注册商标共计13585件,经审定者8236件,已经注册者5529件,其中,日本最先注册,且申请注册数量最多,申请注册达2660件,审定者达2067件,中国居次,申请注册2140件,审定者1431件。①

另据郑飞统计,自1924年8月29日注册第1号起至1926年12月注册第9797号止,英、日两国商标最多,德国、美国次之,而我国位于其后。自南京国民政府成立以后,工商经济发展,我国注册商标逐渐占据优势,占百分之五十弱,德、美居二、三位,英、日反居四、五。②

中国近代涉外商标的争议,本是调整中外商贸交往的经济利益之争,但在中国半殖民地半封建社会的背景下,这一争议在某种程度上演变为国家主权之争,以英国为代表的西方列强欲染指中国商标管理,干涉中国内政,最终没能得逞。

三、清末中外商约"商标条款"与涉外商标纠纷解决的有限适用

清末中外商约"商标条款"规定,中方对涉外商标保护的前提是清政府制定商标法、设立商标管理机构,北洋政府于1923年颁布的《商标法》是近代第一个付诸实施的商标法。在该法颁布前,涉外商标纠纷有频发的趋势,对此,商约"商标条款"如何处理,是一个值得探究的问题,但学界少有关注。从司法实践来看,清末中外商约"商标条款"对于涉外商标的纠纷并非毫无作为,清末中外商约"商标条款"的主要目的就是禁止商事活动中商标的"假冒""仿冒"等行为,具体条文中均有体现。中英商约"商标条款"的目的是防止两国人民"违犯、迹近假冒之弊";中美商约规定"禁止中国通商人民犯用、或冒用、或射用、或故意行销冒仿商标之货物";中日商约"以防中国人民冒用日本臣民所执挂号商牌"。反假冒是商标法立法的主要目

---

① 受百:《商标法之国际协定与我国商标注册情形》,《银行周报》1926年第456-468期。
② 郑飞:《我国商标法律制度沿革及注册商标之统计与分析》,《工商半月刊》1929年第1卷第12期。

的，清末以后的涉外商标纠纷的司法审判，以此为依据，在司法适用中，法官会有意识地从商约"商标条款"中寻求法律依据，禁止商标的"假冒""仿冒"，体现出对涉外商标的纠纷解决的有限适用。

1. 天津的"仁丹"商标案

1917年发生在天津的"仁丹"商标案，此案经过初审、复审、终审三个阶段，过程曲折，但最后以中国商人胜诉告终。初审原告日商安达纯一，为森下博药房仁丹公司经理，被告为竹林村行医崔雅泉，崔雅泉在天津开设神丹制药公司，名曰"中国芒丹"，尚未在官厅注册。安达纯一认为崔雅泉所制"中国芒丹"与其"仁丹"商标高度相似，侵害其商标权，坚请中国地方官员出示严禁。天津地方审判庭判决崔雅泉败诉，崔雅泉不服，上诉至直隶高等审判厅，其仍然判决崔雅泉败诉，崔雅泉仍不服，申诉至最高审判机关大理院，大理院则判决撤销原判，发回重审，案件一波三折，颇有戏剧性。这是一起典型的商标假冒之诉，案件争议的焦点问题主要有二：一是商标相似的判断，二是判决法律依据是否与商约"商标条款"相关。

事实认定方面，主要围绕商标相似性的判断。原审法院认为，"中国芒丹""仁丹"两商标字音相同，且商标中央肖像姿势相同，有"仿造影射嫌疑"，竹林村行医崔雅泉商标应"另定之"。大理院在判决中有完全不同的看法，其认为，判断商标是否近似，要以"普通一般人"之识别力为基础，以"足以惹人注意之主要部分为标准"，普通一般人最易于认识者，首在名称，次则肖像、文字、颜色，以此观之，"中国芒丹"与"仁丹"除音韵相混外，字数多少、字体含义明显不同；肖像上，"中国芒丹"为中国礼服，"仁丹"为日本军服，文字上"中国芒丹"为汉文，"仁丹"为日本假名；颜色上"中国芒丹"为蓝色，"仁丹"为绿色，且"中国芒丹"之主要部分以"中国"二字标明其为中国人所制造，普通一般人显而易见，决不至于误认为中国芒丹是日本药，因此，"原审为仿造影射之嫌疑，殊与事实不符"。[①]

法律依据方面，直隶高等审判厅及大理院的审判中，均在商约"商标条

---

① 《崔雅泉与日商安达纯一因商标纠葛由大理院发回更审一案判决书》，见直隶高等审判厅书记室编，何勤华点校：《华洋诉讼判决录》，中国政法大学出版社1997年版，第238-239页。

款"中寻求断案依据。直隶高等审判厅认为,根据中英、中日通商航海条约在沪海关及天津海关注册,"对于我国即发生一种专卖权之效力",日本商标在天津海关已经注册,所以虽然我国没有商标法,但是仍然应该予以保护。①大理院的审判理由中指出,中英通商行船续约所载"贸易牌号迹近假冒"一语,但是在该约以及现行各法令并无成文解释足资依据,"惟有本于商标权存立之精神以为解释之"。虽然"商标条款"对"假冒""仿冒"没有具体明确的规定,但是按照习惯法,对于"假冒""仿冒"的认定存在通识。认定他人之商品是否有冒用或迹近假冒情形,应以普通一般人之识别力为基础,以商标之主要部分为准,分别观察,足以使人一见了然,不致发生误认,则其附属部分即使有类似之处,亦不至于发生混同。② 这既体现了所谓"商标存立之精神",也是商约"商标条款"作用所在。

2. "铁锚樱花"商标案

在天津发生的另一案例是日商成愿新三与大兴料器厂因商标纠葛一案。日商成愿新三在天津制造贩卖料器,其已在本国注册"铁锚樱花"商标,1915年12月22日,又将其在天津海关之农商部商标局天津分局挂号,1916年12月18日,大兴料器厂在天津县呈请注册"铁锚樱花"商标,被日商告至直隶高等审判厅。该厅判认,日商成愿新三就所制料器灯罩"铁锚樱花"商标享有专用权,不准大兴料器厂仿用。然而,在判决书之"理由"部分,又认为,日商虽在天津注册"铁锚樱花"商标,但晚清商标注册章程并未实行,民国以后自难继续有效,且据津海关监督函(1917年6月15日)称,凡登录商标,向不公告,仅将呈到商标函送农商部核办,又据1914年3月2日颁布之《商人条例》第十一条规定,非经注册及公告,不得对抗第三人。③其陈述明显显示出前后矛盾之处。

从上述两个案例可以看出,在司法实践中,中外商约"商标条款"的适

---

① 《崔雅泉与日商安达纯一因商标纠葛一案判决书》,见直隶高等审判厅书记室编,何勤华点校:《华洋诉讼判决录》,中国政法大学出版社1997年版,第202页。
② 《崔雅泉与日商安达纯一因商标纠葛由大理院发回更审一案判决书》,见直隶高等审判厅书记室编,何勤华点校:《华洋诉讼判决录》,中国政法大学出版社1997年版,第237-238页。
③ 《日商成愿新三与大兴料器厂因商标纠葛一案判决书》,见直隶高等审判厅书记室编,何勤华点校:《华洋诉讼判决录》,中国政法大学出版社1997年版,第211页。

用方面表现出两个特点：一是在审理中尽量在商约"商标条款"中寻求断案依据，二是外商在海关挂号商标，由于其未予公告，因此否定其享有商标专用权，但鉴于"商标权存立之精神"，亦即对于涉外商标予以有限的保护，依据习惯法，对假冒、仿冒予以一定的规制。1916年，发生过一起杭县广生行案，农商部在其指导意见中明确提出，清末商标法未予实施，不在民国继续有效之列，不得直接援用，对商标涉讼，审判衙门在商标法未颁行之前，"仍可依照习惯及条理处断，商民权利当不至毫无保障"。[①] 由此可见，习惯法是商标纠纷的主要依据。

第三节　清末中外商约"商标条款"的影响

清末中外商约"商标条款"是中国商标史上的现象级事件，对近代中国商标法律制度具有广泛的影响，前文已经对商标法律制度的初步建立作了较为详细的分析，本节主要从中外商约"商标条款"与近代商标权观念的形成、商标权取得制度的确定，以及中外商约"商标条款"背景下领事裁判权扩展与限缩的博弈等方面作进一步阐述。

一、清末中外商约"商标条款"与近代中国商标权观念的形成

海通以降，西方各色洋货挟其外力进入中国通商大埠，而西洋货品均附有商标，其在洋货东侵中发挥了重要作用。且西方很早就制定了商标法，在中英谈判中，英方谈判草案第一条即是保护商标的条款，保护商标成为清政府与西方列强商约谈判的重要内容。清末"新政"，大力发展工商业，鼓励民间自行设厂，清政府亦自开商埠，商业渐盛，清政府渐感商标的重要性，视商标为振兴经济的"要举"。商部在上奏清帝关于商标注册试办章程的奏

[①] 《商标涉讼案件仍可依照习惯及条理处断咨》，《司法公报》（民国五年十一月三十日）。

折中，首先阐明商标的功能，即"使购物者，一见而知为某商之货"，并比照西方，强调保护商标的重要性，"近来东西各国，无不重视商标，互为保护"，商标法与专利法相辅而行，认为"商标原为保商之要举"，无论华洋商人，既经照章注册，自应一体保护，以示平允。① 这是近代中国商标观念产生的社会基础。

从商标历史发展来看，其经历了从反欺诈、禁止虚假陈述为中心的传统商标保护到商标权利保护的过程，中外皆然。商标早期发展阶段，以消费者为中心，反欺诈、禁止虚假陈述是保护商标的主要理据，至近代，将商标作为商标人的一项民事权利加以保护，以商标权为中心，并赋予其财产属性，从反欺诈、禁止虚假陈述到进一步从民事权利角度保护商标，商标观念的转变是近代商标法律制度产生的重要前提。

1. 近代中国传统商标保护方式的式微

传统的商标保护方式主要体现为官府"特许权"与行会保护，这种保护是以反欺诈、禁止虚假陈述作为保护商标的理据。

从西方早期商标发展历史看，以反欺诈和禁止虚假陈述为目的保护商标，偏向于对消费者的保护，并非出于保护商标人的商标权。

中世纪，行会是工商业的重要组织形式，商标在其制作和销售的商品上使用，目的是表明及确定该商品的制造者身份。行会要求行会成员使用此类制造商标，是为了方便追踪缺陷商品或不合格商品，以惩罚制造者，保证商品质量，维护行会声誉。②

进入近代，《商标法》颁布之前，商标还未具有财产属性，其受保护主要是出于反垄断的目的，防止消费者受到"欺诈之虞"，成为商标受保护的唯一依据，而非为了保护商标所有人的商标权。1824 年，英国塞克斯诉塞克斯案，该案原告称，其制造并销售的子弹带及火药筒，长期使用"Sykes Patent"商标，且已积累相当的声誉，获利甚丰，被告为拓展销路，模仿原告，生产销售大量的带有"Sykes Patent"标志的子弹带及火药筒。法官认定

---

① 《商部奏拟商标注册试办章程折》，《申报》1904 年 8 月 18 日第 1 版。
② 黄海峰：《知识产权的话语与现实——版权、专利与商标史论》，华中科技大学出版社 2011 年版，第 221 页。

被告明知其产品将被作为原告的产品销售给消费者,与欺诈及虚假陈述无异,因此,法官以禁止欺诈及虚假陈述的规则保护商标。1833 年布洛费德诉佩恩案、1847 年罗杰思诉诺维尔案均如此。[1] 自商标成为财产权以后,欺诈成为判定侵权的依据之一,而侵犯商标权成为主要理据,保护商标权人的财产权成为商标法的主要目的。1863 年,霍尔诉巴罗斯案、皮革布料公司诉 AM 皮革布料公司案,法官强调商人在特定商品上使用商标获得排他权,即拥有对于商标的财产权。[2]

我国商标历史上,也存在"冒牌"现象,此种"冒牌"纠纷,其处理方式主要是传统的官府"特许权"保护与行会保护,由地方官府发布告示,对冒牌者究办示禁,或由行会按照行规处理。因此,此阶段商人对于商牌的保护可以概括为:事前依赖于行会的行规章程,事后则习惯于向衙门禀控,仰仗官府的权威,禁止他人仿冒,维护市场秩序,确保生产者、消费者的利益。这种保护并非出于对商标人的商标权保护。

从目的来看,我国传统商标保护也是以反欺诈、禁止虚假陈述为中心。1659 年,松江布牙沈青臣假冒著名布号"金三阳",松江府审理后并"勒石示禁",主要指控沈青臣假冒射利,恣伪乱真,并警告"如有奸牙地棍,觊觎字号,串同客贾,复行假冒,起衅生端,上误国课,下病商民,许即知名报府,以凭立拿究解抚院,正法施行,决不轻贷"[3],即以反欺诈和禁止虚假陈述为主要依据。进入近代,这种以反欺诈和禁止虚假陈述为中心的商标保护仍然是商标的主要保护方式,尚未实现向保护商标人商标权的转变。

传统的"特许权"与行会保护的主要弊病是,其局限于一时、一地、一事,进入近代社会,尤其是随着西货东侵,远程贸易的兴盛,商标使用的普及,以反欺诈和禁止虚假陈述为中心已不能适应贸易繁荣的商业需要,以商标权利为中心的保护成为商人的迫切需求,传统"特许权"保护与行会保护方式已不适用。1904 年 8 月,清政府颁布《商标注册试办章程》,该《章

---

[1] 黄海峰:《知识产权的话语与现实——版权、专利与商标史论》,华中科技大学出版社 2011 年版,第 226—227 页。
[2] 张惠彬:《论商标权的宪法基础——以美国法的变迁为线索》,《西安电子科技大学学报》(社会科学版) 2017 年第 27 卷第 3 期。
[3] 上海博物馆图书资料室:《上海碑刻资料选辑》,上海人民出版社 1980 年版,第 85 页。

程》第二十七条规定,"本局开办以前,其商标虽经各地方官出示保护,如本局开办6个月内,不照章来请注册者,即不得享保护之利益",虽然该章程并未实施,但是传统的"特许权"保护、行会保护的式微已是不争的事实。

正如学者们所言,传统商标法的政策动因并不是保护财产权,而是保护消费者免受欺诈和产生误认。[①] 商标的此种功能在很大程度上是消费者权利的延伸,而对商标人权利的保护并不充分,已经不能适应近代商标功能不断扩展的时代需要。

2. 清末中外商约"商标条款"与近代中国商标权的初步形成

近代中国,商标权成为一项民事权利,具有财产属性,不再是简单的商品标记,始自中外商约"商标条款"。

商标是表明商品来源的标志,何以成为民事权利,自应有其正当性。相较于专利权、著作权,商标权的正当性较为复杂。从思想渊源而言,专利权、著作权之保护,其正当性来源于近代人权思想,视智力创造成果为一般劳动产品,因其对人类有益,对其保护是对发明或创造者的鼓励或激励。商标则不同,并不需要以发明、创造作为前提,其受保护,是为了防止假冒,为维护贸易竞争秩序而设,早期以反欺诈和禁止虚假陈述保护商标,主要源于商标的识别功能。美国的版权与专利立法的宪法依据是《美国宪法》第一条第八款"知识产权条款",而1881年的商标法的依据是《美国宪法》第一条第八款第三项"贸易条款"。关于商标的正当性,洛克劳动财产权学说、黑格尔的人格权理论等并不适用。

近代商标财产化的一个重要表征就是商标转让的确认与扩张,商标的转让表明,商标本身成为商品(销售的产品),犹如有形财产一样被自由转让。就商标设计而言,虽然与作品、专利相同,但是作品、专利的价值来源于其创造本身,而商标的价值来源于所指代的商品的质量、商誉等,全然不同。商标权人通过依附在商品上的商标将自己投资的劳动、时间和金钱凝结成厂商商誉,其超出了商标作为区别商品来源的一般含义,从而为商标权的不断

---

① House Report109 - 23, Trademark Dilution Revision Act of 2005, p. 25. 转引自王迁:《知识产权法教程》(第五版),中国人民大学出版社2016年版,第398页。

扩展提供正当性。这种财产价值的大小与厂商的投资付出有紧密联系。① 商标不再仅仅是识别商品来源的标志，而是凝结了商家投资、时间和努力的结晶，是商家商誉的集中体现，需要通过商标权确认其价值，因此，商标可以看作商家劳动的产品。相较于以防止消费者混淆作为保护商标的基础，以财产权为基础是一个更强的商标保护理据。

民事权利的内容是指民事权利人对于权利客体的使用、收益与处分（支配权、排他权），就商标权而言，其权利内容包括使用权、禁止权、转让权、许可权、继承权等。订立中外商约"商标条款"以后，为了履行该条款，清政府拟订商标法，虽然过程跌宕，但是草拟的几部暂行条例中均体现出商标权的这些主要内容。

1904年2月2日，裴式楷版《商牌挂号章程》明确规定了商标的专用权与转让权，该法第四条规定，挂号之专牌，应以二十年为限，限满可续展，表明其一定程度的专用权。第八条规定，商牌所有人享有转让权，无论洋牌、华牌，如"将标牌转与他人者"，须将转让之事注册，在禁止权方面并没有明确规定，只对拟申请商标是否与已经申请之商标或虽未申请但已经使用的商标有冲突进行审查，商标申请获批以后仍然执行商业习惯法。1904年3月8日，修改后的赫德版《商牌挂号章程》，在商标使用权的年限、转让权及禁止权方面基本延续了裴式楷版的规定。1904年8月4日，清政府颁布的《商标注册试办章程》，在商标专用权方面又有明显进步，正式提出"商标专用权"概念，该法第十一条提出注册之"商标主"（商标权人）、"商标之专用权"，并将其连用，即商标主如欲将商标之专用权转让，须经注册。第十九条还规定，侵害商标专用权者，查明后"责令赔偿"。在商标的转让及禁止权方面则延续了以前的规定，商标权人享有商标的转让权、禁止权，拟申请之商标不得与已经注册或已经使用之商标相同或类似，且限于相同的商品。至此，从商标法律制度层面来看，近代商标权的内容初步成型。

清末，虽然没有正式颁布商标法并予以实施，但是，由制定商标法而形

---

① 冯晓青：《商标的财产化及商标权人的准"作者化"——商标权扩张理论透视》，《中华商标》2004年第7期。

成的近代商标权观念持续发酵,并推动近代中国商标观念日趋成熟。1923年2月9日,农商部部长李根源向国会提交的商标法草案议案中指出,商标法"一日不公布施行,则商标专用权,一日不能确定",1923年《商标法》的颁行,使商标专用权在商标法上正式确立了其中心地位。

　　清末以后商标的立法努力与近代商标权观念的形成,完成了从防止消费者被混淆为基础的商标保护发展到以财产为基础的商标权保护的转变。学者冯晓青比较了以防止消费者被混淆为基础与以财产为基础商标财产制度的区别,其认为,两者在权利主体及财产的内涵和受保护的程度上大不相同,从权利主体来看,以财产为基础的商标原理将商标权人视为准作者,从权利内容看,以防止消费者被混淆为基础看待商标的财产性,其财产意义是有限的,即当另外一人使用与其商标相同或近似的商标足以威胁到其商标识别产品来源时,商标的所有人有权主张法律予以救济,商标的财产化不是仅仅定位于一种信息识别的东西,而是定位于商标权人在付出了投资、时间和金钱的基础上而产生的信誉的载体,成为一种无形财产。[①] 以商标的财产属性予以保护渐成商标保护的大众话语。

　　早在1921年9月,工商界代表向北洋政府提出议案《准予备案之商标,宜订一保障办法案》,该议案开篇即强调了商标的重要性,指出"西谚云,工商界对于商标,视若财产",商家为了营造商标声誉,"须不惜多大的牺牲与长时间的努力"。上海总商会于1921年1月已向政府提出速设商标局,并为一直不见实行"深为痛惜",在无商标法的情况下,众人又向政府建议,将商标法草案中重要条文,酌采若干条,作为商标备案条例,于无所依据之中稍得依据,"暂时救济之一法也"。[②]

　　市场上,同一类货品,多至千百种,可"按图索骥",择其所嗜者而购之,不必有辨别货品真伪之专门知识,亦不必费抉择之时间,这就是商标的作用及其受欢迎的原因。商人抛数十年心血,耗数千万金钱,以培养社会对

[①] 冯晓青:《商标的财产化及商标权人的准"作者化"——商标权扩张理论透视》,《中华商标》2004年第7期。

[②] 《准予备案之商标,宜订一保障办法案》,《总商会月报》第一卷第四号,会务记载第4-5页,1921年10月出版。

于其商标之好感，而假冒商标，即无异于取其数十年心血，数千万金钱，因此，各国对于商标视同著作者之版权、发明者之专利权，制定专门法律予以保护。①

商标者，"使用于一定之商品，具财产上之价值，为营业商人权利之一，与著作权、发明特许权意匠权，同一重视"。因此，东、西方各国对于使用商标，均专设法律、特设机构予以保护。②

1923年，章圭璟在《商标法要义》中对商标权取得制度，商标的性质，商标权的性质，商标注册之条件、审查，商标之转移、消灭等均有详细论述，反映了商标法研究已趋于成熟。关于商标专用权的性质，学理上议论不一，有人权（人格权）说、身份权说，又有财产权说，莫衷一是，大多数学者认为财产说"最为正当"，不同于物权、债权，而是一种特别财产权，他们进一步分析道，商标使用于一定之物，有财产之价值，而可以排斥他人独占使用之权利，故有专用权之效力。③

3. 清末中外商约"商标条款"与商标广告功能的扩张

现代商标理论认为商标的功能主要有三个，即商品来源功能、商品品质保证功能、广告功能。从商标发展的历程来看，商标的这三个功能是随着商品经济的发展尤其是国际贸易的发展、科技进步而逐步呈现。清末订立中外商约"商标条款"以后，商标广告功能明显增强，强化了商标的财产属性，加速了商标从反欺诈和禁止虚假陈述到以民事权利角度保护的转变。

商标财产属性的来源。商标本身并不能直接产生收益，其价值主要源于其所指代的商品或服务的质量、消费者的认可以及由此形成的商誉。此外，现代商标理论认为，企业对于商标广告宣传的持续投入也是商标价值性来源的重要途径，因此，近代广告的出现，不仅是商标功能扩展的重要体现，也增强了商标的财产属性。

工业革命以后，随着远程贸易、工业化、城市化及通信技术的发展，商标的使用方式发生重要变化，传统黏附在商品、商品的外包装或商铺上的使

---

① 受百：《商标法之国际协定与我国商标注册情形》，《银行周报》1926年第456期。
② 《我国商标法律制度沿革及注册商标之统计与分析》，《工商半月刊》1929年第1卷第12期。
③ 章圭璟：《商标法要义》，商务印书馆1923年版，第24–25页。

用方式远不能满足市场需要，而广告使用方式十分灵便，其重要性日益突出。这是 20 世纪后商标功能的重要发展。广告的出现，促使商标功能出现重要变化。商标成为商品宣传的"代言人"，保证商品品质，将之广而告之，传递商品信息，不仅可以描述商品的基本信息，如产地、功能、价格等，以减轻消费者了解商品信息的负担，增加销售商品的说服功能，还可以刺激、吸引、诱导消费者购买其商品。商标不再只限于表示商品来源的功能，商家有意识地投入重金，塑造品牌，进一步要求商标权利的垄断。[1] 远程贸易的兴盛，制造商与用户之间距离的增加，商标逐渐游离其所指代的商品而服务于商品的商誉，广告在其中发挥重要作用。广告中的商标完全独立于所指代的实物商品，通过各类传媒向消费者展示商品的信息，既方便了消费者的选择，也增强了商标的美誉度，商标成为商品商誉的符号。

清末中外商约"商标条款"后，广告出现了新的特点，即从宣传商品的商家、商品信息逐步转向宣传商标。商品的广告功能随着商品流通地域的拓展而获得必然性，同时报纸、杂志、通信等传媒的发展为商标的广告功能提供了现实的可能性。近代最早的中文期刊《东西洋考每月统记传》的"市价篇"是中国境内中文刊物刊登商业广告的滥觞，其主要刊登货物种类、等级及交易价格。[2]《申报》初创时亦十分重视广告，几乎占据一半版面，主要是洋商洋货广告。随着商业的迅速发展和报纸的日益普及，以及近代电讯、交通业的逐渐发达，广告这种新的产品促销方式，不仅在清末民初已逐渐为许多中国商人接受，而且产生不久后即受到广泛欢迎。[3] 广告呈现新的趋向，由介绍一般交易商情逐步转向宣传商标。清末"新政"以后，华商的商标意识渐浓，新开商家，除了商号还有商标，甚至有华商前往津沪海关申请挂号者。这一时期，由于报刊传媒的发展，广告刊发明显增多，这些广告多强调自身商品的特点，宣传其品牌，并严禁他人仿冒。1902—1908 年，此时期广告的特色是外资广告井喷，本土广告也出现新气象，外资广告和本土广告在

---

[1] 黄海峰：《知识产权的话语与现实——版权、专利与商标史论》，华中科技大学出版社 2011 年版，第 237 页。

[2] 武齐：《近代广告媒介发轫——报刊及报刊广告的发展》，《国际商务（对外经济贸易大学学报）》2012 年第 5 期。

[3] 朱英：《近代中国广告的产生发展及其影响》，《近代史研究》2000 年第 4 期。

同一背景下发生了一定程度的互为参照和借鉴。①

清末订立中外商约"商标条款"以后，商标广告功能逐渐显现，虽然不能说二者之间有直接的关联，但是晚清社会整体对商标的认知及其重视无疑是商约"商标条款"的溢出效应，商标广告功能的扩展是其应然结果。

商标确认为财产权，商人要求保障由于其长期经营以及大量投资所积累起来的商业信誉，通过制定商标法，以注册的方式确认商标的财产性地位。

二、清末中外商约"商标条款"与商标权取得制度的确定

从反欺诈和禁止虚假陈述为中心到以保护商标权为中心的转变，是近代商标法诞生的标志，近代商标法是以商标权为中心构建其法律体系，商标权的取得原则是商标法的核心要义。

商标权的来源，主要是"使用取得"或"注册取得"两种途径。从历史渊源来看，商标权因使用而取得，由于早期市场受地域限制，信息闭塞，使用取得有其合理性，但使用取得制度难以避免商标冲突，确权不易，尤其是远程贸易发达以后。相比之下，注册确权简单易行，目前，多数国家实行注册制度，然而，单纯的注册并不会形成商标权，商标必须与指代的商品相结合，在实际使用中才会形成商标权，使用与注册是商标确权的共同基础。

近代中国的商标法采用的是移植法，其源于商约"商标条款"，初衷"纯为履行各国商务条约起见"②，在商标法的制定中，中外争议的一个焦点就是商标的取得制度，出于各自利益的考虑，西方在承认中国商标法注册制度的前提下，强调使用对于商标确权的重要性，而中方则希望予以限制。中外双方就此反复纠葛，延缓了近代中国商标法的制定进程，究其原因，一方面，是注册制与使用取得制二者"与生俱来"利弊兼有的特殊性，另一方面，则是与商约"商标条款"直接相关。

1. 近代学者对商标注册原则与使用原则的利弊分析

为了在逻辑上叙述便利，拟先介绍近代学人关于商标取得制度的理论探

---

① 汪前军：《〈大公报〉（1902—1916）与中国广告近代化》，华中科技大学 2012 年博士论文。
② 黄宗勋：《商标行政与商标争议》，商务印书馆 1940 年版，第 1 页。

索，厘清注册制度与使用制度的利弊优劣。

清末中外商约"商标条款"签订以后，社会整体强化了对商标的认知及重视，关于商标权的理论研究，近代学者作了初步的探索，取得了重要成果。如章圭琮著述的《商标法要义》具有代表性，对商标专用权取得的两种制度作了十分详细的阐述。

商标法之重要性。章圭琮认为，"国家无商标法或有商标法而不完全，势必为工商业者人人处于不安之位置。盖无商标法即无保护之人，货物皆可假冒，而制造者因此灰心，不求货物进步。其关系使全国产业不能发达，而富强之源因此难望。故商标法者，实为国家富强之一大关键也。"发展产业所必需之法律，以保护使用商标之人及借商标所得之信用声价不致为人侵犯，以使需用者不致因假冒之物而受人欺骗。①

章圭琮对商标权取得的两大制度作了详尽的比较分析。从世界各国来看，商标专用权取得有两大主义：一是商标专用权认定主义，即使用主义；二是商标专用权设定主义，即注册主义，前者为英美法等国采用，后者为德奥日西等国采用。二者的主要区别为认定主义与申请之日期并无关系，只认所制造之物"行用既久，早已传名，而货物又真实可靠"，故允其享有注册专用权，但此处注册，不过是以法律证明其权利而已。设定主义则不然，无论商标使用时日之长短，唯以注册为创设商标专用权之要件。因此，认定主义全以使用时日之长短为判断商标专用权之标准，而设定主义国家全以申请注册先后为准判断商标专用权。章圭琮还对两者优劣进行了比较，他认为，认定主义以使用商标时间最久，且诚实无伪者，乃享有商标专用权，在"事理"上极公平，然欲确定孰先孰后、诚实无伪，不仅不易，亦有"不能实行者"，且还会导致注册之人，若他日突现商标之先使用者，则导致已注册之商标失其专用权而不免"恐惊不安"，乃觉注册商标无甚紧要，所以看似公平，实则困难重重，英美之所以行此主义，主要是其先有商标习惯法，商标法与习惯法相辅相成，而我国无商标习惯法，断难实行此种主义。设定主义又有两种，一是不问商标使用时日长短新旧，唯一以最先申请之商标享有商标专用

---

① 章圭琮：《商标法要义》，商务印书馆1923年版，第3-4页。

权,为绝对的申请主义。确权最"简易",其弊病在于商标在先使用人因未注册,即使其商品"极有声誉"而不得不放弃其权利,其频年经营之所获,不仅为他人侵害,且反被视为侵权者,亦不可采取。二是虽采用先申请主义,对他人在先使用之商标亦有保护,为相对的申请主义。此种主义以注册先后决定商标专用权之归属,但如申请人外存在在先使用人,由管理机构确认后,可以注销申请人之商标权,或给予使用人以商标专有权。① 章圭琭对商标权取得的两大制度的利弊分析极为详尽,事实上,无论哪个国家,两种商标权取得制度不可或缺,当今世界各国,英美法系采行使用制度的同时兼顾注册取得的必要性,而大陆法系采行注册制度的同时也注重使用商标的重要性,恰可互补,呈现出趋同性。从章圭琭的论说来看,他亦主张两种制度兼采,区别在于是以注册取得为主还是以使用取得为主。

章圭琭关于注册主义与使用主义的分析对后世学者产生了广泛影响,为后世相关学者所沿用。从世界范围来看,商标权有两种取得制度,一为商标权使用取得制度,即商标使用主义原则,商标权与申请日期并无关系,只看商标在所制造货物上"行用既久著有声誉者",即便允许注册,也只是证明其权利之法律效力而已,为英美等国家采用;另一种为商标权的"设定主义",即注册主义,无论商标使用时日之"久暂",概以注册为创设权利之要件,换言之,以商标呈请注册之先后判定商标权利之有效与否,为德国、奥地利、日本等国采用。②

2. 清末中外商约"商标条款"为近代中国商标权取得双轨制之渊源

就商标取得的制度而言,由于清政府与列强商约谈判时间不同步,加之谈判环境的变化,中英、中美、中日商约"商标条款"不尽相同,共同点是均规定实行注册制,不同的是中美商约"商标条款"还规定了商标使用取得的内容。

注册制方面,中英商约签订时,清政府商部尚未成立,"商标条款"规

---

① 章圭琭:《商标法要义》,商务印书馆1923年版,第5—9页。
② 郑飞:《我国商标法制度沿革及注册商标之统计与分析》,《工商半月刊》1929年第1卷第12期。

定"由南、北洋大臣在各管辖境内设立牌号注册局所一处,派归海关管理其事",各商到局输纳秉公规费,即将贸易牌号呈明注册。中美商约签订时,清政府已经成立商部,因而商约"商标条款"中明确规定注册机构为"中国所设之注册局所",遵照中国拟订之章程予以保护。英国、美国是实行使用主义制度的国家,在清末商约谈判中仍然要求清政府实行商标注册制。

使用制方面,中英、中日商约"商标条款"没有明确的使用原则规定,中美商约"商标条款"则明确了使用取得商标权的规定,"中国今欲中国人民在美国境内得获保护商标之利益,是以允在中国境内美国人民行铺及公司有合例商标实在美国已注册或在中国已行用或注册后即欲在中国行用者,中国政府准其独用,实力保护。"① 可见,美国在规定注册取得制度的同时,强调已经使用的商标应该予以保护,实际上在商标权的取得上施行注册取得与使用取得的双重制度。

总体来看,清末中外商约"商标条款"规定了商标注册制与使用制两种取得制度,是此后商标立法过程中注册制度与使用制度纠葛不断的诱因之一。

3. 清末商标立法中的注册制与使用制的纠葛

受清末中外商约"商标条款"注册内容的影响,此后无论是外国人主导的商标法还是中国政府主导的商标法均采取注册制。

(1) 裴式楷版与赫德版《商牌挂号章程》规定商标权取得的双轨制。

英国人裴式楷版《商牌挂号章程》、赫德版《商牌挂号章程》均明确规定商标实行注册制,不仅规定了注册机构,还规定了注册的基本程序、商标的保护期、侵权的解决,甚至注册应缴纳之挂号费等。注册机构由"北洋之津海、南洋之江海"两关各立注册局房,以该关税务司为特派员负责注册事务。

在使用取得方面,裴式楷版《商牌挂号章程》第七条规定,拟用之标牌,无论形式、名目、或字样,在注册前,与华洋各商已用之标牌相同或近

---

① 王铁崖:《中外旧约章汇编》(第二册),生活·读书·新知三联书店1959年版,第186页。

似，税务司不准挂号，已经挂号的，亦可注销。① 该条实际上是对未注册但已经使用的商标予以保护。在赫德版《商牌挂号章程》中也有此规定，且更加详细，其第八条规定，拟申请注册之商标与虽未注册但"确系在中国用过者同式，或形式相似，或凭此标牌可以作弊，或标牌名目与人易于相混者"，均不允挂号。章程还进一步指明，拟申请之标牌，无论系形式，或名目，或字样，如与之前华洋各商已经注册或未注册"用作专项土货或专项进口洋货之标牌相同、近似"，税务司不予挂号，已经挂号予以注销。②

可见，英国人制定的《商牌挂号章程》虽然也规定了注册取得原则，但是注册制的色彩并不突出，实际上，该章程尤其强调使用取得原则，对于已经使用的商标，他人不得注册，因而，在注册原则与使用原则的选择上更加突出使用商标的重要性。

(2)《商标注册试办章程》制定过程中注册原则与使用原则之纠葛。

1904年8月，清政府在裴式楷版及赫德版《商牌挂号章程》的基础上拟订《商标注册试办章程》，其第一条"无论华洋商欲专用商标者，须照此例注册"，确立了商标取得实行注册制，这是商标权取得的主要原则，相较于《商牌挂号章程》，该法淡化了使用原则。该法第八条第三则及第十三条规定，如果注册之商标与他人已经注册又距申请在华前两年以上，且已经在中国于相同或类似商品上使用，则经商标利害关系人申请可注销该商标，但注册已经超过三年，不在此例。③ 此条虽然也规定使用取得，但是对于使用取得的范围予以限缩，限制于该商标在华注册前两年已经使用，另外，在华商标若注册超过三年，则不能注销，这同样对外国人不利。加之，《商标注册试办章程》将中外商人申请商标一视同仁，一体保护，"与海关强调使用在先原则以及对外国商标的照顾截然不同"④，排除了洋商商标的特殊权利，这些因素引起了西方列强的强烈反对。

1906年3月，英国、法国、德国、意大利、奥地利五国公使经过合议，

---

① 左旭初：《中国商标法律史》（近现代部分），知识产权出版社2005年版，第64页。
② 左旭初：《中国商标法律史》（近现代部分），知识产权出版社2005年版，第69页。
③ 《商标注册试办章程》，《商标公报》（第二期），1923年10月15日出版，附录第1—5页。
④ 崔志海：《中国近代第一部商标法的颁布及其夭折》，《历史档案》1991年第3期。

向清政府提交了《各国会议中国商标章程》，对《商标注册试办章程》提出了许多修改意见，主要是在商标权取得的原则上，除坚持以注册作为商标权取得的法定途径外，为了照顾西方商人的利益，特别强调了使用对于商标权取得的重要性，其中有四条涉及使用原则。

该法第一条规定了商标的注册制，但同时又特别强调，光绪二十九年（1903年）正月初一以前，已经在中国"实心使用"商标，既可以按照章程注册，也可以将所使用之商标式样及货品详细名目，"呈局存案"，商标注册局将其"另列于专册之内"，换言之，西方商人商标虽然未注册，但只要在中国于光绪二十九年（1903年）正月初一前实际使用，即予以特别保护。

该法第六条规定，若有数人以未曾相似之商标，用于同类之商品呈请注册者，应将呈请最先之商标，准其注册，如系已经使用之商标，应准"实心使用最新者注册"，仍然强调使用对于商标权的意义。

该法第二十二条规定："凡因同式商标两造相争，其一人如能持据表明此商标原系亲身，或其在先之商人，在他人尚未来华注册以前，先经首先在无论何国，至今实心使用者，则决无科罚其人之理。"

该法第二十六条又规定，下列两种商标应享最新之权利："一、业于光绪二十九年正月初一以前，经在外国注册后，至今在中国实心使用之商标。二、凡商标虽未在外国注册，而有商行能呈出确据已于光绪二十九年正月初一以前呈请，准其专用于某种货物，并至今该商在中国实心使用者，惟须自本章程开办日起，三个月限内呈请。"

由上述四条规定可知，在商标取得原则方面，与《商标注册试办章程》相比，虽然《各国会议中国商标章程》确认了注册原则，但是同时规定了使用取得原则，极为强调"实心使用""使用在先"对商标专用权的重要性，以获取在华商标的特殊利益，沿袭了裴式楷版及赫德版《商牌挂号章程》的立法精神。

在清末商标立法中，存在注册取得与使用取得两种制度，出于各自利益的考量，其在商标法中的地位成为中外博弈的焦点，由于双方利益无法调和，最终导致清末商标立法不了了之。

(3) 西方强调使用原则的原因。

清末制定商标法的过程中，西方列强强调使用原则的一个主要原因是西方工业发达，商人的商标观念浓厚，商标使用日久，在中国商标法颁布以前，来华洋商已经大量使用商标。相反，中国工商业薄弱，华商商标观念淡薄，商标使用不如洋商普遍，强调商标的使用原则对洋商十分有利。

西方强调使用原则，除了追求洋商的特殊利益，尚有深层的历史及法理因由。从商标的历史发展来看，商标权最早的取得方式是以使用作为主要依据，从法理来看，使用是获得商标权的基础。

1857年，法国颁布《关于以使用原则和不审查原则为内容制造标记和商标的法律》，该部法律即规定最先使用人或最先注册人可以取得商标权，如果发生商标权冲突，以商标的最先使用或最先注册的时间先后予以判定，如果使用或注册时间相同，则考虑使用优先，因此，法国确立了注册制，实际上也确立了使用取得商标权的原则。

商标发展初期，英国保护商标是通过判例法的方式，要求被保护的商标必须在公众中享有一定的声誉，而判断商标是否享有一定的声誉则与商标的实际使用情况紧密相关，如果商标没有使用就不可能产生一定的声誉，只有使用时间具有一定的长度，商标才能建立起一定的声誉。工业革命后，英国通过"假冒诉讼"保护在先使用的商标，原告必须证明其商标在使用中已经建立一定的声誉。

美国属判例法系国家，使用是取得商标权的基本前提，使用取得是早期商标权取得的主要方式，从权利的原始取得来看，商标权的使用取得与物权的取得类似，对商标的首先使用行为这一法律事实是商标权形成的主要依据，具有较强的正当性。美国的版权与专利立法的宪法依据是《美国宪法》第一条第八项第八款"知识产权条款"，而1881年商标法的依据是《美国宪法》第一条第八项第三款"贸易条款"，其有以下特点。首先，商标的财产权体现在商业中的使用，只有在商业中的使用才能产生商标权，这决定了使用主义在美国商标法中居于根深蒂固的地位，要求商标所有人在美国使用并且持续使用其注册商标。作为一种私权，商标权的产生是典型的贸易制度的产物，商标所有人通过诚实经营使商标凝聚了良好的商誉，得到消费者的认可，并希望得到法律的保护，制止各类假冒行为，而这正契合了政府的贸易政策。① 迄今为止，美国的商标法并非来源于宪法的"知识产权条款"，而是"贸易条款"，其后美国的商标法《兰哈姆法》虽然规定了注册制，但是与其他国家不同，其要求注册的商标在注册前必须已使用或意图使用。

现代商标法律制度的发展中，强调使用是两大法系趋同的明证。现行的《德国商标法》《法国知识产权法典》均强化了注册商标使用的必要性，我国新修改的商标法同样强化了商标注册后的使用。当今世界贸易组织《与贸易有关的知识产权协定》第16条款规定，注册商标的所有人应有专有权来阻止所有第三方未经其同意在贸易过程中对与已获商标注册的货物或服务的相同或类似的货物或服务使用相同或类似的标记，如果这种使用可能会产生混淆。若对相同货物或服务使用了相同标记，则应推定为存在混淆的可能。上述权利不应损害任何现有的优先权，也不应影响各成员以使用为基础授予权利的权利。可见，该规定首先明确了商标权注册取得的方式，同时也规定了使用取得的方式，注册取得成为主流的商标权取得方式。

使用取得原则保护商标的逻辑是商标所有人所享有的权利是一种与所有人的商誉不可分的受限定的财产权，受保护的是商标主体的贸易声誉或商业信誉，商业信誉是通过使用而获得的，商标充当的是一种工具或手段的角色。而注册原则商标保护的逻辑是保护对象和权利性质都是法律设定的。②

4. 1923年《商标法》关于商标取得原则的确立

商标法律制度自清末肇始以来，至1923年颁布《商标法》，"凡二十余载，修订手续至九次之多"③，《商标法》颁布以后，商标权的取得原则仍然是中外博弈的焦点。

1923年的《商标法》确立了商标权取得的基本原则。该法第一条规定，"欲专用商标者，须依本法呈请注册"，确立了商标取得的注册原则，围绕此

---

① 张惠彬：《论商标权的宪法基础——以美国法的变迁为线索》，《西安电子科技大学学报》（社会科学版）2017年第27卷第3期。

② 杜颖：《社会进步与商标观念：商标法律制度的过去、现在和未来》，北京大学出版社2012年版，第30页。

③ 《我国商标法律制度沿革及注册商标之统计与分析》，《工商半月刊》1929年第1卷第12期。

原则，在商标申请条件、程序、公示、公告、争议的裁定、侵权的处理等方面建构了较为完备的商标法律体系，是一部比较成熟的商标法。同时，该法对于使用原则也作出了相关规定，与《各国会议中国商标章程》相比，仅两条。第三条规定，如二人以上于同一商品以相同或近似之商标各别呈请注册时，应准实际最先使用者注册，该条为各国商标法的普遍规定，并非对洋商的特殊照顾。第四条规定，在本法实行前以善意继续使用五年以上之商标，于本法实行6个月内呈请注册，准予注册，此条强调使用原则，看似承袭了《各国会议中国商标章程》中照顾洋商的利益，然而，其有两个限定条件，一是该商标须使用五年以上，比《各国会议中国商标章程》要早，二是该商标必须在《商标法》颁布6个月申请注册，方才有效，换言之，如未注册，不予保护，并非使用即可直接获得商标权。可见，在使用原则适用范围上，1923年的《商标法》较《各国会议中国商标章程》要狭窄得多。应该说，1923年《商标法》的立法精神与西方商标法律制度一致，以商标注册为主，以使用取得为辅，同时，确实照顾了洋商的部分利益要求，正如时人所言，"当制定之初，颇以容纳外人一部分之主张，其重要精神，多与英美两国商标法相吻合，即如对于相同之甲乙两种商标，谁许拒，一视其实际之已否使用为准。"[①] 由于与西方要求差距较大，遭其强烈反对，尤其对第三条及第四条提出了修改意见，拟将第三条改为："二人以上于同一商品或同样商品以相同或近似之商标，各别呈请注册，不与第二条第七款相抵触时，商标局应将实际上先在中国使用商标者，以及使用者对于该项商业上之知识，深为查核，以便准各该人注册。"第四条改为："凡与已经呈请注册商品之商标相同者，不能再呈请注册，即使与其相似之商标，便有伪冒之余地者，亦不能呈请注册。然下列二款，则不在此列，但须于本法施行一年以内呈请注册：一，此项所呈请注册之商标，系于一千八百九十年正月初一以前，为呈请人或其前人在中国商务上已经使用者；二，呈请注册商标人或其前人，在本法施行前十年在中国商务上曾经诚实使用，而未经第二人反对，或要求于呈请注册相同或近似商标之时，给予特别优先权，以之为反对之地步者，但商标局于

---

① 静观：《农部商标局组织成立》，《申报》1923年5月22日。

其形式上，以及使用之地位，可加以修改或限制，此项修改或限制，得由使用者诉愿。"①将注册期限由6个月改为1年，对洋商有利，商标法实施前受保护商标由五年改为十年，是西方稍作让步，然而，其主旨仍然强调在中国已经"诚实使用"之商标享有优先权，以获取在华特殊利益。1924年2月22日，荷兰公使甚至还提出"商标有未经挂号而其创用者之优先权确能证明者"，也可以给予注册优先权。②对此，国内也有人提出予以宽限，"若确系善意继续使用五年以上之商标，依法呈请注册者，自可照允，酌予延展，届时当另有妥善办法。"③

辛亥革命以后，中国政府主权意识逐渐强化，在与西方的博弈中基本坚持了自主的立场，对《商标法》仅作少许让步，考虑到当时交通不便，注册期限由六个月予以延长。截至1926年，商标法得到各国承认，商标法注册主义兼使用主义原则最终确立，这种商标权的取得制度，"是国外与国内两种推动力量博弈导致的折衷方案。"④

三、清末中外商约"商标条款"背景下领事裁判权扩展与限缩的博弈

在清末商约谈判中，虽然关于"知识产权条款"的诸项内容中"商标条款"的争议不大，但是在"知识产权条款"的实施中，"商标条款"却冲突频仍，成为近代知识产权矛盾最激烈的领域，导致商标法"凡二十余载，修订手续至九次之多"。⑤其中一个重要原因是，西方列强认为，中外商约"商标条款"的适用消解了领事裁判权制度下外国人的特殊权利，成为清末及1923年的《商标法》制定中争议的焦点。目前，学界关于此问题的研究已有

---

① 孙祖基：《商标法之沿革及其颁布后所引起之国际交涉》，《法学季刊》1924年第1卷第9期。
② "领衔荷欧使致外交部照会"，1924年2月22日，台北"中央研究院近代史研究所"档案馆藏北京政府外交档案，档案号：03-18-119-01-016。
③ 孙祖基：《商标法之沿革及其颁布后所引起之国际交涉》，《法学季刊》1924年第1卷第9期。
④ 刘文远：《从"移植"到"内生"的演变：近代中国商标权取得原则的确定及调整》，《知识产权》2015年第4期。
⑤ 《我国商标法律制度沿革及注册商标之统计与分析》，《工商半月刊》1929年第1卷第12期。

涉及，但尚不够充分。

1. 清末商标立法中领事裁判权消解之争

清末中外商约签订不久后，在外力的催逼下，为了履行商约"商标条款"，清政府启动了商标的立法活动，商标立法与领事裁判权之争也随之而来，主要体现在商标法对商标争议的规定。

清末商标立法中，裴式楷版、赫德版《商标挂号章程》，关于商标争议均聚焦于章程最后规定中关于商标争议处理，如有违犯"以上各章"，无论华洋商人，均"在该局税务司处报明立案"，由该税务司与该管之官会同办理。实际上，商标争议存在注册争议及侵权争议两类，前者属于商标行政管理范围，后者属于司法管辖的范围，领事裁判权仅涉及司法领域，显然，裴式楷版及赫德版《商标挂号章程》混淆了注册争议与侵权争议的不同性质，实则欲将领事裁判权从司法领域扩展至中国商标的行政管理领域，侵犯中国的行政主权，这自然不能为清政府所接受。

1904年8月，清政府颁布修改后的《商标注册试办章程》，明确将注册争议及侵权争议分开，并规定不同的处理原则。其第十四条、第十五条规定，商标申请过程中注册争议，属商标局行政管理的范围，由商标局"驳准"；第二十条、第二十一条是关于商标侵权争议规定的，按照领事裁判权原则处理。《商标注册试办章程》将商标注册争议纳入商标局管理，防止了西方列强在中国商标行政领域的扩张，且《商标注册试办章程》第二十条还规定了，"如被告系外国人，即由该地方官照会该管领事会同审理"，中国官员参与外国领事法庭审判，这是之前没有的，体现了清末商约"商标条款"在商标领域对领事裁判权一定程度的限制，隐含清政府挽回司法主权的意愿。

对于《商标注册试办章程》注册争议的规定，德国反对尤其激烈，德国驻华公使穆默认为，驻华德国"商民人等"不属中国政府管辖，关涉领事裁判权问题。[①] 列强起草了《各国会议中国商标章程》作为应对，与清政府颁布的《商标注册试办章程》针锋相对，指责《商标注册试办章程》第二十条、第二十一条"实与条约甚不相符"。《各国会议中国商标章程》第十五条

---

① 《中国第一历史档案馆藏外务部档案·中德关系》，案卷号：1380-4。

规定，商标在申请的过程中存在驳回呈状、批驳不注、注销等争议情形，"如有外国人，即由该国领事官委派之员会同审理"，并且强调此条为保护商民特意加入，不能删除。1905年6月28日，对于西方意欲侵夺中国主权，获取特殊权利的图谋，商部重申商标立法华洋商人"无分轩轾"的立场，"此次商改之宗旨均属力主和平，凡各国商利所关，中国主权所系，均当兼筹兼顾。商标章程为中国旧律所无，又经各国一再公通商斟，按诸各国定例大致相同，则裁判商标事例自应照各国通例办理，以昭平允。"① 商部强调，商标问题关系到国家主权，且商标法按照各国定例制定，关于商标申请的驳回、注销亦按照各国通例办理，并无不妥，但德、英等国仍然予以拒绝。商部又对《商标注册试办章程》第十五条、第二十条、第二十一条作了进一步法理阐释，认为第十五条仅指商标的申请审定，属商标局行政管理的职责范围，与假冒裁判审理完全不同；第二十条、第二十一条专指商标的侵权审理，对此，以前条约并无明文规定，根据中美、中日商约"商标均由中国官员查察保护及遵循中国所定之商标章程"各语推断，因商标产生的各种争端应由商标局管辖。而且以前条约所载领事裁判权专指刑事案件，不能与此次商标裁判相提并论，更何况商约中均有"俟中国法律改正，即弃其治外法权……何独于此次参酌各国通行照约应行遵守之商标法不愿意遵守耶"。② 商部的解释实际上强调了两点：一是商标注册中的驳拒乃商标局的职责所在，这是各国共同的规定；二是商标注册争议与假冒侵权争议属两类性质截然不同的争议。前者属行政范围，由行政机关处理，后者属司法范围。商部的解释有充分的理据，然而，德、英等国仍然坚持事涉其领事裁判权，与条约相违背，不予接受。清政府与西方存在严重分歧，难以达成一致，商标法最终流产。

中国商标法规定，由商标行政部门行使商标的争议裁决权，限制了西方列强治外法权在商标行政领域的扩展，西方列强认为此举损害其治外法权，双方争执不下，对此，时人提出设立混合裁判所的建议。混合裁判所源于土

---

① 《中国第一历史档案馆藏外务部档案·中德关系》，案卷号：1381-10。
② 《中国第一历史档案馆藏外务部档案·综合类》，案卷号：4468。

耳其，1847年，欧洲人与土耳其人之间的商业诉讼及欧洲人犯罪事件，悉由混合裁判所管辖，而裁判所之裁判官构成上由欧洲人与土耳其人各半数组成之。实行领事裁判权制度下，对于在华商标侵权案，侵害商标事件如被害人系外国人，即由该地方官照会该管领事会同审判，如被告系中国人，即由该领事照会该地方官会同审判。该文认为，设立混合裁判所，商标审判事务即"附属于此"。该文提出修改建议，无论被告是中国人还是外国人，凡两造之一方面有涉及洋人者，概由混合裁判所审判，如两造均系华人，遇有侵害商标事件，一经告发，由该管地方审判厅审判。在日本，关于商标审判及侵害之诉由特许局管辖，我国农工商部注册局，其性质与日本特许局同，由于我国未收回治外法权，一旦将商标之诉讼交由注册局审判，西方列强必然不满，这就是成立混合裁判所的原因。[①] 混合裁判所由中外裁判官组成，把商标管理纳入其中，以回避治外法权问题，这一建议亦含有对领事裁判权的一定限制。

2. 1923年《商标法》与领事裁判权之博弈

1923年，北洋政府颁布了《商标法》，在立法过程中没有与有约各国商讨，此法是中国政府独立自主完成的一部法律，坚持了"华洋各商视同一律"的原则，维护了国家主权。这一点却成为西方列强干预中国的一个借口。围绕1923年《商标法》的颁布，中外在领事裁判权方面仍然沿袭了清末争议的话题。

关于商标权的争议，1923年的《商标法》秉持了清政府将注册争议与侵权争议分开规定、分别处理的原则，防止西方列强将领事裁判权向行政领域扩张。该法第十九条至第三十七条是商标注册程序的规定，对于商标注册争议，明确规定由商标局核驳，第三十九条、第四十条、第四十三条则规定了商标侵权，涉及外国人时，按照"现行条约办理"。虽然第四十三条规定了涉外商标侵权仍然根据"现行条约办理"，但是其诉讼须依照中国《商标法》处断。该法第三十九条、第四十条规定了具体罪罚及赔偿标准，如被告人为外国人，不再按照外国人属国之法律处理，而是按照中国的《商标法》。外

[①] 《改良商标办法》（录时报），《东方杂志》1908年第5卷第12期。

国人在华违法按照中国法律处理,这是近代中国对领事裁判权的一个重要突破。

《商标法》及其实施细则公布后不久,1923 年 7 月 5 日,外交部照会各国公使,"此项法律,凡在中华民国国内一律实行有效,诚恐各国旅华商民未及周知,请照会各国公使转行晓谕"。[①] 1926 年,列强基本接受了中国的《商标法》。

近代外国人在华享有领事裁判权,其根本在于在华外国侨民不受中国法庭管辖,亦不受中国法律约束,由其驻华领事依据其所属国法律审理。各国政府接受中国《商标法》,其在华法庭关于商标侵权的诉讼适用此项法律,各国商人一律遵守《商标法》。这与此前治外法权的一般情况不同,关于商标的诉讼,对外国人的审判虽不能由中国法庭完成,但适用中国法律,这是治外法权制度在中国的一个重要变化。[②]

从中外商约"商标条款"的内容来看,其并无与领事裁判权明显冲突之处。在商标法制定的过程中,对西方列强享有的领事裁判权限缩的逻辑是,按照清末商约"商标条款",由中国政府制定商标法,并按照该法对中外人商标"一体保护",同时,按照世界各国商标法通例,商标注册争议属商标行政管理的一部分。这本是清末中外商约"商标条款"的逻辑自洽,也是中国政府的正义之举,西方列强却认为中国《商标法》将外国人纳入其管理范围,并且按照中国《商标法》处理争议,破坏了其享有的领事裁判权,反映了西方列强一方面要求中国政府"制度化"保护其在华商标,将中国纳入世界商标保护体系,另一方面又想继续维护其领事裁判权特殊利益的矛盾心理。

清末中外商约"商标条款"是一系列商务条款,目的是保护中外商人利益,具有共同的利益聚合,本应该得到顺利实施,但由于清政府早已主权缺

---

① "外交部致驻京各公使代办照会",1923 年 7 月 5 日,台北"中央研究院近代史研究所"档案馆藏北京政府外交档案,档案号:03 - 18 - 118 - 01 - 006。
② 李永胜:《列强与 1923 年中国〈商标法〉之颁行》,《社会科学》2009 年第 4 期。

损,"商标条款"的实施中掺杂了复杂的政治因素,加之商标"使用原则"中实际利益的纠葛,晚清以后政局动荡,这些因素是近代中国商标法一再难产的主要原因。20世纪以降,国际贸易活动频繁,保护商标是大势所趋,北洋政府排除西方列强的干扰,自主制定颁布了第一部《商标法》,这无疑是近代外交史上的一次重大胜利,对促进中国经济发展具有重要意义。

第二章

清末中外商约"版权条款"：
缘起、实施及影响

第一节 清末中外商约"版权条款"的缘起

清末是我国版权制度近代转型的重要节点。清政府著作权的立法动因，著作权法"舶来品"的特点，从"特许权"到近代私权的转变等，都与清末中外商约"版权条款"密切相关，对于该条款的研究成为研究近代中国版权法律制度的中心议题。清末中外商约"版权条款"包括中美、中日商约谈判中形成的版权保护内容，是西方列强首次企图通过条约制度化保护其版权。近代以降，"版权"与"著作权"常常混用，从词源考察，两词均源自日本。学理上，"版权"侧重于作者财产权，英美法系较为常用，"著作权"重视人身权，大陆法系常用，在著作权国际保护的背景下，二者逐渐趋同。晚清修法前常用版权，修法后，因聘请日本学者为法律顾问，日本采用大陆法系著作权概念，因而，晚清用《大清著作权律》，而未用版权律，秦瑞玠在《著作权律释义》中解释道："不称为版权律而名之曰著作权律者，盖版权多出于特许，且所保护者在出版，而不及于出版物所创作之人，又多指书籍图画，而不足以赅雕刻模型等美术物，故自以著作权名之为适当也。"[①] 1990 年，我国颁布《中华人民共和国著作权法》，

---

① 秦瑞玠：《著作权律释义》，《法政杂志》1911 年第 5 期，第 59 页。

其附则五十六条明确规定"本法所称的著作权即版权",此说法沿用至今,本书根据实际情况在行文中"版权"与"著作权"互用。

一、清末"文告示禁"保护模式及其困境

1. 特许权保护——我国古代版权保护的主要方式

(1) 我国古代版权保护的争议。

我国是一个有着悠久历史的文明古国,自先秦以来,作品载籍宏富,作者灿若群星,为人类贡献了丰富的文化遗产,却长期缺乏著作权保护制度。至宋朝,由于印刷技术的发展,活字印刷技术使得作品能够批量生产,成为商品,出版商有了获利的机会,也有了保护出版品的愿望。同时,印刷术也催生了盗版,由于作品的无形性特点,出版商无法通过自身保护其利益,须仰赖政府方能实现。宋朝出现了保护版权的零星史料,因此,对于书籍翻版,"宋以来即有禁例"。

南宋光宗绍熙年间(1190—1194),王称撰《东都事略》,交给同乡程舍人刻印出版,为了防止他人盗版,请求政府予以保护,其在目录后的牌记上刻有"眉山程舍人宅刊行,已申上司,不许覆版"。[1] 这被认为是我国发现的最早的版权保护例证。

南宋嘉熙二年(1238),祝穆刻印《方舆胜览》,在自序后有两浙转运司录白:"据祝太傅宅干人吴吉状,本宅见雕诸郡志,名曰《方舆胜览》及《四六宝苑》《事文类聚》凡数书,并系本宅贡士私自编辑,积岁辛勤,今来雕版,所费浩瀚,窃恐书市嗜利之徒,辄将上件书版翻开,或改换名目,或以《节略舆地纪胜》等书为名,翻开搀夺,致本宅徒劳心力,枉费钱本,委实切害。照得雕书,合经使台申明,乞行约束,庶绝翻版之患,乞给榜下衢婺州雕书籍处张挂晓示,如有此色,容本宅陈告,乞追人毁版,断治实行,奉台判,备榜须至指挥。右令出榜衢婺州雕书籍处去张挂晓示,各令知悉,

---

[1] 叶德辉著,李庆西标校:《书林清话》,复旦大学出版社2008年版,第36页。

如有似此之人，仰经所属陈告追究，毁版实行，故榜。"① 该告示称，《方舆胜览》及《四六宝苑》《事文类聚》等书是本宅贡士多年辛勤，"私自编辑"，为了防止他人翻版，特向地方政府申请获批，在当地出榜"张挂晓示"，获得特许保护。

南宋淳祐八年（1248），段昌武《丛桂毛诗集解》载："先叔以毛氏诗口讲指画，笔以成编。本之以东莱诗记，参以晦庵诗传，以至近世诸儒。一话一言，苟是发明，率以录焉……先叔刻志穷经，平生精力，毕于此书。倘或其他书肆嗜利翻版，则必窜容首尾，增损意义……今备牒两浙福建路运司备词约束，乞给据为照……如有不遵约束违戾之人，仰执此经所属陈乞，追版劈毁，断罪施行。"② 这段史料记载作者先叔"刻志穷经"，以毕生精力完成此书，为防止书肆嗜利之徒翻版，向两浙福建路运司申请保护，获得毛诗集解的作品复制权，同样获得了特许保护。

当然，这种保护并不普遍，根据叶德辉的考证，一方面，官府刻书无此禁例；另一方面，私家刻书中只有那些有势力、地位之人，才能借助官府之力予以保护，"凡若此者，大都叙述刻书之由，并无禁人翻板之语。可见当时一二私家刻书，陈乞地方有司禁约书坊翻版，并非载在令甲，人人所必遵。特有力之家，声气广通，可以得行其志耳。虽然，此风一开，元以来私塾刻书遂相沿以为律例。"③ 明清时期，"翻刻必究""不许翻刻""翻刻千里必究"等，成为书肆印书后保护版权的常用语。

我国古代是否存在保护作品的版权制度存在较大的争议，以美国安守廉教授为代表的学者认为，在西方出现知识产权法之前，不能断定中国已经有了这种法律，在中国古代书籍里出现的刊载"已申上司，不许覆版"这类国家行为的声明，不过是出版前检查制度的"副产品"，帝制中国给予某些图书印制的垄断而对盗印这些图书的现象进行制止的行为是帝国控制思想的一部分，20世纪以前，中国所有现存的表明国家努力提供对知识产权保护的事

---

① 周林，李明山：《中国版权史研究文献》，中国方正出版社1999年版，第3页。
② 郑成思：《知识产权论》，法律出版社1998年版，第23页。
③ 叶德辉著，李庆西标校：《书林清话》，复旦大学出版社2008年版，第40页。

例看来都完完全全是为了维护皇权。①

学者郑成思详细分析了宋朝已经发生版权保护的事实,认为其所保护的是编辑收录活动的成果,因此提出疑问,这种版权保护究竟是制止翻版"营利"者的侵权行为,还是"帝国控制观念传播的努力"?他还进一步提出,古代帝王主要实施的是"观念控制",但这与"有限版权保护"并不是绝对排斥的,古代"帝王控制"的主旨之下客观保护了某些私权的事实,是不应否认的,"中国自宋代确曾出现过对作者(而不仅仅是出版者)的创作性劳动成果的保护,即版权"。②研究中国版权史的学者李雨峰也有类似的观点,认为皇朝的思想控制与权利保护并不完全矛盾,下层民众得到了经济利益,而上层皇权得到了政治稳定,是一枚硬币的两面。③

中外学者对中国版权保护迟滞的原因也作了探讨。安守廉认为,旧中国法律总体上具有刑事性质,使得这种法律在多大程度上调整民事事务这一问题变得模糊不清,即古代中国没有智慧成果的私有观念。④民国时期的德国学者罗文达(Rudolf Lowenthal)认为,中国晚近出现版权保护有两大原因,一是著作者著书可以"借此得些功名、家声和很高的名气",二是"笨拙而又费钱的印刷方法"。⑤秦瑞玠认为,中国古代,较之东西各国,文学美术著作繁盛,而著作权保护反而落后于西方,其原因为,作品之传播,靠"简削手抄",数量有限;作者著述,有"猎名而无牟利",全在乎人格,而不在乎财产;假冒无利,法不过问,因而文物称盛而无相应的权利与法律。⑥

(2)我国古代版权保护的特点。

从版权发展的历史进程来看,中国及西方均经历了三个时期,分别是特许权时期、权利主义时期、世界保护时期。早期的版权保护体现为特许权保

---

① 安守廉:《知识产权还是思想控制》,见梁治平:《法律的文化解释》,生活·读书·新知三联书店1994年版,第252-254页。
② 郑成思:《知识产权论》,法律出版社1998年版,第23-25页。
③ 张玉敏、李雨峰:《中国版权史纲》,《科技与法律》2004年第1期。
④ 安守廉:《知识产权还是思想控制》,见梁治平:《法律的文化解释》,生活·读书·新知三联书店1994年版,第254页。
⑤ 罗文达著,高庆琛、丁龙宝译:《中国版权法》,《报学》1941年第1卷第1期,第59页。
⑥ 秦瑞玠:《著作权律释义》,《法政杂志》1911年第1卷第5期,第59页。

护,其特点是,由出版者向政府提出保护请求,批准后获得对于该图书的专有印制权,未经许可的印刷会受到政府的惩罚,著作权是否保护,全由政府判断。我国宋代以后形成的版权保护制度也属于特许权保护,除有特许权的一般共性外,也有自身的特点。

首先,印刷技术的发展是版权保护制度产生的前提。无论东、西方知识产权学者,都认为版权是随着印刷术的采用而出现的,印刷术使得书籍可以批量生产,是著作权制度产生的技术条件。

其次,东西方早期版权保护主要是保护出版商的利益,而非作者利益,从我国已有的资料来看,对于作者利益也予以了一定程度的保护,不过这里所谓的作者并非原作者,主要是改编者或编者,这与我国古代知识分子大多从事"四书五经"的教学与整理有关。学者郑成思认为,"中国自宋代确曾出现对作者(而不仅仅是出版者)的创作性劳动成果的保护,即版权保护",公法中产生私权,在古代"帝国控制"的主旨之下客观保护了某些私权。[1]

最后,宋代以后形成的特许保护制度的具体方式是"文告示禁"。一般情况下,出版者以自己的身份向当地政府申请,以取得保护令状,从而获得书籍特许权保护,地方政府发布告示,晓谕书贾人等,一体知悉,不得翻刻渔利,违者查究。可见,知识产权并非起源于任何一种民事权利,也并非任何一种财产权,它起源于封建社会的"特权"。这种特权,或由君主个人授予,或由封建国家授予,抑或由代表君主的地方官授予。[2] 这种保护虽然不具有普遍性,但是被视为现代著作权制度的鼻祖。

西方,早在中世纪时期就存在作品特许权保护方式。15世纪末,西方出现了第一个保护版权的特许令,威尼斯共和国授予印刷商人冯·施贝叶(J. von Speyer)在威尼斯印刷出版的专有权,保护期5年。至16世纪,书籍特许制度在意大利其他地区广泛施行,并进而在法国和欧洲其他地区蔓延开来。罗马教皇于1501年,法国国王于1507年,英国国王于1534年,均曾为印刷商人颁发禁止他人翻印书籍的特许令。[3] 后来,英王批准成立"出版商

---

[1] 郑成思:《知识产权论》,法律出版社1998年版,第24–25页。
[2] 郑成思:《知识产权论》,法律出版社1998年版,第4页。
[3] 郑成思:《知识产权论》,法律出版社1998年版,第29页。

公司",授予其享有印刷出版特许权,当然也是英国国王为了达到通过控制图书出版以控制舆论的目的。

2. 近代中国"文告示禁"特许保护制度的式微

(1)清末"文告示禁"的延续。

自元代以后,私家刻书,陈乞地方有司禁约书坊翻版,"相沿以为律例"。① 清朝末年,"文告示禁"的特许权保护仍为版权保护的惯常方式。

1897年初,时务报馆拟多印新译新著,"沾溉士林,增广闻见",为了防止坊间书贾翻刻新书,《时务报》刊登了保护其版权的官方文告《苏松太关道吕观察告示照录》,称:"查泰西定例,凡刊印自行译撰书籍,不许他人翻印。近年上海西人所设广学会、益智会,均经禀请存案,凡会中刊印各书,均不得率行翻印。"② 时务报馆是维新派的重要舆论阵地,其出版的新书通过"文告示禁"得到保护。

1898年,清末维新派团体东文学社成立,次年,东文学社向地方政府请求版权保护,并获批准,"拟译印各书为各学堂教科之用。兹先印行《支那通史》一部以外,已译未印及未译成之书尚有数十种,并拟陆续付梓。唯坊间书贾习气,见书销路稍畅,往往冒名翻印射利。校雠不精,贻误学者,且于学社权利未免有碍,禀请示禁。……仰书贾坊铺人等一体知悉:尔等不得将该学社前项译印书籍及续印各书私行翻印,希图渔利。如敢故违,一经告发,定即提案究罚不贷,其各遵照毋违,特示。"③ 戊戌变法期间,1898年7月5日,光绪皇帝根据维新派的请求,颁布了我国第一个专利法,其中规定,各省士民著有新书,可准其专利售卖,这仍然是特许权的保护。

清末"新政时期",西方的版权制度开始输入国内,但是,"文告示禁"的版权保护方式仍然是主要的保护方式,"朝廷科举改章,于是新书层出不穷,射利之徒,争先翻印,致每一书出,作者必请给示以保利权,习俗相沿"④,

---

① 叶德辉著,李庆西标校:《书林清话》,复旦大学出版社2008年版,第40页。
② 《苏松太关道吕观察告示照录》,《时务报》第19册,光绪二十三年(1897年)二月初一日。
③ 张静庐辑注:《中国近代出版史料》(初编),《大清印刷物专律》插页,群联出版社1953年版,第318页。
④ 《谕禁翻印》,《申报》1903年3月18日。

"今中国各书坊,筹印一书,亦必请示于官,以防翻刻"①。

然而,"文告示禁"保护方式实施的效果并不明显,据载,当时书肆所卖之书,其首页间有"翻刻必究"字样,而从未闻以翻刻书籍肇成讼祸者。西人印字机器来华,其工较刻板为速,费较刻板为廉,东南数省争相快睹,商务印书馆、申报馆及浙江、湖南等地机器印书局"蹱起"。②

(2)"文告示禁"制度下的涉外版权保护。

近代涉外版权的保护始于西方传教士,同样施行"文告示禁"的保护方式。鸦片战争以降,西方传教士纷纷涌入中国,出于传道布教的需要,他们创办了一批出版机构,以出版书籍。1843—1860年,在香港及五个通商口岸,传教士出版的书籍有434种③,截至1895年,传教士的出版机构就有18家,20世纪初,全国各地出版机构有70余处④,他们大量印刷图书,广受欢迎。

1887年,传教士在上海创立"同文书会",1892年,改其为广学会,这是当时国内出版图书最多、影响最大的教会出版机构,出版了不少畅销书。其出版的书籍介绍西方新学,契合了当时已初步开眼看世界的中国人,批评时弊、鼓吹变法,迎合了中国先进的知识分子,其出版物不仅行销通都大邑,也传至僻野乡村。⑤广学会将其图书向中国官方提出保护要求,得到允准。几年后,上海道又重申:"查泰西定例,凡刊印自行印译撰书籍,不许他人翻印。近年上海西人所设广学会、益智会,均经禀请有案,凡会中刊印各书,均不得率行翻印。"⑥1895年,广学会印刷《泰西新史览要》,首印3万部,供不应求,一版再版,"各地书商见有利可图,纷起翻刻盗印。据称,在杭州,有六种翻版,在四川,至1898年就有19种翻版"。⑦

---

① 《定书律议》,《申报》1903年10月6日。
② 《中西士人问答·论著书》,见周林、李明山:《中国版权史研究文献》,中国方正出版社1999年版,第24页。
③ 熊月之:《西学东渐与晚清社会》,上海人民出版社1994年版,第8页。
④ 周其厚:《传教士与中国近代出版》,《东岳论丛》2004年第1期。
⑤ 熊月之:《西学东渐与晚清社会》,上海人民出版社1994年版,第8页。
⑥ 《苏松太关道吕观察告示照录》,《时务报》第19册,光绪二十三年(1897年)二月初一日。
⑦ 吴永贵:《中国出版史》(下册,近现代卷),湖南大学出版社2008年版,第31页。

广学会出版的另一部书《中东战纪本末》，由林乐知与蔡紫绂译著，风行海内，甚至"流传域外"。后广学会将该书重印，另译著《中东战纪本末》（续编）四卷，该书尤多外国未见之秘要，佐以新论，辅以西报，实皆煞费苦心。结果"乃闻坊间不良书贾，竟有思复刻以弋利者"，按照西人惯例，"视同盗贼之窃夺财产"。盗版的大量出现给广学会造成了极大的困扰，他们向清政府寻求保护，广学会通过美国总领事向江南分巡苏松太兵备道"函请刘道宪出示谕禁，并行上海县暨英、法两公廨一体申禁"，获批准，告诫各地书商，教士所著前项书籍，煞费经营，始能成编行世，自此以后，"切勿再将前书翻印出售，致干究罚"。①

受保护的不止广学会一家，益智会是传教士创办的另一所重要的文化出版机构，主要出版教科书，通过"文告示禁"的方式获得版权保护。

在1902年中外商约"版权条款"谈判期间，就发生了有记录的两起涉外版权纠纷案。1902年，英国传教士傅兰雅诉徐渭夫、金恒甫翻印其主编的《格致汇编》，上海公共租界会审公廨判侵权成立，罚款250元，并销毁所印书籍。② 1902年，英美查图书集成书局诉华商陈鹤甫盗印其出版的《时务通考》，上海公共租界会审公廨判陈鹤甫盗印成立，令其"先行停印并将所印该书之底以及照片等缴案销毁"。③

不可思议的是，中国的译书局在向本国政府申请特许保护的同时，也向西方列强寻求保护，要求"合行给示谕禁"。南洋公学译书院是一所官办译书院，光绪二十九年（1903）五月，所译东西图书"平价出售，海内风行"，已经翻译待印书籍60余种。为了防止书贾射利，译书院一方面向清政府提出保护申请，"出示严禁"，另一方面恳请上海租界委员会，照会驻沪领袖总领事立案，"嗣后一经查出翻印情弊，即指名呈控，照例从严惩办"。④

华亭县闵萃祥将其所著《五洲列国志》呈送江南分巡苏松太兵备道，要

---

① 《万国公报》1897年第95卷。
② 薛理勇：《旧上海租界史话》，上海社会科学院出版社2002年版，第238页。
③ 《英美租界公廨》，《申报》1902年4月2日。
④ 张静庐：《中国近代出版史料》（初编），《大清印刷物专律》插页，群联出版社1953年版，第319页。

求"给示申禁翻印",并且请照会租界领事,要求"合行给示谕禁",防止将该书"易名翻印"。①

"文告示禁"的特许保护模式下,外方获得了与中国公民同等的保护权利。20世纪三四十年代,德国学者罗文达在燕京大学从事新闻传播的教学与研究,著有《中国版权史》。他认为,在19世纪最后20年中,由于英文是国际最流行的语言,发生的中外版权纠纷,主要来自英美两国,最早保障外国版权的法令是1896年颁布的,上海会审公廨宣布"外人在华出版作品得享受同等之特权","同等者系指和中国人所享者相同而言"。②

(3)清末"文告示禁"保护方式的挑战。

20世纪初,"文告示禁"的版权保护模式面临国内外双重挑战。

国内,清末推行"新政",废科举,兴学堂,学生人数激增,导致教科书的需求剧增,而教科书主要以译介西书为主,"译籍以千万计,译局以百十计",据学者刘志琴统计,"新版图书90%以上均为译书"③,传统"文告示禁"的保护方式难以应对。1902年,廉泉等创办的早期出版机构文明书局,所出书籍皆"呈蒙审定",以重版权,声明:"嗣后文明书局所出各书,拟请由管学大臣明定版权,许以专利,并咨行天下大小学堂,官私局所概不得私行翻印,或截取割裂,以滋遗误而干例禁。"④ 然而,文明书局所印刷之书籍仍然被北洋官报局大量盗印,酿成了媒体广泛关注的版权事件。这一案例表明,在传统"文告示禁"的特许保护方式下,作品的特许权来源于专制政府,取决于统治者的意志,不可能为版权提供长期稳定的保护预期。

国际上,1886年,国际版权同盟在伯尔尼成立,西方主要国家相继加入,形成了版权的国际化保护趋势,并为世界各国提供了保护版权的范式。

早期涉外版权冲突案例在司法层面仍然以上海的会审公廨为解决中心,

---

① 《谕禁翻印》,《申报》1903年3月18日。
② 罗文达著,高庆琛、丁龙宝译:《中国版权法》,《报学》1941年第1卷第1期,第63页。
③ 刘志琴:《近代中国社会文化变迁录》,浙江人民出版社1998年版,第245-246页。
④ 《廉部郎上管学大臣论版权事》,《大公报》1903年5月22日。

多以外国人胜诉结案。由于中西版权冲突的加剧,"文告示禁"的特许保护模式不能满足大众需要,其弊端逐渐显现,主要表现为,每出一书即须上一呈文,未免烦琐,又往往限于一地,还得看审判官的个人态度及当事人与当地官厅的交情,导致外人"对于这样的保护渐感不满"。① 他们希望引入西方的版权法律制度,并将涉外版权纳入条约保护范围,通过条约使涉外版权保护"制度化"。其时,要求中国保护涉外版权最迫切的是日本,19世纪末,日本国内舆论界有人主张政府应就保护版权问题与中国政府谈判,其理由是:鉴于中国社会处于改良时期,急需各种图书,尤其是教科书,市场广大,但由于没有版权保护,日本不愿意"译辑良教科书以供给之",一旦与中国改订条约,"布以版权,则我国著述家权利可以保护",因此切望日本外交当局"速与支那提议施行布版权之策"。② 日本的这种急切心态在列强中具有一定的代表性,《辛丑条约》以后的商约谈判为外方寻求新的保护版权方式提供了契机。

二、清末中外商约"版权条款"的形成

1902年,根据《辛丑条约》的规定,清政府与西方列强举行商约谈判,重新拟订商务条约。在中日、中美商约谈判中,日方、美方代表均提出了保护版权的条款。其时,清政府正处于"新政"的改革时期,尤其是废科举,文化教育出现了新趋向,列强提出的这一新议题遭到了中方的反对,但由于中外对于版权保护均有现实需求,最终经过双方妥协,达成了商约"版权条款"。

(一)中日商约"版权条款"的形成

1902年6月16日下午,中日举行第一次商约谈判,日方代表为驻上海领事馆总领事小田切万寿之助和驻华公使馆头等参赞官日置益,中方代表主

---

① 罗文达著,高庆琛,丁龙宝译:《中国版权法》,《报学》1941年第1卷第1期,第64页。
② 《论布版权制度于支那》,《清议报》第13册,"外论汇译"。

要为盛宣怀等。在谈判的开场白中,日方表明中日之间是近邻,比起西方国家"自然更加亲密",在谈判中不会为难中国,盛宣怀则希望日方在谈判中"能考虑到中国的主权",但在后来的谈判中,中方代表的感觉则是日方谈判代表"言甘手辣",谈判过程并不顺利。

起初,日方代表小田切万寿之助、日置益向提出中方"草约十款",其中第八款是关于保护版权的规定:"日本臣民特为中国人备用起见,以中国语文编成之各书籍、地图、海图及其余一切著作,执有印书之权,即由中国设法保护,以免利益受亏。"[①] 该条文中,日方首次要求中国保护其在华日本人版权。

本来,清政府对日本谈判的策略就是比照英约,"见英约已允者,照办;未允者,只能坚拒。"光绪二十八年(1902)5月15日,刘坤一电悉日方"版权条款"内容后,致电张之洞、外务部及吕海寰、盛宣怀两位大臣,提出"保护书籍、舆图,应请沪上翻译东书诸家考究其用意之处,将来纵欲允许,亦只能保护有切于用而无违背中国礼法者"。5月24日,吕海寰、盛宣怀来电称日方"保护书、图,意在予以专利,亦拟分别辩驳"。其时,中方谈判代表在谈判过程中,一方面要向外务部请示,另一方面还须"会商江、鄂"。[②] 张之洞是当时政界、学界举足轻重的人物,在中日"版权条款"的谈判中起了非常重要的作用。学者冯秋季认为,张之洞在商约谈判中起了决策性的作用,"他的认识与意见,左右着国内谈判人士的态度,影响着中外谈判的内容与进程"。[③] 同年9月,中日重启谈判,重新开谈之前,张之洞在几次致外务部、江宁刘坤一及谈判代表吕海寰、盛宣怀的电报中,比较系统地阐述了对日"版权条款"的意见,对于此后"版权条款"的谈判有重要作用。

首先,张之洞并不反对保护日方版权。本来,按照清廷的谈判原则,

---

① 中国近代史资料丛刊编辑委员会:《辛丑和约订立以后的商约谈判》,中华书局1994年版,第212页。

② 苑书义,孙华峰,李秉新:《张之洞全集》(第11册),河北人民出版社1998年版,第8836-8837页。

③ 冯秋季:《张之洞与中外版权交涉》,《韶关学院学报》2004年第25卷第1期。

"凡为英约所有者，自应均照英约办理，不能丝毫有异"，保护版权是日方提出的一项新要求，理应拒绝，且国内反对甚为激烈，自外方提出版权保护条款以来，数月间，中国文人议论纷腾，多数人主张"力驳"。然而，张之洞认为，"断不能全驳，且亦不能全驳"，原因是日本人将各种有益于中国学问的各种书籍翻译成中文，"颇费心力"，应该享此销书之利，"方为公平"，更何况中国早有"禀禁翻刻之章"，而且可以借此鼓励日人多出新书，于我学堂有益，否则那些"图小利之文人"，无志编书，专效书坊恶习，翻版射利，难望其为"自强之才"，又岂可"曲徇其情而驳外人乎？"[1]

其次，张之洞认为，对日本人版权保护可以进一步予以限制，这些限制主要包括版权保护期限、地域及客体范围等。

版权保护期限上须商定年限。光绪二十八年（1902）8月22日，张之洞致电外务部、刘坤一、吕海寰、盛宣怀的电文中提出，对于第八款保护版权，应该商定年限，日本人新出之华文、华语书图，"许专利五年"，满限即不复禁。[2] 27日，吕海寰、盛宣怀来电，言日方认为五年太少，日本保护版权三十年、美国十四年，要求中方参酌各国年限，定一个公道年份。张之洞立即发来电文，继续辩解，认为现在新书出版日多，四五年后视四五年前旧书，"已近陈言"，所以版权年限为五年比较恰当，如果日方坚持"酌加"，也可以"稍展其限"。[3]

限制版权保护地域范围。张之洞认为，除沿江、沿海外，如云贵、广西、四川、陕西、甘肃、山西、河南、东三省等僻远之处，"限内亦不应禁"。[4] 不久，吕海寰、盛宣怀来电，言日方认为，各国版权无此办法，中方解释称，中国云、贵等省僻远，运费必贵，寒士"无力购买"，不如任其翻印，可以

---

[1] 苑书义，孙华峰，李秉新：《张之洞全集》（第11册），河北人民出版社1998年版，第8933－8934页。

[2] 苑书义，孙华峰，李秉新：《张之洞全集》（第11册），河北人民出版社1998年版，第8933页。

[3] 苑书义，孙华峰，李秉新：《张之洞全集》（第11册），河北人民出版社1998年版，第8940－8941页。

[4] 苑书义，孙华峰，李秉新：《张之洞全集》（第11册），河北人民出版社1998年版，第8933页。

广为流传，以劝知新，也可以表日本善邻劝学之"雅意"，日方则说，此问题可以与版权人商议解决，但不能载入约内。①

在版权保护的客体范围上，双方确认日人版权保护范围为"日本特为中国备用、以中国语文著作书籍及地图、海图在中国注册，不准翻印"。客观而言，日方在谈判草案中将版权客体范围限制在"特为中国人备用"范围，在当时知识产权国际化保护背景下，这一规定于中方有利。进一步，张之洞又重点提出了以下几种书籍亦应不在保护范围，如若华人就日本人所出华文之书"重加编订、有增减修改者"，亦不能禁，原因是面目既改，词义有别，即与原书无涉；如果华文图书中参有日文，更不在"应禁之列"，这实际上进一步缩小了日本人版权的保护范围。张之洞叮嘱吕、盛两星使费神磋商，力辩争回，万勿遽允。② 其时，革命党人在日本办报馆，宣传革命主张，所办报刊中"有捏造、污蔑、悖逆、谤讪之谈"，张之洞亦十分重视，认为此事"甚关紧要"，要求日本"查禁封闭"，并且把此事与日本版权要求"相抵"。③

有了张之洞的明确指示，后续中日"版权条款"的谈判进展比较顺利。在9月22日谈判中，双方将"版权条款"作了更加具体的规定，初步商定了"版权条款"的基本内容："第二节，日本臣民特为中国人备用起见、以中国语文著作书籍以及地图、海图，执有印书之权，亦允中国国家定一章程，一律保护，以免利益受亏。第三节，中国南、北洋大臣，应在各管辖境内设立注册局所，海关管理。凡外国商牌并印书之权、请由中国国家保护者，须遵照将来中国所定之保护商牌及印书之版权各章程，在该局所注册。第四节，中国人民所执商牌及印书之权，一经按照日本国章程注册，如日本臣民冒用，应得一律保护之。"④ 与之前的草案相比，在原有内容基础上增加了三点：一

---

① 苑书义，孙华峰，李秉新：《张之洞全集》（第11册），河北人民出版社1998年版，第8941页。

② 苑书义，孙华峰，李秉新：《张之洞全集》（第11册），河北人民出版社1998年版，第8940页。

③ 苑书义，孙华峰，李秉新：《张之洞全集》（第11册），河北人民出版社1998年版，第8935页。

④ 苑书义，孙华峰，李秉新：《张之洞全集》（第11册），河北人民出版社1998年版，第8941-8942页。

是中国政府必须制定保护版权之"章程";二是南北洋通商大臣在其辖境海关管理范围内设立注册局所负责外商书籍注册保护;三是强调互保,在中国政府保护日商版权的同时,日本"亦允许保护中国人民按照日本律例注册之商牌及印书之权,以免为日本臣民冒用之弊"。① 显然,这些内容与之前的条款相比更加完善。

10月2日,中日谈判中再次涉及版权问题,中方极力反对,主要是由于地方督抚有许多电报反对,使中国谈判代表不知如何争辩是好,日方极力辩解,小田切说"版权条款"规定的范围已经极为有限,而且可以鼓励日本出版"专备中国人使用的书籍",最后讨论没有结果。② 实际上,中日"版权条款"基本内容已经落定,在此后的中日谈判中基本没有再讨论"版权条款"的主要内容。

1903年10月8日,中日签订了《通商行船续议条约》,其中,第五款为涉及商标及版权的条款,关于版权规定为:"日本臣民特为中国人备用起见,以中国语文著作书籍以及地图、海图执有印书之权,亦允由中国国家定一章程,一律保护,以免利益受亏。中国国家允设立注册局所,凡外国商牌并印书之权请由中国国家保护者,须遵照将来中国所定之保护商牌及印书之权各章程在该局所注册。日本国国家亦允许保护中国人民按照日本律例注册之商牌及印书之权,以免在日本冒用之弊。凡日本臣民或中国人民为书籍、报纸等件之主笔、或业主、或发售之人,如各该件有碍中国治安者,不得以此款邀免,应各按律例惩办。"③

中日"版权条款"的谈判过程大体上是比较顺利的,主要原因是,一方面,一开始日方提出的"版权条款"保护范围有一定的限制,即特为中国人备用起见,以中国语文著作书籍以及地图、海图等,这是一个比较狭窄的保护范围;另一方面,中日"版权条款"在保护的权利内容上,仅授予日方翻

---

① 中国近代史资料丛刊编辑委员会:《辛丑和约订立以后的商约谈判》,中华书局1988年版,第213–214页。
② 中国近代史资料丛刊编辑委员会:《辛丑和约订立以后的商约谈判》,中华书局1988年版,第220页。
③ 王铁崖:《中外旧约章汇编》(第二册),生活·读书·新知三联书店1959年版,第193页。

印权，不包括翻译权，中国历来有禁止擅自翻印的传统，且中日商约"版权条款"中有"使用华语"字样，易于为中方所接受。总之，中日"版权条款"在版权客体、权利范围上均较为狭窄，于中国影响有限，这是中国能够接受的主要原因。

(二) 中美商约"版权条款"的形成

中美商约"版权条款"的谈判几乎与中日谈判同时进行，但中美商约"版权条款"的谈判比中日谈判复杂、艰难得多，主要是美方提出了全面保护版权的条款，中方难以接受。中美商约谈判历时一年零四个月，为了更清晰地说明中美商约"版权条款"的形成，根据谈判内容、特点、谈判代表人员的变化等方面，可以把中美商约谈判分为三个阶段。

1. 中美商约"版权条款"的提出（1902年6—8月）

1902年6月27日，中美举行第一次商约谈判，美方代表主要为驻上海总领事古纳，中方代表主要为吕海寰、盛宣怀，后伍廷芳加入。美方提出的谈判草案共三十九款，第三十二款为"版权条款"，内容为："无论何国若以所给本国人民版权之利益一律施诸美国人民者，美国政府亦允将美国版权之利益给予该国人民。中国政府今允，凡书籍、地图、印件、镌件或译成华文之书籍，系经美国人民所著作，或为美国人民之物业者，由中国政府援照所允保护商标之办法及章程极力保护，俾其在中国境内有印售此等书籍、地图、镌件或译本之专利。"[①] 美国的商约"版权条款"与中日商约"版权条款"有重大差别，首先，在版权保护的客体范围上没有限制，远较日本广泛，中日"版权条款"客体范围仅限于"特为中国人所用"。其次，在版权保护的权利内容上除了复制权（翻印），还增加了翻译权。本来，清政府对美谈判比照中英谈判，凡为英约所有者，自应均照英约办理，不能丝毫有异。美方商约"版权条款"不仅是美方索取的一项新权利，而且是一个远超中日"版权条款"的全面的版权保护条款，中方必然反对，当时，舆论界即有人质

---

① 中国近代史资料丛刊编辑委员会：《辛丑和约订立以后的商约谈判》，中华书局1994年版，第156页。

疑："试问版权与通商行船有何关涉？是欲于原约之外，别增一新利益也"①，由此，版权问题成为中美商约谈判的一个焦点议题。

2. 中美商约"版权条款"谈判的艰难时期（1902年9月—1903年1月）

中美在1902年6月举行第一次谈判后，由于美方主要谈判代表古纳因病赴日，双方第二次谈判延迟至9月9日。从1902年9月至次年1月，是中美商约"版权条款"谈判的艰难时期，也是关键时期，基本商定了"版权条款"的主要内容。

由于美国提出了一个广泛的版权保护条款，对中国的教育、出版行业将会产生重要影响，国内各界反应极为强烈，纷纷要求驳拒，管学大臣张百熙致电两江总督刘坤一的电文具有代表性："闻现议美国商约有索取洋文版权一条，各国必将援请利益均沾。如此，则各国书籍，中国译印，种种为难。现在中国振兴教育，研究学问，势必广译东西书，方足以开通民智……不立版权，其益更大……此事所关系匪细，亟望设法维持，速电吕、盛二大臣坚持定见，万勿允许，以塞天下之望。"② 综合中方谈判代表与外务部、张之洞、刘坤一的往来电文看，中美在"版权条款"谈判主要聚焦在版权保护的客体范围及翻译权的保护两个问题上。

美国商约"版权条款"保护的客体范围。中美商约"版权条款"谈判中，张之洞仍然起主导作用，但与中日谈判相比，张之洞的态度迥然不同，坚决反对美国商约"版权条款"。由于美国商约草案"版权条款"是一个全面而广泛的版权保护条款，张之洞听闻后非常着急，连续给吕海寰、盛宣怀发电，表明自己的担忧，"闻美商约拟索洋文版权，确否？各省文人有志讲求西学者，恐以后中国不能译西书，闻之甚为惶急，纷纷电求驳阻，此事万不可允"，务请两星使"艰拒勿允"。张之洞将其与日本比较，认为日本所索版权，"乃指东人就东文已译成中国语文之书"，如果中国人自己翻译日本人的书，则"并无所禁"，如果我国将欧美洋文翻译成中文图书，则"版权在

---

① 《驳美日两国商约要索版权》，《外交报》第36期。
② 《吕盛两钦使复电》，《政艺丛书·皇朝外交政史》第4卷，上海政艺通报社1902年版，第11–12页。

我，与彼何干？"① 同时，中方在 9 月 24 日的谈判中还提出一个反对理由，就是保护版权会使得书籍涨价，"穷一点的人买不起书"。② 9 月 30 日，由于国内舆论界尤其学界的坚决反对，中方代表在谈判中称收到各界反对订立"版权条款"的一些电文，特别是管学大臣张百熙发来的京师大学堂学生的长篇电文，表明国内的强烈反对意见。其时，中日商约"版权条款"基本落定，在此背景下，美方承认，"对于这一款的范围有误会"，实际上这一款只是保护专为中国人而写作的书籍，并不是对一般书籍均予以版权保护，而且也不禁止把美国书籍翻译成中文。在此基础上，中方代表要求美方把什么样的书籍受保护，什么样的书籍不保护"说得更清楚些"，古纳表示同意。③ 至此，中美商约"版权条款"与美方起初提出的内容有了根本性的变化，明确了对版权保护客体范围予以限制，以与中日商约"版权条款"保持一致。

  关于翻译权。中方十分重视翻译权，张之洞在"江楚会奏变法三折"中即提出，要翻译西方"最精最要之书"，其时，国内"译籍以千万计，译局以百十计"，以至新版图书 90% 以上均为译书。④ 因此，在商约谈判中中方十分重视翻译权，否定美国索要翻译权，张之洞电文中要求吕海寰、盛宣怀两星使"坚拒勿允"。仅过数日，张之洞又向刘坤一、吕海寰、盛宣怀去电，进一步阐明了反对美国商约"版权条款"的理由。张之洞特意转发了张百熙的电文，强调其反对理由，中国现在振兴教育，研究学问，势必广泛翻译东、西方各类书籍，才可以培养人才，"开通民智"，然而，一旦与美国订立商约"版权条款"，西方各国势必援请"利益均沾"，如此，则中国翻译西方书籍，必将困难重重，不立版权，"其益更大"，此事"所关匪细"，要求吕、盛两大臣"万勿允许，以塞天下之望"。⑤ 通过两次来电可以看出张之洞对美国

---

① 苑书义、孙华峰、李秉新：《张之洞全集》（第 11 册），河北人民出版社 1998 年版，第 8942－8943 页。
② 中国近代史资料丛刊编辑委员会：《辛丑和约订立以后的商约谈判》，中华书局 1994 年版，第 160 页。
③ 中国近代史资料丛刊编辑委员会：《辛丑和约订立以后的商约谈判》，中华书局 1994 年版，第 161－162 页。
④ 《杭州合众译书局广告》，《中外日报》1902 年 11 月 6 日。
⑤ 苑书义、孙华峰、李秉新：《张之洞全集》（第 11 册），河北人民出版社 1998 年版，第 8942－8943 页。

"版权条款"的重视程度,尤其反对美国保护翻译权。当时,中国能通外语者甚少,翻译外文书籍是中国了解、学习西方的重要渠道,保护外国人翻译权,势必影响中国大量引进西方书籍,进而影响中国的教育及文化发展。1902年9月29日,正值谈判之际,张之洞收到罗振玉的急电:"美商索洋文版权,闻已许,恐各国借口均沾,此后不能译书,求速挽回。"① 罗振玉长期在张之洞麾下从事翻译工作,深知翻译权的重要性,更强化了张之洞争取翻译权的努力。

版权保护期。在1902年9月27日的谈判中,美方代表古纳提出版权保护期为14年,根据此前张之洞的来电,中方提出保护期为5年,最终古纳同意改为10年。

3. 翻译权的进一步确定及"版权条款"的定型(1903年2—10月)

1902年10月后,清政府议约班子发生变化,先是10月6日,两江总督刘坤一去世,10月24日,盛宣怀父亲去世,按照惯例,盛宣怀丁忧,谈判要员只剩张之洞与吕海寰两人,且张之洞署理两江总督,压力倍增。吕海寰去电张之洞表示"独力难支",张之洞即推荐伍廷芳、袁世凯会办商约,认为"伍大臣熟谙外国律法,深通交涉,与美廷相交甚洽","袁大臣办事素有识力,深谙交涉操纵",不久清廷即发御旨着袁世凯、伍廷芳会办商约。然而,伍廷芳身在美国还未启程回国,而袁世凯回籍葬亲,因此,中美商约直至次年2月28日才又重新开议。

1903年2月28日,中美重启谈判。3月17日,美方发来了新的谈判草案,关于"版权条款"改为第十一款:"无论何国若以所给本国人民版权之利益一律施诸美国人民者,美国政府亦允将美国版权之利益给予该国人民。中国政府今欲中国人民在美国境内获得版权之利益,是以允许凡专备中国人民所用之书籍、地图、印件、镌件者,或译成华文之书籍,系经美国人民所著作,或为美国人民之物业者,由中国政府援照所允保护商标之办法及章程,

---

① 《上海来电》,见虞和平:《近代史所藏清代名人稿本抄本》(第二辑第92册),大象出版社2014年版,第491页。

极力保护十年，以注册之日为始，俾其在中国境内有印售此等书籍、地图、镌件或译本之专利。"①

新版"版权条款"最大的变化有两点，一是巩固了之前的谈判成果。其对版权保护范围作了明确限制，具体表述为："专备中国人民所用之书籍、地图、印件、镌件者，或译成华文之书籍"，这与中日商约"版权条款"基本一致，同时规定了版权保护期为 10 年，从注册之日起算，但是此条没有像中日商约"版权条款"那样冠以"以中国语文著作"；二是翻译权，对美国人翻译成华文之书亦予以保护。对"译成华文之书籍"予以保护，是日本商约"版权条款"所没有的，此前，中美谈判中达成的意向是"不禁止把美国书籍翻译成汉文"，但对于美国人翻译成中文的书籍是否保护并不明确，而此次美方明确提出应该予以保护。此外，对于翻译权包含哪些具体情形，成为此后中美"版权条款"争议的核心议题。

1903 年 3 月 31 日，中美再次就"版权条款"予以辩论。中美谈判是比照中英商约进行的，中方代表吕海寰、伍廷芳提出英国商约并无版权保护，意味着"版权条款"是给予美国的一项新权利，古纳认为此为勉励国人学识"最为有益"，并且认为"版权条款"是按照各国通例办理，且"现已删繁就简"。中方代表则表示中国并未加入万国版权同盟（国际版权同盟），本可以不议此条，既然美方再三索议此款，中方代表则提出："试问可将版权之书翻译汉文否？"美方竟然回答可以。中方代表继续追问："特为中国人而作者，中国可翻译否？"美方称可以，"专为中国人用之书籍，但汉文不同，亦可翻译"。美方强调翻刻权："敝国之意，乃不得照原文并照翻译之原文翻印耳，不专为中国人用者原可翻译。"中方代表又进一步提出："假如有人将已译成之书在此抄录少许，又复在彼抄录少许，共集成一书印售如何？"这实指汇编作品的保护，美方推脱此事业经讨论，不再议及。双方约定"改期讨论"。②

---

① 中国近代史资料丛刊编辑委员会：《辛丑和约订立以后的商约谈判》，中华书局 1994 年版，第 168 页。
② 《中美商约谈判记录》，中国社会科学院近代史研究所图书馆藏稿本，第十二次。

1903年4月3日，中美商约谈判就"版权条款"续作进一步的讨论。美方提出专为华人所用洋文书籍及译成华文书籍不得翻印，其余均不在此例，"吕、伍称，此事张之洞与管学大臣迭次电咨，所有洋文书籍总须任华人翻译，及将美国各书籍编纂成书方可，中国人民不得将翻译书籍翻刻，若将该书籍再行重译者，亦不在此例。美使称，凡美国书籍，中国人民均可任便翻译发售，并无禁阻，并表示中国人可译在中国所著作之书，可重译在中国所著之书。"① 吕海寰认为应对此详加说明，美方主动提出在"版权条款"后添加"除以上所指明不准照样翻印图书外，余均不得享此版权之利益"。中方代表吕海寰、伍廷芳又提出在"版权条款"后添加一条，"彼此言明，无论美国人所著何项书籍，可听华人任便翻译华文，刊印销售。"② 最终，在原有条文基础上增加"除以上所指明各书籍地图等件不准照样翻印外，其余均不得享此版权之利益。又彼此言明，不论美国人所著何项书籍地图，可听华人任便自行翻译华文刊印售卖"。③ 如此，中美商约"版权条款"关于保护范围更加清晰，特别值得一提的是，约定明确将翻译权排除在外，这是中美版权交涉的一个重要谈判成果。

此后，参照日本，应中国代表的请求，在"版权条款"后又增加"有碍中国治安的书报作一规定"，并在1903年9月3日中美谈判中形成正式条文，即增加"凡美国人民或中国人民为书籍报纸等之主笔或业主或发售之人，如各该件有碍中国治安者，不得以此款邀免，应各按律例惩办"。④

光绪二十九年（1903）5月19日，中美谈判进入尾声，在吕海寰、盛宣怀、伍廷芳致外务部及袁世凯的电文中对中美"版权条款"作了进一步的申述："第十一款版权，为日约所有，而为现时上海道署已经准行有案，不入约而不能阻其不行文保护也，且订明只保护照版翻印，而并非禁我翻译，亦

---

① 《中美商约谈判记录》，中国社会科学院近代史研究所图书馆藏稿本，第十二次。
② 《中美商约谈判记录》，中国社会科学院近代史研究所图书馆藏稿本，第十二次。
③ 中国近代史资料丛刊编辑委员会：《辛丑和约订立以后的商约谈判》，中华书局1994年版，第172页。
④ 中国近代史资料丛刊编辑委员会：《辛丑和约订立以后的商约谈判》，中华书局1994年版，第203页。

中国向例,'翻刻必究',似尚非有损。"① 对涉外版权,中国早就按照传统的"文告示禁"的方式进行保护,"版权条款"不入约也不能阻止保护其版权,何况中日商约中已经基本敲定"版权条款",更进一步讲,中美"版权条款"仅保护翻印权,而不保护翻译权,于我国影响并不大。

1903年10月8日,中美在上海签订《通商行船续订条约》,关于"版权条款"为第十一款:"无论何国以所给本国人民版权之利益一律施诸美国人民者,美国政府亦允将美国版权律例之利益给予该国人民。中国政府今欲中国人民在美国境内得获版权之利益,是以允许,凡专备为中国人民所用之书籍、地图、印件、镌件者,或译成华文之书籍系经美国人民所著作,或为美国人民物业者,由中国政府援照所允保护商标之办法及章程,极力保护十年,以注册之日为始,俾其在中国境内有印售此等书籍、地图、镌件,或译本之专利。除以上所指明各书籍、地图等件不准照样翻印外,其余均不得享此版权之利益。又彼此言明,不论美国人民所著何项书籍、地图,可听华人任便自行翻译华文,刊印售卖。凡美国人民或中国人民为书籍、报纸等件之主笔、或业主、或发售之人,如各该件有碍中国治安者,不得以此款邀免,应各按律例惩办。"② 中美商约"版权条款"最终达成。

(三) 清末中外商约"版权条款"的特点

1. 版权保护客体范围受限

关于清末中外商约"版权条款"的主要内容及其特点,近代中外学人均有论述。

民国时期曾任美国驻华领事的诺伍德·F. 奥尔曼（Norwood F. Allman）著有《民国初期的版权法》一文,他认为虽然中国给予美国公民"版权之惠",但相较于商标和专利受到更大的限制,并对中美、中日商约中版权条款的内容作了如下概括:"1. 只有那些'专备为中国人民所用',或译成华文

---

① 苑书义、孙华峰、李秉新:《张之洞全集》(第11册),河北人民出版社1998年版,第9067页。
② 王铁崖:《中外旧约章汇编》(第二册),生活·读书·新知三联书店1959年版,第186-187页。

之图书等，注册后在十年内享有版权。2. 上述范围以外之图书等，没有版权特权。3. 中国国民有权在中国境内印售美国公民任何作品之译本。"他进一步得出结论："中日或中美商约中都没有包含版权保护的广泛承诺。"①

1937年，曾特撰文《中外著作权互惠问题》，对1928年《著作权法》及其实施细则内容概括为三点：第一，其著作物须为"专供中国人应用"者；第二，应以其本国承认互惠为条件；第三，其著作权以十年为限。②

对于商约"版权条款"的保护范围，秦瑞玠《著作权律释义》中认为，美约第十一款，虽然有援照保护商标之章程等语，但是现今颁布著作权律，自应按本律注册保护，而不必援引商标章程，其保护范围为美国人所著专备中国人所用之书籍地图，或已译成华文者，享有著作权。按照日约第五款第二项规定，日本人所著书籍、地图、海图，专为中国人民备用，且以中国语文著作者，始得照章注册保护，又仅限地图、海图，而不及它种图画，至于照片、雕塑、模型等美术作品，更无论矣。③

商约"版权条款"的主旨是沿用"翻刻必究"的习惯法，这是中国能够接受"版权条款"的基础，与商约之前"文告示禁"制度相比，既限制了外人版权的范围，也在最大限度上保护了中方利益。在吕海寰、盛宣怀议定后向清帝奏请画押的奏折中说，第十一款保护版权，即"中国翻刻必究之意"，条约订明，美文图书翻译成华文图书可听任"刊印售卖"，而中美人民所著图书报刊等有碍中国治安，则按律惩办。④

关于保护范围，一个有争议的问题是教科书是否在版权保护范围内。曾特认为，把著作物分为两种，教科用书与非教科用书，外国人之著作物如为教科用书应当以我国教育部所定各级学校课程标准为准绳，才适合"专供中国人应用"，方能予以保护。在"版权条款"英文版中，关于"专备为中国人民所用"，英文表述是"especially prepared for the use and education of Chinese people"，从词义看，规定了除"专备为中国人民所用"外，还强调了"教

---

① 周林，李明山：《中国版权史研究文献》，中国方正出版社1999年版，第203页。
② 曾特：《中外著作权互惠问题》，《现代司法》1937年第2卷第10期，第3–4页。
③ 秦瑞玠：《著作权律释义》，《法政杂志》1911年第5期。
④ 周林，李明山：《中国版权史研究文献》，中国方正出版社1999年版，第44页。

育"目的的书籍，一般称之为"教科书"。然而，在司法实践中，近代中国引进了大量西方书籍，包括教科书，由于其并非"专备中国人民所用"，亦未保护，1919年发生的美商教科书案美商败诉即是明证。

2. 权利内容上不保护翻译权

早在维新变法时期，康有为、梁启超就提出"国家欲自强，以多译西书为本"，"新政"时期，政界、学界对于"翻译权"之重要性均有非常清醒的认识。

盛宣怀是商约谈判的重要代表，曾经创办南洋公学译书院，非常重视翻译国外书籍："盖近日东西人士观光中夏者，靡不以兴学为自强之急图，而译书尤为兴学之基址。"① 1902年，其提出"然则变法之端，在兴学，兴学之要，在译书"②。

在商约谈判中，闻美商约版权条款，尤其是索要翻译权，中方主政人员十分"惶急"，认为"现在中国振兴教育，研究学问，势必广译东、西书，方足以开通民智"，致电吕海寰、盛宣怀，要求两位大臣"万勿允许"。1903年2月28日，中美商约重新开议后，美方代表对翻译权态度变化，没有再要求保护翻译权，这也是当时中方能够接受"版权条款"重要原因之一。其实，这在国际上也是有先例的，如日本在加入国际版权同盟时，对于翻译权予以保留。

3. 版权的对等互保原则

中美、中日商约"版权条款"采取的是国与国之间的对等互保原则，这一原则有特殊之处。从商约"版权条款"的客体、权利范围来看，外国人在华享有的版权利益较之中国人要少，形成了逆"国民待遇"现象，这成为西方人诟病商约"版权条款"的重要因由。

国际上，对于他国公民版权保护是以条约方式解决，主要有两种：一是国际公约，二是国家之间的双边条约。

在国际公约中，国民待遇原则是国际公约的首要原则，也是知识产权国

---

① 夏东元：《盛宣怀年谱长编》（下），上海交通大学出版社2004年版，第745页。
② 夏东元：《盛宣怀年谱长编》（下），上海交通大学出版社2004年版，第747页。

际保护的基石。国民待遇原则指任何成员方为其他成员方国民提供的待遇不得低于该成员方为本国国民所提供的待遇。其目的在于防止被请求保护的成员对请求保护的成员在知识产权保护方面给予歧视性待遇。

1886年公布、1896年修改的《伯尔尼公约》在第二条作了规定，凡属同盟国之著作者及其承继人，其著作不问已否公布，在各同盟国无论现在将来均依国法比照本国人利益均沾。非本同盟国作者文学及美术作品在一同盟国发行亦援照保护。1886年版的《伯尔尼公约》第三条规定，"凡属未同盟国文学及美术之著作，如在同盟一国发行，其发行者亦得援照办理"，即非同盟国之作品亦享受国民待遇原则。[①] 由于中国没有加入《伯尔尼公约》，当然不适用该原则。

国家之间的双边版权保护条约，从国际法的角度而言，国民待遇原则仍然是国际版权保护的一项基本原则。在《伯尔尼公约》公布前，英国、法国、德国、西班牙、比利时等相互保护对方版权。英国与美国的版权保护比较复杂。对于外国人版权，在《维多利亚法典》中采取对等原则："欲在英国得有版权者，须由其本国照会英国，英人所著之书，如在他国得有版权者，亦当如是。"起初英国议会、法院及学界均有争议，一种观点认为，英国版权法只保护本国人版权，"不应并及他国之人"；另一种观点赞同保护，著者虽然为他国之人，"可为吾学界增一异彩"，故国家不应有歧视之心。经过一段时间的争议，英国最终于1870年规定，外国人若加入英籍，一切产业与本国人同，其版权亦与本国人相等，若外国人所著之书首次在英国印刷出版，亦可得版权……已经取得版权之书，各殖民地均不得翻印，在殖民地自著新书，可得版权。这实际上给予了外国人有限的国民待遇原则。起初英国要求与美国订立版权同盟，加入国际版权同盟，因美国出版商坚决反对而未允，其理由是照此万国版权办理，则"美人所得之利，不足以偿所失之利"。在法国，翻印他国人所著之书，如果该国加入了国际版权同盟，则法国政府应予以禁止，以便法国人享有同等之权利。美国对于外国人著作权保护远不及英国，对于未刊之著作会予以保护，对于已刊著作则不明，其

[①] 《创设万国同盟保护文学及美术著作条约》，《外交报》1902年第三期。

后经过反复商议，基本规定凡外国人居住于美国，其版权亦受保护。美国人或寓居美国之人购买他国稿本或印版，其版权归购买者享有，对于一般外国人版权不予保护，每个人居住他国可享有本国版权。1891年，美国制定版权法后，规定寓居美国之外国人，著有新书，欲得版权，须在美国境内装订印刷乃可。①

总之，从西方国家间保护版权的情况看，知识产权法的国际领域，既要保护多边或双边缔约国公民的版权，也要保护居留于本国的外国人的版权，均适用国民待遇原则。但是，清末中外商约"版权条款"并没有给予外国人这样的权利，西方习惯于用国际上国民待遇原则衡量清末中外商约"版权条款"，以此评析在华发生的版权纠纷，必然产生较大的心理落差。

外国人在华版权利益与中国人版权利益的"落差"在改革开放后也存在过，不过，情况正好相反。根据1992年9月国务院公布的《实施国际著作权条约的规定》，外国人所享超国民待遇，其所享有权利比中国人在1991年实施的第一部著作权法规定的权利要多，但这是当时中国履行国际义务的需要，且后来经过修改《著作权法》而解决了这一问题。

商约"版权条款"最主要的特点是，版权保护的客体被限制在"专供中国人所用"这一较为狭窄的范围，且保护的权利内容不含翻译权，而商约前涉外版权并无此限制。对美、日而言，相较于关税等，版权是新议题，处次要地位，能入约已是不错的结果；对中方而言，版权是外方索要的一项新权利，权衡利弊，以务实的态度承诺保护涉外版权更为有利，更何况保护涉外版权，上海道署已经"准行有案"，"不入约而不能阻其不行文保护也"，且草案明确只保护翻印，而不保护翻译，"似尚非有损"，可将损失降至最低，于利权可"隐为挽回"，对中国较为有利。这是清政府与美、日博弈的结果，因此，学者刘志琴认为这是"鸦片战争后，中国外交着着失败，这是一次少

---

① 周林、李明山：《中国版权史研究文献》，中国方正出版社1999年版，第60 –71页。

有的保护本国利益的成功之举"①。

第二节 清末中外商约"版权条款"的实施

一、清末中外商约"版权条款"与涉外版权纠纷的解决

1903年10月，中美、中日相继签订通商条约，涉外版权由特许权保护进入条约保护模式。1910年，按照商约"版权条款"规定，清政府颁布了《大清著作权律》。但是，该律没有保护涉外版权的规定，在司法实践中，并没有影响涉外版权的纠纷解决，主要原因是商约"版权条款"是一个具有实体性的条款，内容明确，具有可操作性，成为此后解决涉外版权纠纷的主要法律依据。与美、日急于达成版权条约时的愿望相反，清末中外商约"版权条款"实施的效果却被外商大加指责，德国学者罗文达在论及《中美续议通商行船条约》"版权条款"时甚至评论："这段话简直就等于无用……这一款的成立是一个严重的错误。"②

条约签订之后，清末至北洋政府时期，发生了数起涉外版权的典型案例，外商从这几起案例的审理中充分感受到条约保护模式对其不利的影响。

（一）《正则英文教科书》案

《正则英文教科书》为日本人斋藤秀三郎所著，在日本出版发行将近十年，专为日本英语教学之用。后中国留美学生刘成禹、留日学生但焘将此书翻译成中文出版，一字不易，由至诚书局销售，"风行一时"，销售甚多。1908年秋，斋藤秀三郎派人来到上海，恐吓至诚书局不许售卖，但至诚书局不为所动，斋藤秀三郎便向日本驻沪领事呈控，并"函请"上海公廨查究。

---

① 刘志琴：《近代中国社会文化变迁录》，浙江人民出版社1998年版，第246页。
② 罗文达著，高庆琛、丁龙宝译：《中国版权法》，《报学》1941年第1卷第1期，第65页。

上海书业商会在致会审公廨的呈文中,根据1903年10月《中日通商行船续议条约》第五款的内容辩驳,称受保护之书籍是"为中国人备用",为日本人备用者则不在其内,如果受保护之书籍"以中国语文著作",则以日本或他国语文著作者自不在其内,今斋藤秀三郎的《正则英文教科书》原本"专备日本人之用,又系以英日二国语文成书,则我国对于此书原本,自无保护之责。虽系原文翻印,日人亦无权过问;况译为汉文且经删改乎?我国未入版权同盟,除条约所载外,无论何国之书,法律均许翻译、翻印,斋藤亦无控告之权"。① 由于事关中国教育,万难迁就,上海书业商会要求清学部、外务部、农工商部等据约驳回,将该案注销。上海书业商会的呈文得到清学部、外务部等政府当局的支持,会审公廨将此案注销。此案还得到了地方政府江督、苏抚的支持,江督谓,此案应照中日商约第五款办理,虽许保护日本臣民有印书之权,但系专指以中国语文著作书籍而言,其汉译和文之书,自不在内,《正则英文教科书》原系日英二国之文,"何能援约阻控?"江苏巡抚则谓,我国此时程度,全待译印东西洋书籍,冀可输入文明智识,日人斋藤秀三郎一再诬控,阻我进步,损我主权,要求苏松太道"迅即查明案卷,按约力争"。②

但日本领事袒护日方,仍然"照请新署传讯",上海书业商会为至诚书局聘请高易律师积极应诉,斋藤秀三郎自知理亏,竟不到庭。后斋藤将刘成禹译本删改为华英对译英文二册,蒙请日本领事转函沪道禁止翻刻。经上海书业商会查勘,认定《正则英文教科书》为变相之缠讼,最后此案"遂以不取销而销矣"。③ 此案,在涉外版权条约保护模式下,由于《正则英文教科书》非为中国人专用,不在保护范围内,在中国不得享有版权。

(二) 商务印书馆翻印《欧洲通史》案

清末民初商务印书馆已颇有声誉,承担书籍的印刷、发行、翻译、编辑等工作,在全国有二十家分馆,以出版教育书籍为主,种类繁多,编辑精良,

---

① 周林,李明山:《中国版权史研究文献》,中国方正出版社1999年版,第194页。
② 周林,李明山:《中国版权史研究文献》,中国方正出版社1999年版,第198页。
③ 张静庐:《中国现代出版史料》(甲编),中华书局1954年版,第333–334页。

书良价廉,全国大小学堂无不采用其出版之书籍,其中多数为采用国外书籍翻译而成。这引起了西方的不满,针对商务印书馆的案件即有数起,且影响甚巨。

《欧洲通史》为美国人所著,乃美国中学生使用的教材,美国经恩公司享有该书版权。

清宣统三年(1911)二月,由于商务印书馆在其出版的教科书中有《欧洲通史》一书,被美国经恩公司在上海会审公廨控告,为清末中美商约后有影响的版权案件。在会审公廨庭审中,商务印书馆聘请丁斐章、礼明为辩护律师,丁、礼两位律师根据中美商约第十一款中的核心内容"专备为中国人民所用"展开辩护,认为《欧洲通史》并非专为中国人民所用,不属于中美商约第十一款保护的范围,辩护说理透彻,过程十分精彩。

丁斐章、礼明两位律师首先指明此案的重大意义,不仅与被告有直接关系,而且与上海各埠及外埠书业相关,更于我国教育前途大有影响;其次则提出该案适用之法律有三种:中国法律、万国公法且中国承认的法律、中国与外国订立之条约。中国版权律未规定外国人版权,中国未加入国际版权保护公约之《伯尔尼公约》,只有1903年中美签订的商约第十一款及日约第五款与版权相涉,按照美约第十一款,仅有两种书籍受保护,一为专为中国人民所用之书籍、地图、印件、镌件,二为译成华文之书籍。该书本非译成华文之书,故只问该书是否专为中国人民所用即可。所谓"专",乃作者著书的目的,系完全为华人所用,乃合"专"之含义。而该书在美国创作完成,纯用英文,为美国中学及以下学堂所用,其第一版次也在美国,其成书之意为美国学生所用,而非为中国人民创作此书也,已无疑义。最后,该书全用英文,共七百七十九面,而言中国历史仅九面,如果该书专为中国人民教育所用,则其应该使用华文,而不用英文,既非为中国人民之用,则其所著之书,不在此条约保护之范围。[①] 丁斐章、礼明两位律师的辩词以条约为依据,有理有据,具有极强的说服力。

如果按照日约第五款,其限制更严,非以华文著作者,概难保护。美国

---

① 周林,李明山:《中国版权史研究文献》,中国方正出版社1999年版,第182-185页。

领事还到外务部继续施压,指责商务印书馆"将美国人所著之书翻印一百余部,在中国售卖,著作人暨原印各书局,不能分利,颇觉吃亏,似应设法保全权利"。宣统三年(1911)5月21日,外务部在答复英国使者的照会中称,商务印书馆所印之美国史书及各类教科书,其原书本非专备为中国人民之用,即不在条约不准翻印之列,该馆此举,确为普及教育起见,诚如英国使者所言乃"善举",其意本非"专在攘利",商务印书馆并未违约,当然"无凭禁止",以此拒绝。① 美国学者威洛白总结了此案的判决:"这个案子明明是上海商务印书馆的翻印行为,然而因为这本书既不是原来就用中文出版的,又不是'专为中国人民教育之用'的,所以法院宣称与中美条约无关。"②

(三) 商务印书馆美商教科书案

这是北洋政府时期发生的一个影响较大的版权案件。1919年4月22日,上海总商会分别致函中华书局、商务印书馆,称接到美国商会函,美商指责两馆"有翻印美国课本,销售于上海及中国各埠者,侵夺版权,违反法律,事实昭然,无可掩饰",并将该馆印刷美国教科书表列清单,以供查证,要求北洋政府警告各印刷局,停止翻印。上海书业商会随即召集全体会员开会评议,商讨对策,同年5月,上海书业商会、商务印书馆分别致教育、外交、农商三部呈文,请据约驳拒。在上海书业商会的呈文中称,该会查阅了美商所列翻印各书,确系美国出版书籍,尤以教科书为多,但根据清光绪二十九年(1903)《中美续议通商行船条约》第十一款的规定,该美国商会表列各书,无一为专备中国人民之用,按照条约,美国不能在中国享有版权,华商翻印出售,何得指为违反法律?且清末已有成案,如《欧洲通史》案、《正则英文教科书》案等,综观前后各案,凡美国非专备为中国人民所用出版之书籍,不能在中国享有版权,即中国人民翻印外国书籍并无违反法律之处,不应禁止。③

---

① 周林,李明山:《中国版权史研究文献》,中国方正出版社1999年版,第190页。
② 罗文达著,高庆琛,丁宝译:《中国版权法》,《报学》1941年第1卷第1期,第72页。
③ 张静庐:《中国现代出版史料》(甲编),中华书局1954年版,第327–332页。

(四) 商务印书馆《韦氏大学字典》案

1923年，商务印书馆正待出版《英汉双解韦氏大学字典》(Webster's Collegiate Dictionary)，美商米林公司(G. & C. Merriam Company)代表律师克雷斯于6月11日向上海公共租界会审公廨控诉其侵犯版权及商标权，商务印书馆聘请著名律师丁榕、礼明应诉，上海书业商会因此案关系书业全体及全国教育，也派出律师罗杰参加辩论。6月13日，会审公廨准原告之请，令商务印书馆在案件未审理之前暂不得出售该字典。该案审理过程中，中美双方聘请著名律师，在会审公廨展开激烈辩论，媒体予以报道，成为当时轰动出版界的大事。在庭审中，商务印书馆仍以《中美续议通商行船条约》第十一款为据申辩，根据该款规定，只有专为华人教育上及享用上而作之书籍图案才能享有版权，"米林公司所出版之字典，最初并未存心供华人教育上及享用上之用。若果专为华人用，当然有版权，试问米林公司果为华人而出此书否？原告编著此书时，心中决不想及华人常用此书，此书在华销数亦不敌在美者远甚，条约上既无此规定，自不能争何版权也。"并且，礼明律师还举出十二年前亲身参加辩护类似案例《欧洲通史》案为证。原告败诉，因此提出"以后提出此类诉讼者为'不当'"。1923年9月21日，庭审结束，会审公廨宣告该案判决："原告既不能提出充分证据，证明其在中美两国境内获有版权，本公堂自应驳回不理。"①

(五) 近代涉外版权纠纷中方胜诉的历史经验

在近代涉外版权纠纷中，多以中方胜诉结案，在近代中外关系史上留下一抹亮色，有值得总结的经验。

首先，中方始终坚持以中外商约"版权条款"为解纷的依据。清末以来，涉外版权纠纷日益凸显，西方将其纳入制度化保护，订立商约"版权条款"，成为涉外版权纠纷解决的主要法律依据，这是中方屡次胜诉的主要原因。综观清末以来的数起有影响的涉外版权纠纷案，《正则英文教科书》案，

---

① 张静庐：《中国现代出版史料》(甲编)，中华书局1954年版，第335-337页。

中方依据《中日通商行船续议条约》第五款的内容据约辩驳，该原本"专备日本人之用，又系以英日二国语文成书，则我国对于此书原本，自无保护之责"。商务印书馆《欧洲通史》案、美商教科书案、《韦氏大学字典》案均如此，商务印书馆始终围绕《中美续议通商行船条约》第十一款，坚持此类书籍"均非为专备中国人民之用"，不在保护范围之内，所以商务印书馆所印之书"既非有违条约，自属无凭禁止"。在"文告示禁"特许权保护方式下，涉外版权受到中方保护，一直以来并无争议，主要是由于外方通过领事裁判权，依据其本国法对涉外版权实行保护，并无特别限制，由此获得对涉外版权的广泛保护。但自1903年中外签订商约，形成了"条约保护"模式，涉外版权的保护范围被限定在"专备为中国人民所用"，大大缩小了涉外版权的保护范围，这是导致涉外版权争执不断，且多以外方失败告终的根本原因。正如张元济所言"条约既有明文，不能不认，唯有抱定专备为中国人民所用（美约语），特为中国备用（日约语），狭其范围，庶免障碍"。①

其次，中方策略灵活，坚持翻印美方书籍是以发展教育的公共利益为目的，并非意在"攘利"。商务印书馆《欧洲通史》案中，外务部复英国使者照会称，上海商务印书馆所印之美国书，加之各种教科书，其原书本非专备为中国人民之用，即不在条约不准翻印之列。该馆所印书籍，确为普及教育起见，诚如来照所谓善举者，并非意在"攘利"。在《韦氏大学字典》案的辩护中，商务印书馆律师礼明特别强调，中国发展教育，提倡之法在供给国人以低价之书籍，而欲供国人低价之书籍，即不能保护外人版权，否则书价将因为外国出版家挟持而不能从廉矣。1903年在上海签订的中美条约，其中列举的各项美国人民在华享有版权之出版物，只有专备华人教育之书籍图案才能享有版权。礼明还从书价的角度辨明，美国公司出版一历史书，售美洋三元，而商务印书馆照样翻印，只售一元，显然为华人计购一元之书更佳，翻版廉于原版数倍，当以翻版为宜，因此"不能使外人版权适用于中国者，实为公众利益之故"。在庭审辩护中，中方特别强调了商务印书馆出版此类图书并非意在盈利。商务印书馆经理王显华出庭作证，商务印书馆律师丁

---

① 张元济：《张元济诗文》，商务印书馆1986年版，第162页。

榕问王显华出版此书是否赚钱，王显华答并不赚钱。丁律师又问，若不赚钱，何必印行此书？王显华答，商务印书馆与普通书店不同，有些书赚钱，有些书不赚钱，如出版《续藏经》损失不止三万元，因除商务印书馆外无人愿意出版，所以"便去作了"。对于此次出版《韦氏大学字典》同样如此，编辑此书者有三十五人，薪水极高，且延至四年之久，共费十五万元，每本二十四元，尚有折扣，加上手续费损失四五万元，因此，出版此书绝不是专为图利。①

再次，中方出版企业、行业协会及官方互通声气，有利于形成合力。自清末以来发生的涉外版权纠纷，以商务印书馆为主，在处理这些纠纷中，商务印书馆利用自身的行业优势始终与上海书业商会紧密联系，并与国家相关管理部门如外交部、学部、农商部等反复沟通，上下一致，形成合力，成为商务印书馆应对涉外纠纷的有益经验。《正则英文教科书》案中，上海书业商会积极与各方沟通，在致会审公廨呈文中，申述该教科书不在中日商约保护范围内，要求根据条约，辨明诬控，以保利权，同时与外务部、学部、农商部、两江总督、江苏巡抚、上海道积极联络，阐明事由，晓以利害关系，强调此案不唯教育、商业受其害，且损国权，要求"秉公讯断"，据约驳斥，以保主权而弘教育，农商部、上海道、两江总督、江苏巡抚均有回复，并表明支持的态度。《欧洲通史》案发后，亦复如是，上海书业商会在上两江总督、江苏巡抚的呈文中称，查美国经恩公司之《欧洲通史》一书，并非专备中国人民之用，按照条约，即不在我国享有版权，要求"鼎力主持"，根据条约严辞驳拒。商务印书馆也在致外务部的呈文中同样表明，《欧洲通史》一书，即翻印书目所列之迈尔氏通史，并非专备中国人民之用，即不得在我国享有版权；并且进一步指明，欧洲各国书籍，美国亦屡有翻印，均不过问，如英国所出第九版百科全书二十五册，美国曾经翻印出售，售价不及英国之半，英国亦无可如何，要求外务部根据条约，严辞驳拒。② 1919年4月，商务印书馆美商教科书案发生后，上海书业商会即召集中华书局、商务印书馆

---

① 张静庐：《中国现代出版史料》（甲编），中华书局1954年版，第336—339页。
② 周林，李明山：《中国版权史研究文献》，中国方正出版社1999年版，第189—190页。

等会员单位集体商议对策,并且致教育、外交、农商三部呈文,从行业及文化教育发展的角度,要求政府各部门据约驳拒。商务印书馆《韦氏大学字典》案中,上海书业商会还派请律师罗杰参与法庭辩护。从几起涉外版权纠纷的典型案例中,足见各方通力协作,上下一心,取得了解决版权纠纷案的满意结局。这在中外交涉史上是值得借鉴的经验,也是中国近代外交史上少有的胜利。

二、西方突破商约"版权条款"保护的尝试

辛亥革命以后,自由、民主思想的勃兴,教育体制的变革,以及新闻媒体蓬勃发展,促成了中国文化教育一定程度的繁荣。1913 年,上海书业商会在致教育部的呈文中说:"近年以来,毕业中学以上各校者日多,能直接读外国著作物者亦众,需用外国之著作物亦日见增加。"[①] 1919 年,著名的英美烟公司律师肯列退(W. B. Kennet)在一次演讲中评论中国涉外知识产权保护时说,现在科学盛行,科学书销售日益广泛,"保护版权,实不可不注及也"。[②] 但涉外版权"条约保护"模式的实施,在涉外版权的冲突中,外商"每不得直",引起了外方的不满,并试图以多种方式突破商约"版权条款"保护模式的限制,"版权一事,关系其巨,外人尝试要挟之技层出无穷"[③]。

(一)修约与修律

按照中外商约规定,中方须制定专门法律以保护外方版权,商约签订后不久,外方即催促清政府制定相关法律。光绪三十年(1904)正月二十九日,美使致函清外务部,称中美商约已经批准换文,该约第九条、第十条与第十一条载明设立衙门、定专律以保护其商标、专利、版权,"本大臣兹据美国商人禀询上项各款,应请明告如何保护方得享此利益,望早为查核,作

---

① 张静庐:《中国现代出版史料》(甲编),中华书局 1954 年版,第 343 页。
② 肯列退:《中国商标版权之保护问题》,《东方杂志》1919 年第 16 卷第 9 期。
③ 周林、李明山:《中国版权史研究文献》,中国方正出版社 1999 年版,第 196 页。

速见复"。中方告以专管商务衙门"现当开办伊始,百端待举,所有商标注册及保护创制各物与书籍等保护之法,本部正在妥拟章程,编订专律"。① 经过数年的酝酿,1910 年,清政府终于颁布了《大清著作权律》,但是,让外方大跌眼镜的是,该法对涉外版权保护竟只字未提。

1912 年 9 月,民国初建,内务部发布通告:"查前清著作权律,尚无与民国国体抵触之条,自应暂行援照办理。"② 1915 年 11 月,北洋政府颁布了正式的《著作权法》,同样没有涉外版权保护的规定。美国前驻华领事律师诺伍德·F.奥尔曼对此评论道,该项通告给予中国作者某些十分有限的专有权利,但根本没有提及在该通告范围内外国人本应赋予的任何权利。③ 清末以来,在中外商约和中国版权法都不能有效保护涉外版权的情况下,外方要求中方修改商约和著作权法。

(1) 修约。按照中美通商条约第十七款规定,现订条约"须施行十年",如果十年期满之前,"尚未照请修改,则由该十年期限已满之日起算,续行十年"④。由于认识到通商条约"版权条款"对美方版权的不利影响,1907年,美国国务卿令驻华公使洛吉尔要求清政府修改中美商约第十一款。面对美方的要求,清庆亲王给了美方一个"痛快的答复":"两国原以十年为约,期满之后方可要求修改,今期尚未竟;且依国际间订约之原则言之,似亦不应任意提出突如其来之要求,请求修改或再定新约。"⑤ 辛亥革命以后,由于商约涉及治外法权、关税等重大的政治、经济问题,加之中国政局不稳,中外商约的修订一直未能完成,商约"版权条款"的修改也就不了了之,直到 1945 年中美才重新修订通商条约。

(2) 修律。民国以后,涉外版权纠纷不断增加,外方始终处于不利地位,修改商约难度太大,转而要求中方修改版权法,尤其在涉外版权纠纷激

---

① 《商部咨复外务部美使函询商标版权专利筹办情形文》,《东方杂志》1904 年第 3 期,第 182 页。
② 中国第二历史档案馆:《中华民国史档案资料汇编》第三辑"文化",江苏古籍出版社 1991 年版,第 433 页。
③ 周林、李明山:《中国版权史研究文献》,中国方正出版社 1999 年版,第 204 页。
④ 王铁崖:《中外旧约章汇编》(第二册),生活·读书·新知三联书店 1959 年版,第 188 页。
⑤ 罗文达著,高庆琛、丁龙宝译:《中国版权法》,《报学》1941 年第 1 卷第 1 期,第 65 页。

烈之时,"英美两国屡次催促中国改进版权保护法。当英国在一九二〇年至一九二一年间催促此事的时候,甚为棘手"①。1928 年,民国政府颁布新的《著作权法》,在该法实施条例第十四条中首次规定了保护涉外版权,其内容与中外商约版权条款规定一致:"外国人有专供中国人应用之著作权时,得依本法呈请注册。前项外国人以其本国承认中国人民得在该国享有著作权者为限。依本条第一项注册之著作物,自注册之日起享有著作权十年。"② 该法公布后,引起列强的广泛关注,特别是对版权保护期仅为十年尤为不满,而 1928 年的《著作权法》第四条关于中国作者著作权保护期的规定为作者终身,作者死亡后继承人还可以享有三十年,远较外方为长,且国际版权《伯尔尼公约》规定著作权保护期为作者终身加作者死亡后五十年。1930 年 6 月,美国驻华使馆与外交部交涉,认为该法规定外国人版权保护期限十年,"比中国人所享受者大为减少",且外国人著作物"非专供中国人所应用而拒绝保护",与 1903 年的中美商约不符,引起外交纠纷。中方回复称,该法实施条例第十四条并未违反中美商约相关条款,美国使馆又派员到外交部请中方"再予考量"。1928 年,民国政府颁布的《著作权法》之所以规定外方版权保护期为十年,依据是于 1903 年中美商约签订时"版权条款"的规定,其时因中国尚无《著作权法》。考虑到 1928 年的《著作权法》第四条关于中国作者著作权保护期的规定为作者终身,作者死亡后继承人还可以享有三十年,远较外方为长,且国际版权《伯尔尼公约》规定著作权保护期为作者终身加作者死亡后五十年,鉴于此,经外交部、内政部商议,在保护期上"予以让步",著作权保护十年一款对美国人暂不适用;但对于实施条例第十四条规定享有著作权之外国人著作物,应以专供中国人应用者为限,民国政府坚持原来立场,"未允所请"。③

---

① 罗文达著,高庆琛、丁龙宝译:《中国版权法》,《报学》1941 年第 1 卷第 1 期,第 71 页。
② 中国第二历史档案馆编:《中华民国史档案资料汇编》第五辑第一编"文化"(1),江苏古籍出版社 1994 年,第 74 页。
③ 《中外著作权互惠问题》,《现代司法》1937 年第 2 卷第 10 期,第 3-4 页。

（二）邀请中国加入双边或多边国际版权同盟

1886年9月，保护著作权的国际公约《伯尔尼公约》诞生，这是世界上第一个著作权国际保护公约，截至民国初年，世界上主要国家相继加入。根据公约规定，在《伯尔尼公约》同盟内，各国之间相互保护彼此的著作权。民国以来，西方寄希望于修改中外商约"版权条款"及中国著作权法的同时，拟邀请中国加入国际版权同盟。如果中国成为成员国，按照同盟协定，自应承担保护涉外版权的义务，显然，西方是想通过迂回方式实现保护其版权的目的。西方邀请中国加入国际版权同盟主要有两次，一次为民国初年，另一次在1919—1920年。

1. 西方各国签订在华版权保护双边协定

清末，美、日、法等国为了保护在华知识产权，相继在华签订相互保护知识产权的协定。1908年5月19日，日美签订了在中国相互保护知识产权的协定，其中第二条赋予两国人民"此缔约国臣民之文学美术并摄影之著作权，其在中国境内，应与在彼缔约国境内享有同等之保护"，第五条还把美国的这种权利延伸至"美国属地之人民"，同样，作为日本殖民地的朝鲜同样适用。此规定与1886年公布的《伯尔尼公约》第十九条规定相符。1909年9月14日，日本与法国也签订了在华知识产权保护协定，1911年12月26日，美国与法国签订了在华知识产权保护协定。[①]

2. 民国初年中美版权同盟争议

民国以后，随着涉外版权纠纷的增多，西方要求中国加入国际版权同盟的愿望更加迫切。

1913年6月，美国驻华大使赴外交部，拟仿照美日版权同盟的办法，邀请中国加入中美版权同盟，保护美方版权，美国的要求在国内引起了较大反响，尤其是政府主管部门内务部及利益关系方上海书业商会。其时，一方面北洋政府财政部因海关税率太轻，拟议修订税则，约内版权一事也需筹备，鉴于美国提出版权同盟的要求，所以要求内务部预作考虑，于是内务部向财

---

① 罗文达著，高庆琛、丁龙宝译：《中国版权法》，《报学》1941年第1卷第1期，第67页。

政部提出了"国际版权意见书";另一方面,1916 年 6 月,上海书业商会代表出版行业分别向教育部、外交部、农商部和内务部致函,请求"竭力驳拒"。

通观内务部及上海书业商会的意见函,其主要理由是,当以本国人有无实利为前提,不当袭同盟之美,贻将来之隐患。以我国文学美术,除固有之国粹外,多取资外籍,而非外籍所取资,我国鲜有著作物流布国外,希图版权之保护,其结果必然是但有义务而无权利。如果中国贸然加入中美版权同盟,不仅不能翻印各国书籍,即翻译必须俟其行世十年以后。且我国中学以上的教科书尚需取材于国外著作物,如加入版权同盟,嗣后不得翻印,必然图书价昂,文化进步大受影响。美国、日本加入国际版权同盟较晚,1909 年,美国才加入国际版权同盟,因其著作不及欧洲各国,而日本在明治维新后,学术日渐发达,迟至明治三十二年(1899)才加入。一国之文化及著作物流布于国外,与世界各国相等,方以加入同盟为有利,否则,阻碍教育,损害工商业之发展。①

3. 1919—1920 年中国加入国际版权同盟之争

随着涉外版权冲突的激烈,尤其是 1919 年中美教科书案的影响,外商不断给本国政府施加压力,于是美国、英国、法国加大了与中国政府斡旋的力度,希望中国尽早加入国际版权联盟。

1920 年 11 月 3 日,法国驻华公使赴外交部,提出鉴于中法文化交流日益频繁,"深盼中国政府正式加入瑞士京城国际保护文学美术著作权公约",中国政府如能赞同《伯尔尼公约》,"必能增加其在世界上本应享有之道德上信用",尤其能够使中法智识上之交谊"益加固密"。此事再一次引起了国内对加入国际版权联盟的关注及广泛讨论,此次涉外版权交涉与以往一样,以外交部为主,教育部、农商部、内务部参与,并征询上海书业商会的意见,最后取得一致意见,"自应抱从前之主张,仍不加入",其理由与民国初类似。

---

① 中国第二历史档案馆编:《中华民国史档案资料汇编》第三辑"文化",江苏古籍出版社 1991 年版,第 446-447 页。

清末中国文化教育处于"幼稚时代",全赖欧美书籍"以为灌溉研究之资",而原版西书价昂,求购不易,将原版西书翻印,廉价出售,于灌输文化实为便利。"一经加入同盟之后,不但不能翻印,并且不得自由译印,其于学术发达,文化进步,阻碍犹大"。中国书籍"多取自外资",而非为外资所取资的情况下,欧美各国加入版权同盟,皆几经讨论,经历多年始行加入,如美国"相持至五十年"才通过,且条文中尤多限制,当以各国加入保护著作权公约必其国家文化相等方有利益。① 洋商蒙请版权,不独违背条约,且于我国教育、实业发展均有障碍,所以,近代中国一直未加入国际版权同盟。

然而,对于是否加入国际版权同盟,学术界却有不同声音。学者杨端六认为,各界均反对加入国际版权同盟,"未免太缺分寸",版权同盟所保护者有两种权利,一为复制权,一为翻译权。对于复制权,自可同意,因翻刻不仅道德上不许,且无利可图,最要紧的是翻译权,但是对于翻译可以采取保留权,日本加入国际版权同盟对翻译权就是采取保留措施,即使加入,也不会影响我国对西方书籍的翻译。② 另一位学者武埔干也认为,应该加入国际版权同盟,其理由是,一是从文化发展来看,加入国际版权同盟,对于输入世界新文化越发有利,可以宣传我国固有的优秀文化;二是加入国际版权同盟,可以提高我国的国际地位,欧洲一些小国都加入了,我国不加入是一件可羞的事情;三是加入国际版权同盟,是顺应国际潮流使然。1903 年,我国与美国、日本订立互相保护版权条约以来,国内著作家、出版家日益增多,由国内扩张到国际保护,是一种自然的发展趋势,从长远来看终究是要加入的。③

4. 英国对在华版权保护的态度

英国在 1902 年中英商约中没有关于版权保护的规定,由于中美、中日商约中有"版权条款",按照"最惠国待遇"原则,英国与其他国家一样,能

---

① 中国第二历史档案馆:《中华民国史档案资料汇编》第三辑"文化",江苏古籍出版社 1991 年版,第 451 页。
② 杨端六:《国际版权同盟》,《东方杂志》(时事述评) 1920 年第十七卷第二十四号。
③ 武埔干:《国际版权同盟与中国》,《东方杂志》1921 年第十八卷第五号。

够在中国获得如美国、日本所取得的版权保护之利益。在中美、中日签订商约不久,英国宣布在中国或朝鲜的英国人不得违反英国的版权条例,不管原告的国籍如何。1907年2月11日,英国又颁布了新的训令,规定:凡非英国人民,皆不予任何版权之保护,除非"(一)原告所属之国家与英国订有关于此项之协定,或(二)在中国或朝鲜之领事法庭或其他法庭所予英人之版权保障,为各该地人民所侵害时,法庭认为有效办法存在者。于有此等协定之处所,得由公使布告通知,法庭亦得因之注意此类事件。"英国同意保护与其有协定的国家人民的版权,也赞成他国在中国或朝鲜的领事法庭或其他法庭所给予的互惠原则。1931年,英国政府向中国提出要求,希望中国政府改善版权法并加入国际版权同盟,1935年,英国仍然希望改变在华版权现状,该年4月8日,英国有议员即提醒国会关注上海非法发售英国教育书籍问题,1939年英美商务局仍有此愿望。①

可见,中英商约虽然没有"版权条款",但是对在华版权问题上英国予以持续关注,并且确立了基本原则,主要是按照互惠及对等原则处理在华版权问题。

外国人相互间的版权保护还是有比较具体的协议,但现实中并没有重要的案件发生。

(三) 外国人版权登记之纠纷

1. 外国人登记作品版权之效力

早期版权采取登记制度,清末颁布的《大清著作权律》,以及民国建立以后于1915年、1928年颁布的《著作权法》都规定了登记制度,作者要向有关版权行政部门申请才能取得著作权。对于外国人在华登记作品,享受何种权利是一个争议较大的问题。

中美、中日商约中均规定清政府应仿照商标办法,注册保护版权。即在商约签订后不久,美国一些出版商依据海关商标登记的办法,通过美国驻上海总领事或北京公使,到中国上海海关或到北京中国民政部,登记其图书。

---

① 罗文达著,高庆琛、丁龙宝译:《中国版权法》,《报学》1941年第1卷第1期,第66页。

1914年，英美书商在上海设立万国出版协会，"拟将所有售出之书，均向我国注册，享有著作权，不许他人翻印仿制"。①

按照中美商约的规定，此处所谓注册，实为英美书商向中国政府进行版权登记，英美书商试图通过此种办法维护其版权利益。对此，1914年7月27日，上海书业商会在致内务部的呈文中对此予以批驳，根据中美商约第十一条，美国人享有版权，乃指外国人专为中国人所用而著作之图书，如果我国"轻于允许"，"泛及其他著作，不特出于前约所允范围以外，且必各国援例，将使凡属外国人著作无一册可以翻印，与加入版权同盟无异"，要求政府"竭力驳拒"。②外商的版权登记，并不能取得版权，美国前驻华领事诺伍德·F. 奥尔曼也认为："也许可以认为，这种登记对于该图书的作者或所有者来说，成为主张权利的一种官方记载。"③外商版权登记仅是程序性规定，取得版权保护依据的实体条款仍是商约的版权规定。

2. 外国人作品不予登记及原因

已经登记之作品产生纠纷的现象，主要发生在清末及北洋政府时期，南京国民政府成立以后，外国人随意登记作品这种情况则很少发生，主要争议转为外国人作品能否注册，注册或不能注册的原因是什么。从争议解决的过程来看，其依据仍然是1928年颁布的《著作权法施行细则》第十四条以及商约"版权条款"。

1933年5月，美国公司Acme Code Company之代理律师阿乐满将 *Acme Compelete Seven Figure Code* 一书呈送内政部注册，被驳回不予注册。其理由为"该书非专供中国人之应用"，与《著作权法施行细则》第十四条第一项规定不符。Acme Code Company之代理律师阿乐满不服，提起诉愿，内政部"维持原处分"，其理由主要为，根据《著作权法施行细则》第十四条规定，外国人有专供中国人应用之著作物得依本法呈请注册，该条重在"专

---

① 中国第二历史档案馆：《中华民国史档案资料汇编》第三辑"文化"，江苏古籍出版社1991年版，第449页。
② 中国第二历史档案馆：《中华民国史档案资料汇编》第三辑"文化"，江苏古籍出版社1991年版，第454－455页。
③ 周林，李明山：《中国版权史研究文献》，中国方正出版社1999年版，第204页。

供"二字，而代理人承认该书系供世界各国人民一律通用，可知并非专供中国人民所用，且这也是 1903 年中美商约规定之内容，所以本部不准注册"不能认为不当"。①

1935 年 6 月 7 日，律师阿乐满将 Fuddlehead: By Fuddlehead an Autobiograghy 一书申请注册，同样被内政部以"并非专供中国人应用之著作物"，与《著作权法施行细则》第十四条规定不符，不予注册，退还注册费。②

3. 南京国民政府时期唱片音乐版权纠纷

南京国民政府成立以后，涉外版权纠纷出现了新趋向，一方面，由于"商约版权条款"狭小的保护范围，外国人传统的纸质版作品版权纠纷大为减少；另一方面，由于新的传播方式出现，产生了版权冲突的新案例，以音乐唱片纠纷最为典型。20 世纪以降，随着无线电技术的发展，无线电广播、音乐唱片传入中国，并逐渐普及，深受欢迎，无线电广播、音乐唱片的保护成为涉外版权纠纷新的热点问题。1935 年 7 月 2 日，英商电气音乐实业公司律师韦尔逊委托杨凛知律师向内政部呈送空谷兰唱片请予注册，内政部于 7 月 18 日以唱片并非著作权法保护的客体，不应享有著作权，不予批准。同年 7 月，英商电气音乐实业公司分别致函上海及山东等地无线电广播电台，提出六项要求，主要有各广播电台只能播放该公司签字之唱片，播放唱片每日不超过两小时，新出唱片每星期播放一次，每月缴纳版费 150 元，自 7 月 1 日起实行。上海无线电播音同业公会向当时唱片的主管部门交通部及中央执行委员会广播无线电台管理处提出，外商公司未经中央政府注册之出品是否享有版权，请予解释。交通部还函请司法院解释无线电台播送留声机唱片是否涉及著作权法或出版法，司法院答以留声机唱片既非出版品，亦非著作物，并无专有公共演奏之权，唱片购买人无论个人使用还是供公众收听，任凭其自由，出售人、制造人、发行人均不得干涉。③ 山东省政府在回复中援引上

---

① 《诉愿决定事项》，《内政公报》（警政）第七卷第八期，第 335 - 336 页。
② 《据呈送 Fuddlehead: By Fuddlehead an Autobiograghy 一书请予注册一案障难照准——批福伯司代理人阿乐满律师》，《内政公报》（警政）第八卷第二十期，第 149 页。
③ 《交通部函请无线电台播送留声机唱片是否涉及著作权法或出版法疑义由》，《广西司法半月刊》（司法院法令解释）1936 年第 56 期，第 59 - 60 页。

海成例，称现行著作权法对于留声机唱片并无明文规定为享有著作权之著作物，自不应享有著作权之保护。[1] 早在1909年巴黎修改《伯尔尼公约》时，唱片就是一个有争议的话题，结果采纳德国的提案，音乐作者享有用其音乐制作乐器及用机械演奏之特权[2]，但在当时的中国，唱片确实并非著作权法保护的客体。

（四）商标保护

商标是商品或服务的提供者将自己的商品或服务与他人提供的同种或类似商品或服务相区别而使用的标记。

在1911年商务印书馆《欧洲通史》一案中，原告美国经恩公司还想通过商标保护其版权，庭审中提交美国总领事发给商标"文凭"，称该书已经向本省商标注册处注册，以证明其权利效力，律师礼明辩护称，此为在中国商标法律未颁行之前临时办理商标登记，并无商标权。书籍附带临时注册，中国法律并未规定其版权，不能因商标登记而发生版权效力，即不能因商标权而"兼及书籍"，因此，该书籍即使经过商标注册处注册，仍无版权权利可言。[3]

1923年的《韦氏大学字典》案中，商标问题是该案的一个辩诉焦点，判决结果是商务印书馆败诉，商标侵权成立。本来，图书并无商标，但出版商作为商事主体可以申请商标，并使用于其图书，《韦氏大学字典》正是如此，其在字典封面印有圆圈形的商标标识，即在一个圆圈里有W字，这是注册商标的标识，由于缺乏商标知识，商务印书馆在其所印刷的字典上使用了原书的圆圈形商标，被米林公司起诉侵犯商标权。

1923年5月，北洋政府公布了我国正式实施的第一部《商标法》，该法第一条规定"欲专用商标者，须依本法呈请注册"。该案发生在商标法颁行之后，对于涉外商标同样适用。在该案庭审中，商务印书馆的辩护律师礼明针对此案的商标问题，据理力争，称外商在商标局临时登记并不能证明其已

---

[1] 《关于英商电气音乐实业公司限止电台播送唱片一案咨复查照饬知——咨山东省政府》，《内政公报》（警政）1935年第8卷第18期，第152页。
[2] 《论万国会议保护著作权》，《外交报》（译论）第二百五十二期。
[3] 周林、李明山：《中国版权史研究文献》，中国方正出版社1999年版，第187页。

经取得商标权,要在中国获得保护,必须由中国政府公布以后,商标权才发生效力,在商标局临时登记,"此不过为已经呈请承认为商标之记录,除此以外别无他种功用"。按照中美商约第九款有关商标的规定,要在中国享有商标权,"得有中国正式之宣告,在未完此项手续以前,不得提起关于商标权之控诉"。因此美商商标若只登记于领事或商标局,不能作为在中国取得商标权之证明,因此美商并不享有商标权。① 应该说,礼明的辩护有理有据,商标权是一种授予性的权利,需要遵循严格的程序,商标登记仅是登记程序中的一个步骤,还需公告程序,公告后无异议才能授予商标权。彼时,正值中国刚刚颁行新的商标法,外方普遍反对,不接受中国的商标法,争议的焦点是商标的取得方式,中方坚持注册取得,外方坚持使用取得,并要求中方承认之前已经在津海关、江海关登记之商标。会审公廨明显偏袒外方,以该商标"使用多年""依照习惯法,商标得受保护"为由,最终判商务印书馆侵犯商标权,罚款一千五百两,要求商务印书馆"把剩余未用的预告单而带有商标的版型充公毁掉",没有商标的字典则照常发售。②

米林公司在尝到甜头后,曾于1924年9月将其书名韦勃斯脱、韦勃斯脱大学、韦勃斯脱新万国字样向江海关挂号,请求江苏交涉署出示保护,并拟向商标局注册,上海书业商会及同人"闻讯之下不胜骇惧",随即向主管之内务部呈文,肯祈驳拒,称美商以著作人之姓名及书名作为商标注册,其意无非欲于注册之后,依据商标专用权,"阳禁他人使用同一之书名,阴即以阻人之翻印翻译",这使得《中美续议通商行船条约》第十一款关于我国应得权利之一部分,势必"无形消解",书籍非寻常商品,美商不能曲解我国法律,妄思附会,损害我国条约上既得利益。③ 最终,米林公司未能得逞。

1941年1月,发生了另一起类似的案例。上海某书店业主牛永志因销售翻版的爱美电码而被判处有期徒刑六个月,罚款一千五百元,该案"翻印的人同卖书的人都没有注意到,原来'爱美'二字本身就是商标,并且已经在

---

① 张静庐:《中国现代出版史料》(甲编),中华书局1954年版,第337-338页。
② 罗文达著,高庆琛,丁龙宝译:《中国版权法》,北京《报学》1941年第1卷第1期,第72页。
③ 中国第二历史档案馆:《中华民国史档案资料汇编》第三辑,"文化",江苏古籍出版社1991年版,第459-460页。

中国商标局注过册的"。①

爱美电码案是由于店主销售书籍时完全没有注意到书上"爱美"商标，在《韦氏大学字典》案中，商务印书馆经理王显华在庭审中接受盘问时也承认，商务印书馆在出版图书时未使用过商标，以图书的作者区分不同出版社的书籍，至于《韦氏大学字典》的商标以为是很普通的东西，"我们并不注意这书上的样式，论我个人，我绝未想到他是商标"。② 在书籍上使用商标，超出了中国书商的商标认知范围，外商通过这一方式获得对版权的有限保护。但这一疏忽是很容易避免的，此后，再没有发生类似案件。

（五）中外合作

外商为了保护涉外版权，寻求与中国书商开展合作，间接实现保护其版权。

早在1909年，商务印书馆即与英国泰晤士报协议印行《万国通史》，严复还在该书的序言中称："近者泰晤士馆主以此书托商务印书馆分售于吾国学界中，是其用意甚厚，而书价又廉……"③

在日商正则版权案中，由于在诉讼中失败，斋藤秀三郎不惜资本，设立专门编译部，聘请"精于和文汉译之士"，将此书重新翻译成汉文，并且"与贵国上海昌明公司立约，书尾互相盖印，仰托该公司一家发行"。④ 实际上，斋藤秀三郎不过是在中国译书基础上改头换面而成，"其中译文，系用刘成禹译本删改而来，纯属正则缠讼之变相"。⑤ 最后该案不了了之。

美商经恩公司得知商务印书馆拟出版其图书，在考虑到按照中美商约并不能保护其权利时，试图与商务印书馆协商合作事宜，经恩公司要求商务印书馆"专代本公司经理，而不兼他公司事件"，未获商务印书馆同意。1910年1月，美商经恩公司在听闻商务印书馆要翻印其教科书时，致函商务印书

---

① 罗文达著，高庆琛，丁龙宝译：《中国版权法》，《报学》1941年第1卷第1期，第72-73页，第67页。
② 张静庐：《中国现代出版史料》（甲编），中华书局1954年版，第339页。
③ 吉少甫：《中国最早的版权制度》（下），《中国出版》1989年第3期。
④ 周林，李明山：《中国版权史研究文献》，中国方正出版社1999年版，第194-195页。
⑤ 张静庐：《中国现代出版史料》（甲编），中华书局1954年版，第333页。

馆,表达愿与商务印书馆继续洽谈合作,"此等事未始不可商议也",希望商务印书馆"酌许以余利",甚至无不带威胁地说,"若本公司径设工厂于中国,或尚可挽救于本公司",且已与中国数家公司联系,"可此可彼",全看商务印书馆"来示为枢纽耳"。① 经恩公司最终未能如愿。

实际上,外国人多设法利用中国人来开设公司以避免麻烦,有的也真很有用。②

清末中外商约"版权条款"导致了中西法律的错位,直接结果就是在中国的适法行为在西方人眼中就是典型的盗版行为,因而,在司法实践中中外版权纠纷往往以西方败诉告终。

海通以后,中国纳入了世界经贸体系,在19世纪末已经形成国际知识产权保护趋势的背景下,中外经贸交往中知识产权的冲突也渐趋激烈。在涉外版权领域,由于形成了条约保护模式的特别条款,在涉外版权的中外冲突中,中方在"条约既有明文,不能不认"的前提下,实施"唯有抱定专备为中国人民所用(美约语),特为中国备用(日本约语),狭其范围,庶免障碍"策略,有效维护了中方利益。③ 这不能不说是近代中外交涉中难得的成功之举。

第三节　清末中外商约"版权条款"的影响

一、清末中外商约"版权条款"与治外法权的"限缩"

治外法权是西方在近代中国攫取的一项重要的权利,尤其是领事裁判权,

---

① 周林,李明山:《中国版权史研究文献》,中国方正出版社1999年版,第178页。
② 罗文达著,高庆琛,丁龙宝译:《中国版权法》,《报学》1941年第1卷第1期,第67页。
③ 张元济:《张元济诗文》,商务印书馆1986年版,第161页。

严重损害了中国主权，废除治外法权是近代中国历届政府的迫切愿望。从清末中外商约"版权条款"来看，因其重新确立了涉外版权纠纷处理原则，对外国人享有的治外法权反而形成了一定的限制。

（一）近代中国语境下的治外法权与领事裁判权的混用

1842年，中英《南京条约》之附约《虎门条约》中，领事裁判权制度初露端倪，并在1844年中美《望厦条约》中进一步明确，其主要内容有：（1）中外民刑混合案件，如果原告为中国人，被告为外国人，则被告由外国领事按照其所在国法律审判，反之，如果中国人为被告，外国人为原告，则由中国法庭按照中国法律审判，即采用"被告主义"；（2）如果涉诉双方系同一国家之外国人间涉诉，则由该领事按照该国法律审判；（3）如果涉诉双方为不同国家之外国人间涉诉，采用"被告主义"，中国法庭及法律不能对其管辖。领事裁判权制度构成整个近代不平等条约的主要部分，它在中国造成了一种特殊的司法制度，严重限制了中国的司法权，粗暴地侵犯了中国主权。[1]

治外法权是一个近代出现的词语，是1843年《虎门条约》签订后出现的领事裁判现象在语言领域的反映。[2] 作为近代中国不平等条约制度三大支柱之一，无论称为"治外法权"还是"领事裁判权"，均指近代中国政府在双边条约中同意缔结国来华国民由缔约国政府按照其本国法律进行司法管辖，不再由中国政府按照中国法律进行司法管辖。《辛丑条约》后，清政府与英、美、日相继签订商务条约，即《中英续议通商行船条约》（1902）、《中美通商行船续订条约》（1903）、《中日通商行船续约》（1903），均有承诺放弃在华治外法权的条款，即英、美、日放弃在华"管理外国人之法权"。20世纪初，清末的法律改革运动即与此条紧密相连，治外法权问题成为一个非常热门的社会话题，"修律以收回治外法权"变成了主流观点，全国上下"自此

---

[1] 中国国际法法学会：《中国国际法年刊》（1991），中国对外翻译出版公司1992年版，第43页。

[2] 高汉成：《中国近代"治外法权"概念的词汇史考察》，《厦门大学学报》（哲学社会科学版）2018年第5期。

而议律者,群措意于领事裁判权"。①

从国际法的角度来看,治外法权与领事裁判权有实质性区别,受日本的影响,中国学人也逐步认识到这种区别。1906 年 11 月 27 日《北洋官报》发表了《论治外法权与领事裁判权性质之异同》,这是最早辨析治外法权与领事裁判权的文章。"治外法权者,我国许彼国代表之人,免我法治之权也;领事裁判权者,我国许彼居我之领事,用彼国裁判权以断其民之狱讼也"。该文从四个方面作了详细的辨析,一是权利主体不同,享有治外法权者"凡八种,一国家,二元首,三公使,四领事,五罗马教皇,六军舰,七商船,八军队";领事裁判权"则普及于人民,不独彼居留我国之民,不受我法庭之裁判,即我民与交涉事件,亦遂多窒碍之端"。二是权利范围不同,治外法权之范围,其包涵颇广。苟无此权利则已,凡有此权者,其人民与物产,俱有不服从所居国法律之特别利益;若夫领事裁判权,则其范围极狭,即使领事所居之国允给此权,亦仅只裁判一事不受所居国审断与辖治而已。三是权利来源和消灭方式不同。治外法权,"国际让礼、互相尊重而成;而领事裁判权,则由权利之扩张条约规定",故治外法权是国际法规定的权利,而领事裁判权不具有国际法的正当性。四是权利属性不同。领事裁判权属于古代的属人主义,治外法权则是近代属地主义的例外。② 此后,其他近代学人如周鲠生的《领事裁判权问题》、吴颂皋的《治外法权》均有类似的分析。

虽如此,但在近代中国,更多的情况是治外法权与领事裁判权基本处于混用,并不刻意区分这两个概念。1918 年,中国与瑞士签订《通好条约》,附件特别把治外法权与领事裁判权等同,"关于领事裁判权(即治外法权),瑞士国领事应享有现在或将来允与最惠国领事之同等利权。俟中国将来司法制度改良有效时,瑞士国即与其他缔约国同弃其在中国之领事裁判权。"③ 这是第一次在中外条约中出现领事裁判权,并用正式条约的方式确认治外法权与领事裁判权的同义和互用。治外法权与领事裁判权混同使用的现象一直延

---

① 高汉成:《治外法权、领事裁判权及其他——基于语义学视角的历史分析》,《政法论坛》第 35 卷第 5 期,2017 年 9 月。
② 《论治外法权与领事裁判权性质之异同》,《东方杂志》1906 年第 13 期。
③ 王铁崖:《中外旧约章汇编》(第一册),生活·读书·新知三联书店 1957 年版,第 1374 页。

续到这一制度在中国消失。① 虽然治外法权有"误读、误用、误会"的现象，但在近代语境下，治外法权的核心要义是"管理外国人之法权"这一事实毫无疑义。

（二）清末中外商约"版权条款"与治外法权在涉外版权纠纷中效力的"限缩"

近代以降，列强通过会审公廨、观审制度等使治外法权得到充分的实施，并且在之后的民刑纠纷中，不断扩大至行政权、立法权等。与之相反，清末中外商约"版权条款"对于外国人在华版权领域的利益形成反向限制，出现"限缩"现象。

清末商约签订之前，涉外版权的纠纷并不常见，从已有资料来看，外商在华版权得到了保护，且中外版权人权利平等。已如前述，19 世纪末，外国传教士在华创办出版机构，大量印刷图书介绍西方文化，颇受欢迎，与此同时，不法商人纷起盗印，希图渔利，屡禁不止，广学会、益智会等向地方官府请求保护，并得到"允准"，这种保护是以"特许权"的方式体现，且在"特许权"保护方式下，中外书商版权得到同等的保护。罗文达在《中国版权法》一文中认为，在 19 世纪末的 20 年中，已经发生了中国与外国版权纠纷，英语是当时国际上流行的语言，这种纠纷主要来自英美两国，最早保护外国版权的法令发生在 1896 年，上海会审公廨宣布"外人在华出版作品享受同等之特权，同等者系指和中国人所享者相同而言"②，中国官方对外国人版权保护如同中国人一样，均须向当地官府申请保护令，禁止他人翻印。虽然，这不一定是最早的涉外版权保护令，但是，外国人在华享有与中国人同等的权利是没有疑问的，且在治外法权的背景下，外国人甚至享有超国民待遇，按照领事裁判权原则，在中外版权纠纷中，如果外国人侵犯中国人版权，适用外国人所在国的法律。

---

① 高汉成：《治外法权、领事裁判权及其他——基于语义学视角的历史分析》，《政法论坛》2017 年第 35 卷第 5 期。

② 罗文达著，高庆琛，丁龙宝译：《中国版权法》，《报学》1941 年第 1 卷第 1 期，第 63 页。

中美、中日签订商约"版权条款"以后，情况发生了很大的变化，外国人版权保护受限，反而不如商约"版权条款"之前所获得的利益广泛。根据该条款，中国必须制定保护版权的法律，并按此保护外国人版权。在列强屡次催促下，1910年清政府颁布的《大清著作权律》，1915年北洋政府颁布的《著作权法》，均未规定保护外国人的版权，在司法实践中也未影响涉外版权案件纠纷的处理。

从清末中外商约"版权条款"后发生的中外版权纠纷可以确认两点：一是在这些案例的司法审判中，其法律依据既不是中国的著作权法，也不是外国人属国的相关法律，而是直接依据清末中外商约"版权条款"，原因是，该条款是一个实体性的条款，规定具体、明确，具有较强的实操性；二是这些纠纷绝大多数以中方胜诉告终，其根本原因是清末中外商约"版权条款"对外国人版权保护的客体范围作了较为狭窄的规定，限于"专备为中国人所用"之图、书等，且不保护翻译权。商约"版权条款"实施后的结果，使外国人普遍感到失望，罗文达认为商约"版权条款"的规定"等于无用"，威洛比认为"完全是外交上的失败"，并且屡次要求中方修改。事实上，由于外国人对于此类案件缺乏信心，南京国民政府建立以后，这类案件较少诉诸法院。

1928年，南京国民政府颁布新的《著作权法》；1931年南京国民政府颁布了《民法》，其中第515条至第527条有关于著作权的规定。对于这些版权的相关规定，外国人评价说，中国版权所有人很是满意，但是外国人正与中国人相反，在这方面的情形很狼狈，法律并没有保护他们的著作。①

清末中外商约"版权条款"成为清末以降涉外版权纠纷解决的主要依据，也是中外版权交涉的条约基础。但是，该条款的内容与国际版权公约《伯尔尼公约》国民待遇原则不同，也与其他国家间版权保护的双边协议有异，形成了特有的"话语体系"，外国人版权受到限制，在西方人眼中产生了奇特的现象，在中国的适法行为在西方看来却是典型的盗版行为。由于在清末至北洋政府时期的几起重要的涉外版权诉讼中屡屡败诉，西方列强认为，

---

① 罗文达著，高庆琛，丁龙宝译：《中国版权法》，《报学》1941年第1卷第1期，第70页。

外国人在华所享有的权利比中国人大为减少，丧失了之前与中国人版权上的同等地位，与民国以后治外法权逐渐扩张相比，在版权领域出现反向的"限缩"现象，由此认为该版权条款破坏了其享有的治外法权。

二、清末中外商约"版权条款"与近代版权私权观念的初步形成

版权的私权化是近代中国民事权利的重大发展。近代中国，在封建专制统治下，本无版权私权观念，版权私权观念源于西学东渐。1902年6月，中美、中日商约谈判首次提出"版权条款"，引起了社会各界的关注，加之晚清推行"新政"，学堂兴盛，图书需求激增，版权问题逐渐凸显，催生了一场广泛的介绍学习西方版权知识的思潮，以介绍西方的版权制度、思想学说为先导，加速了近代中国版权观念的转型，从"特许权"的话语表达转变为"私权"的话语表达。从其演变的历程来看，初期只是劳动价值论，以林乐知为代表；清末及民国初期，则为自然人权学说，呈现出递进的过程。

近代中国是一个后发国家，其版权私权观念及制度呈现出移植性的特点，而西方国家尤其是英国是世界版权制度的原发国家，西方著作权的近代转变是通过英国完成的。以中国与英国版权发展的比较为视角，能更加清楚地阐明近代中国版权观念及制度演变的路径及特点。

（一）英国近代版权理念的形成

英国的近代版权思想及其法律制度对引领世界近代版权制度的发展，具有典型意义。

1. 早期英国版权特许权的特点及性质

特许权是英国早期版权制度的特点。15世纪，德国金匠约翰·古登堡发明了铅活字印刷术，促进了书籍和知识的广泛传播，推动了图书贸易的发展。印刷术的发明及其发展，使各种言论传播的速度更快、范围更广，也给政府控制异端言论带来了挑战，政府对于言论控制的对象和重点从言论的制造者转向言论的传播者。1538年，出于与教派斗争的需要，英王亨利八世首创图

书许可制度，规定任何国外印刷的英文图书不得进口到英国，任何人不得印刷未经枢密院或其他机构审查批准的图书，任何基督教经文的印刷须经国王、枢密院或主教的审批，否则予以处罚。1546年，亨利八世进一步扩大了图书审查范围，规定任何英文图书、歌曲、剧本的印刷，必须标明印刷者、作者的姓名以及印刷日期，同时，在发行之日两天内向其居住地的市长交一份样书。1557年5月4日，英王玛丽一世授予书商行会一项皇家特许状，成立伦敦书商公会，印刷商必须在公会登记并取得许可，其可以对任何图书或出版物予以检查，并且有权予以没收、焚毁或上交，积极参与图书言论的审查和控制，维护图书贸易秩序。①

英国早期版权表现为特许权，主要是出版商的出版权，而非作者的权利。有学者认为，英国最初的特许权，是王权与出版商的一种共谋。经由王权授予信任的商人对于图书的特许经营权，出版商获得的是一种垄断市场的能力，借此削弱或消灭竞争。而王室通过授予特许权获得了不菲的经济收入，同时，还通过出版商的审查机制，控制了那些不利于王室言论的传播。英国特许权的特点在于，它被认为是行使皇权的结果。从性质上看，特许权具有王权的性质，国王如何处理书面作品，一如对其他所有财产的处理一样。特许权专属于国王，被授予者并无让与和许可他人行使的权利，本身并无独立性，性质上乃王权的延伸。而现代版权法上的版权是与国王相对立的个体的权利，它可以自由许可他人行使或者转让。②

2. 英国近代版权制度的形成

1710年英国颁布的《安妮法》（又名《安娜法令》或《安娜女王法》）是世界上第一部近代意义的著作权法。此前，特许权制度下的版权保护是以言论控制和图书审查为理由和表达，《安妮法》则以作者为表达和中心，确立了作者的版权保护制度，这是《安妮法》被认为是近代意义的第一部著作权法的主要原因。1641年，英国议会废除了用来钳制言论的星室法

---

① 黄海峰：《知识产权的话语与现实——版权、专利与商标史论》，华中科技大学出版社2011年版，第15-16页。

② 李雨峰：《从特权到私权：近代版权制度的产生》，《重庆大学学报》（社会科学版），2008年第14卷第2期。

庭，受资产阶级人权思想的影响，英国兴起各领域反垄断潮流。1624年，英国颁布反垄断法，更加刺激了反对书商公会的垄断的人们。由于书商公会垄断图书出版，加之这种垄断是以言论控制和图书审查为目的，显然，书商公会的所为在资产阶级自然权利理论兴盛时期不合时宜。1707年2月，十三家有影响的书商联名上书平民院，书商公会改变策略，强调在图书的创作、印刷、销售过程中所付出的大量时间和劳动，而盗版严重侵犯了他们的财产权，同时还特别强调，这种"与文学有关的财产权"，应当属于作者及受让人或买受人，所谓"受让人或买受人"实际上指书商自身。此后，英国议会关于版权争议的焦点由垄断转变为作者。[①] 这一提案采取作者及其财产权的新表达思路，与洛克的自然权利理论相呼应，1710年4月，英国议会通过了《为激励学识而将印刷图书的版本在一定期限内授予作者或买受人的法案》，即《安妮法》。

《安妮法》赋予作者的专有权利与封建时代的特许出版权有着本质区别。特许出版权只保护出版商的利益，而《安妮法》将作者的利益放在第一位。同时，特许出版权是封建统治者特别授予的，是对出版商的"恩赐"，且出版商不能随意转让其特许权。而《安妮法》为作者规定了法定的权利，这种权利是可以根据意思自治原则自由行使和转让，是典型的私权。[②]

可见，英国版权私权性质的形成伴随着资产阶级与王权的斗争，是资产阶级人权思想理论发展的直接结果。

反观近代中国，版权的发展明显缺乏人权思想的浸润。版权保护也是出于外部压力或保护民族文化教育之目的，翻刻必究是中国固有的传统版权思想，也是引入西方版权理论的思想基础。虽然中西同时强调翻刻必究，不同的是，西方有启蒙思想理论作基础，中国并无有说服力的理论作支撑，而是以落后国家的身份，以发展本国文化教育及民族工业为目的，具有明显的功利性，绝非单纯保护私人的权利，尤其缺乏近代启蒙思想特别是人权理论的考量。

[①] 黄海峰：《知识产权的话语与现实——版权、专利与商标史论》，华中科技大学出版社2011年版，第21—24页。

[②] 王迁：《知识产权法教程》（第六版），中国人民大学出版社2019年版，第24页。

(二) 近代中国著作权私权观念的初步定型

以中英视角比较论，中国与英国著作权法律制度均经历了较为相似的阶段，其中，从特许权向私权的转变为著作权质的转变。英国经历了议会与国王的冲突、妥协，以及调整出版商内部的利益分配，在限制王权的过程中完成；而近代中国则完全不同，不是内生自发，而是在外部压力下促成，是著作权国际化的结果，主要体现在清末中外商约"版权条款"。在清末"新政"的背景下，以"版权条款"为契机，促使清政府重视保护著作权，并且通过介绍西方近代版权理论，使中国接受并融入西方著作权理论及法律制度体系。

从清末至北洋政府时期，是近代中国著作权转型的重要时期。版权的私权化是近代中国民事权利的重大发展，19世纪末20世纪初，国内已经开始介绍学习西方版权制度，商约"版权条款"犹如一副催化剂，加速了近代中国版权私权化的进程。为了更加清晰地阐明清末中外商约"版权条款"在近代中国版权私权转化过程中的作用，拟重点考察清末中外商约"版权条款"前后近代学人对西方版权认识的变化。

1. 清末中外商约"版权条款"前对西方版权理论的介绍及特点

从著作权发展阶段来看，清末中外商约"版权条款"签订前，著作权仍然处于特许权观念向私权观念转变的初期，通过介绍西方版权理论，中国学人才逐渐将著作权视为一项财产权，并尝试以劳动财产理论予以解释。最早介绍西方版权理论的是在中国从事新闻传播工作的外国出版商，他们在中国传播新知识、出版著作物的过程中遇到了盗版问题，在解决这一问题中逐渐引入了西方的版权法律理论及其制度，同时，也为中国学人打开了眼界。

将著作权视为财产权，教会出版机构——广学会是最初的倡导者。1897年，广学会林乐知与蔡紫绂译著《中东战纪本末》八卷刊印问世，后林、蔡两先生译著《中东战纪本末》（续编）四卷，外国未见之秘要尤多，佐以新论，辅以西报，煞费苦心，该书风行海内，流传域外。林先生又与任申府先生编译《文学兴国策》二卷，每部二角，坊间不屑，书贾却翻刻盗印。对此，林乐知认为，按照西例，凡翻人著作，视同盗贼之窃夺财产，有犯必惩，何况中华书籍亦有翻刻必究成案，这是较早在中国将书籍等同于财产看待。当然，在当时的情况下，要保护其著作权，仍然只能采取传统的特许权保护方式，因此，广学会一面禀美国总领事函请刘道宪谕禁，一面要求上海县暨英、法两公廨一体申禁，得到批准后即日照案出示，实帖通衢，并由美署送登日报，以告坊间。①

1901年，一篇中西士人以一问一答的形式介绍西方版权思想的重要文献，以中西不同版权制度背景下知识分子的不同际遇，强调引进西方版权制度的重要性，指明中国知识分子的未来出路。

中国四民之中，"惟士最穷"，西方士人问：中国四民之中最推重士，但士最穷，读书发迹者百有其一，又耻言货利，有什么办法可以牟利致富呢？

中国士人回答，传统士人读书进身外，还可以教子弟，或设立书院，或游历卿相之门，为幕中宾等，有此数端，又何复他求？

西方士人以对比中西方著作权法律制度下中西方士人获利状况作答。西国之士，凡著书立说，每成一书，国家均有禁令，凡书初出，国家授予十年或二十年自印发买之专有权，他人不得翻印，著书者得以成书后坐收其利，二十年中销售万部即获数万之利，而且子孙能够继承，数世享用不尽，岂非致富之道哉？反观中国之士人，终身著述，无资刊印，即或刊印，而坊间盗印，授利于人，数十年之辛苦，换数十金之资，岂不可惜！即使书中有"翻刻必究"字样，而真正"成讼"者还没有听说过。随着铅版排印技术的进步，印版为速，印费又廉，如果著述得到法律保护，读书人除"仕进"以外，又有"著书一途"，那么，将来士人致富"岂可限量哉！"长期以来，中国知识分子除了仕途外，少有其他出路，许多人仕途受阻，沦为教唆词讼、武断乡曲的讼棍与恶霸，有了这一致富之途，这些恶行"皆可不作"，且还可以"敦品励学"。②

在清末商约"版权条款"之前，对于西方的著作权法律制度的介绍还是

---

① 《广学会严禁翻刻新著书籍告示》，《万国公报》1897年第95卷。
② 《中西士人问答：论著书》，见《皇朝经世文统编》（卷6），1901年印。

比较粗浅的，且没有涉及著作权性质等基础理论，著作权的法律制度也语焉不详，且在实务中仍然按照特许权的方式保护中外版权。

2. 清末中外商约"版权条款"与近代版权私权属性的初步形成（1902—1911）

从清末中外商约开议（1902）至《大清著作权律》（1910）颁布的这段时间，是近代中国著作权理论及法律制度形成的重要时期。受中外商约"版权条款"的影响，中国从理论层面基本形成了版权的私权理论，从制度层面形成了近代著作权的法律制度。

中美、中日商约开议以后，美日要求清政府保护其版权，提出了商约"版权条款"，相较于中英商约，这是美日提出的一项新权利，对中国教育、出版明显不利，引起了清政府、学界及出版界的广泛关注。为了积极应对西方提出的新要求，也是回应"新政"以后文化教育发展中出现的版权问题，学界、出版界开始积极、主动地介绍西方近代著作权法理论知识，并且敦促清政府制定著作权法。这个阶段，有几篇重要的文章介绍了西方的著作权理论及其法律制度，有《版权考》《版权之关系》《论著作权法出版法急宜编订颁行》《著作权律释义》等。《版权考》为英美学者所著，商务印书馆在出版《版权考》时自认该书为全面系统介绍西方版权知识的必读书，其内容主要是介绍西方各国的版权制度，尤其是英国、美国的版权制度介绍较为详尽，对于当时已有影响的国际版权同盟的成立、发展也作了完整的介绍。商务印书馆特别说明，由于美日商约有议版权，中国将来制定版权法，为预备计，故翻译此书作为参考。这些文章对西方近代版权法律制度及其理论作了极详尽的介绍及评析，加速了近代西方版权理论在中国的传播，促使西方的版权法学理论成为清政府著作权律制度的重要法源之一，促进了近代中国版权私权理论及法律制度的初步形成。

（1）西方近代著作权基本理论的引入。

在介绍西方著作权制度中，以介绍著作权的基本理论为重。以陶保霖为代表的学人认为，著作权法、出版法与教育的前途关系最为密切，以今日情形，其著作权法的制定万不能缓。

1) 著作权的三个时期的发展理论。

从版权发展的历程考察清末版权的地位。第一时期为特许权时期。在印刷术发明以后，作者对于其著述有一定时期的专卖权，受政府保护，禁止他人翻刻。但著作权应否保护，完全由政府决定，其宗旨在于奖励出版事业。第二时期为权利主义时期，著作权乃作者创作作品事实而产生，著作权与有体物之所有权完全相同，因其由人之智力劳动产生，其权利非由政府审查认定而产生，因著作之事实而产生，所以为完全之财产权。第三时期"世界的权利时期"，著作权不能仅限于一国，各国之间互结条约，乃至成立国际同盟，相互保护。① 著作权三个时期的发展理论揭示了不同时期著作权的特点及其实质，第一时期，著作权表现为特许权，权利来源于政府的予夺；第二时期著作权则表现为一种自然权利，其权利来源于作者的创作行为，与一般民事财产权利毫无二致；第三时期，则是国际经济文化的发展，产生著作权受国际保护的需求。

秦瑞玢撰写的《著作权律释义》、北洋政府时期武堉干撰写的《国际版权同盟与中国》，论述了世界著作权法律制度的发展沿革，同样也是按照"出版保护主义""著作者保护主义""世界保护主义"的思路作了分析。著作权的三个时期的发展理论，有利于认清近代中国著作权的历史发展阶段，指明近代中国著作权从特许权向近代私权转变的趋向。

2) 著作权合法性理论。

在介绍西方著作权理论中，最重要的是引入了西方的著作权合法性理论，并成为此后近代中国著作权法律制度构建的基石。以陶保霖《论著作权法出版法急宜编订颁行》为代表，文章介绍了西方著作权四种合法性理论。②

创作者保护主义说。作者以思想能力创作一物，法律即保护之，反之，如果模仿他人作品，不但不予保护，且须处罚，其理由与所有权完全相同。所有权的根本，在于先占，是人与物的关系，而作品是人大脑智力之产物，反映的是作者与作品之间的特别关系。

---

① 陶保霖：《论著作权法出版法急宜编订颁行》，《教育杂志》1910 年第 4 期。
② 陶保霖：《论著作权法出版法急宜编订颁行》，《教育杂志》1910 年第 4 期。

劳力说。著作权的根本不是一般的简单创作，著作权来源于作者的智力劳动，其根本不在于先占，而在于劳动，如同土地所有权乃垦辟之劳力而得，著作乃汇集材料之劳力而得，既然同是劳动，自然应该予以保护。

报酬说。作者创作作品，付出了劳动，著作权乃作者劳动之报酬，且极有益于一国文明，人类社会的发展、人民的幸福，"实利赖焉"，不能不予以回报。

人格说。著作权之根本在于人格之保护，作品乃作者思想之发现，思想为作者人格之一，不能被他人剽窃模仿，侵害其人格。

这些学说充分体现了西方近代资产阶级思想的理论，尤其是创作者保护主义说、劳力说、人格说最接近西方人权理论，著作权不止关乎经济利益，也关乎作者人格利益，根本上是对人的尊重，在封建皇权统治下的清末，这不啻于思想界的一道亮光。对这些理论，近代中国有一个渐进的吸纳过程，在当时的政治环境下，最易于为中国人所接受的是"报酬说"，认为版权乃著作人劳动所偿，因而成为接受西方著作权法理论最现实的基础，也最常见于学人、出版人及清政府的文献中，民国以后逐渐让位于人权理论。

严复是近代中国最早提出版费的学人，其主张的理由便与西方"报酬说"暗合。严复早在翻译《原富》时，就在与张元济的书信中提出，念及译者"颇费苦心"，全稿数十万言，历五年之久而后告成，希望从书价中"坐抽几分"，觉得此事"于鄙人所关尚浅"，而于"后此译人所劝者大"。[1] 严复在《与管学大臣论版权书》中，直接提出，作者著书，疲精劳神，耗其心力，若夺其版权，那么辛苦之事，"谁复为之?"所谓版权就是补偿著书者"之前所耗也"。[2] 当然，严复尚未将其提高到人的基本权利的高度。

林乐知在《版权之关系》中明确认为，版权的基础是作者创造性的劳动，版权法律制度的出现是"报著者之苦心"，"著书者瘁其心力，印书者出其资本，而共成一书以供给社会，使社会中之人皆得此书之益"，"必思有以报之"，于是有了版权。假如新书一经发行，奸商假冒翻印不劳而获，而著

---

[1] 周林、李明山:《中国版权史研究文献》，中国方正出版社1999年版，第19页。
[2] 周林、李明山:《中国版权史研究文献》，中国方正出版社1999年版，第47页。

者、印者亏损累累，谁还痴心著书、投资印书？此为西方国家版权立法之根本原因。版权乃"著书者、印书者自有之权利。保护乃国家之责任，而非其私恩也"。① 林乐知从著作权乃著作人报酬的角度说明版权的合法性，易于为中国人接受。

《版权考》是商务印书馆组织翻译西方著作权的一部力作，对西方著作权法律制度作了最全面的介绍。其中引用"报酬说"，认为著述之士积年累月，耗竭心力，如果"不食其报"，未有不废，版权乃人"生产之一也"。其在书中谈到英国议员讨论版权保护期时，认为版权者亦生产者之一，其殁后可视版权为恒产，如果保护期仅限于殁时，是乘人之危，"夺人家产"。② 这些观点令国人耳目一新。

民政部在《大清著作权律》公布后，向全国出示的"晓谕"中，强调保护著作权的原因时说，作品是作者"毕生心力"著成，若不保护，则会使作者"尚未酬劳"，而剽窃者已获利。③

清末中外商约"版权条款"签订后出版的这些文献，介绍了西方近代著作权的法律制度以及著作权保护的合法性理论，极大地拓展了近代中国对于西方著作权理论的认识，对于认识著作权的发展规律、著作权不同发展时期的性质、法源以及我国的应对等均有重要意义，奠定了著作权近代转化的理论基础，促进了著作权从"控制话语"向"权利话语"的转变。

（2）著作权私权性质的初步形成。

在中外商约签订以前，把著作权视为个人财产权，多出自西方人之口，国人尚无此认识，受中外商约"版权条款"的影响、清政府对版权的重视、出版界对西方版权理论的介绍宣传，将著作权视为私人财产权几成朝野共识。

1903年10月，《万国公报》载文《欧美杂志·版权通例》，介绍了西方版权，西方各国法律规定，著一新书、创一新法者，皆可予以"专利"，所谓版权，"所以报著书之苦心，亦与产业无异也。凡已满期之书尽可翻印，若昨日发行，今日即已为人所剿袭，是盗也。且著书之人，又何以奖励之，

---

① 林乐知，《版权之关系》，《万国公报》1904年卷183。
② 周林，李明山：《中国版权史研究文献》，中国方正出版社1999年版，第56页。
③ 周林，李明山：《中国版权史研究文献》，中国方正出版社1999年版，第96页。

而俾有进步耶"。① 文章中把著作权视为一般的产业。

《版权考》认为，版权"犹人之家产"，由于其"变幻甚多"，不适合在普通法律中规定，应该另外单独立法。版权者亦生产者之一，其殁后可视版权为恒产，如果保护期仅限于殁时，是乘人之危，"夺人家产"。②

宣统三年（1911）正月，民政部在《大清著作权律》颁布后不久的"晓谕"中要求，著作权人自本律实施之日起6个月内呈报，逾期不予保护，本律实施前三十年内已发行之著作，均可呈报，并直接指明《大清著作权律》的立法目的就是"以卫私权"。③ 著作权的私权属性为国家所承认。

《大清著作权律》颁布以后，学者秦瑞玠撰写《著作权律释义》，对著作权的私权性质从多角度作了比较全面而完整的解释。④

首先，秦瑞玠不仅指明了著作权的财产权属性，同时也分析了著作权的人身权属性。他认为，著作权在性质上为个人私权，著作权律为个人私权之法律规定。同时，他还强调，著作权作为私权，既有财产权，又有人身权。作品是作者精神上劳力之产物，与作者人身不可分，为人格权，不能够窜改割裂，也不能易名改姓。同时，此种权利有可估之价，可以转移、继承，也可以共有、抵押，纯为财产权，不是普通的财产权，为一种无形的财产权，是"出乎智能之故"所发生的一项新型财产权。秦瑞玠认为，著作权与一般民事权利又不同，既有人身权，又有财产权，具有双重性，强调了著作权的精神权利。此文是这一时期关于著作权理论的重要发展，所述这些均是著作权的重要特点，它是近代以来形成的一种新型权利。可见，秦瑞玠对于著作权的认识是相当深刻的。

其次，秦瑞玠从权利与义务的关系阐明著作权的私权属性，主要是通过解释《大清著作权律》注册的本义予以说明。《大清著作权律》第二条、第三条规定，著作权须申请注册，该法第三章题目为"呈报义务"，秦瑞玠解释称虽"题为呈报义务"，实为呈报方法，是一种附加条件，并非"真正之

---

① 林乐知，《欧美杂志·版权通例》，《万国公报》1903 年卷 177。
② 周林，李明山：《中国版权史研究文献》，中国方正出版社 1999 年版，第 53–56 页。
③ 周林，李明山：《中国版权史研究文献》，中国方正出版社 1999 年版，第 96 页。
④ 秦瑞玠：《著作权律释义》，《法政杂志》1911 年第 3 期。

义务",按照"权利可以放弃、义务必须履行"的原则,此处义务不同于人民对于国家的义务,并非强制,如果著作人不愿行使著作权,可以不呈报,不呈报不得对抗第三人,不得提起民事诉讼,所以日本著作权法将其规定为权利而非义务。因此,此处的呈报实为申请的手续或方法,亦体现出著作权私权性质。

再次,秦瑞玠从著作权撤销的法律效力说明著作权的私权属性。《大清著作权律》第四十九条规定,如果作者呈报不实,及"重制"时加以修正而不呈报立案者,查明后,将著作权撤销。此处撤销,秦瑞玠认为,只是将著作权注册撤销,并非著作权权利的消灭。呈报不实,对于官厅则为欺罔,对于社会为欺诈,应予制裁或惩罚,但终究不能剥夺其享有的著作权。

著作权为作者所固有,并非因特许而取得,如果不注册,只是影响权利人遇侵害不能提起诉讼,《大清著作权律》第五十二条的规定即是明证,该条规定,逾期不报或"竟不呈报",不得受本法律保护。秦瑞玠认为,此处不受本法保护,亦指并非著作权之消灭,而是在未呈请前遇有侵害,不能照本法呈诉赔偿,也不得请地方官"给示"保护,但是不能因逾期而失其著作权。著作权并非注册机构所能定夺,如果本条谓撤销著作权,即为消灭其权利,则为惩罚最重者。其内在逻辑是著作权的产生源于智力劳动的创作,而非政府的授予,这就将版权的近代私权与特许权区别开来,其根本理据是近代资产阶级的人权思想。

最后,秦瑞玠从侵权的损害赔偿看著作权的私权属性。《大清著作权律》规定,因假冒而损害他人著作权时,除科罚外,应将被损害者所失之利益,责令赔偿,损害赔偿为民法上之制裁,为私权之救济。著作权为个人私权,对于寓居之外侨人也是私权之一种。

秦瑞玠撰写的《著作权律释义》从多角度对著作权私权属性的解读,代表了当时著作权研究的最高水平,其思想明显地受西方近代著作权理论的影响,体现出近代人权理论色彩。当然,秦瑞玠对《著作权律释义》的解读,涉及内容广泛,并不限于著作权的性质,后面还会进一步讨论。

民国肇建,国体变更,在著作权之发展阶段、著作权的性质、著作权法律制度等理论问题上除承袭了清朝的话语表达外,更加重视版权的私权属性。

1912年9月，内务部发布通告《著作物呈请注册暂照前清著作权律分别核办通告文》，称"查著作物注册给照，关系人民私权。本部查前清著作权律，尚无与民国国体抵触之条。自应暂行援照办理。为此刊登公报，有凡著作物拟呈请注册，及曾经呈报未据缴费领照者，应即遵照著作权律分别呈候核办可也"，实际上强调了著作权的私权属性。

1912年5月，为了防止书籍的假冒翻印，上海书业商会"具呈"各省都督，要求按照《大清著作权律》保护版权，并根据各省反映，汇编了各省对《大清著作权律》的评议，其中，也有关于著作权的理论认识。这个汇编是了解清末民初著作权理论及其实施的重要史料。在著作权的理论方面，该文认为，著作权是所有权之一种，即作者之权利，不能为他人攘夺，与其他动产不动产之物不能为他人攘夺完全一样。此文足证其成为当时社会普遍的话语表达。[①]

(3) 廓清特许权与近代著作权的区别。

关于著作权私权性质认识的深化的另一个重要表现，就是严格区别特许权与近代著作权，从特许权与著作权的比较中阐述著作权的合法性。

特许权时期是世界各国著作权法律制度发展中的共有现象，是近代著作权产生的前奏，其主要特点是：源自封建皇权或其代表的地方政府，权利的不稳定性，予夺、转移皆决于皇权；特许权重点保护出版商的利益；特许权与封建皇权的图书审查"沟合为一"，代政府行使出版行政管理功能。从这些特点来看，特许权法令应归属于行政法范围。林乐知最先从特许权与近代著作权区别的角度阐明著作权的私权属性，其在所著《版权之关系》中认为，20世纪初，中国学堂渐兴，课本最为紧缺，而编译课本尤为畅销，但是，往往为人所翻印，"诉诸有司，每不得直"。盗版之人，没有版权意识，以为可以予夺自由，乃西国公例，实则西方并无此法。所谓版权，为作者、印刷者自有之权利。保护版权，"乃国家之责任，而非其恩私也"，作者、印书者只要在版权管理部门注册即可取得版权，而不问所著、所印为何书。版权与商标权无异，翻版之罚与冒牌无异。[②] 林乐知强调著作权不仅是印书者

---

① 《各省关于著作权律之批语汇评》，《教育杂志》1912年第4卷第7期。
② 周林、李明山：《中国版权史研究文献》，中国方正出版社1999年版，第81页。

之权,更重要的是作者权,且这种权利是"自有之权",即自然权利,并非政府的恩赐,只要作者、印书者向有关部门注册即可,这与商标权无异。林乐知首次廓清了特许权与近代著作权权利来源、权利属性的区别。

在《著作权律释义》中,秦瑞玠在林乐知基础上,进一步阐明特许权与近代著作权的区别。他在解释著作权律之定义时说,著作权律是关于作者权利制定的一部法律,国家制定著作权律的目的就是鼓励作者,保护其权利,使其不受侵害。该权利的来源是作者"精神上劳力之食报",为作者自有之权,并非由国家特许而取得,只是作者为了巩固其权利,不得不借助国家之力加以保护。且他特别说明,为什么取名为著作权律而非版权律,原因是版权大多来源于"特许",主要保护出版者,而非作者,进一步强调了著作权来源于作者的创作,而非国家特许,是作者的一项自然权利。[1]

3. 清末中外商约"版权条款"与《大清著作权律》的思想检定功能

《大清著作权律》是否具有思想检定功能,这是与该法立法目的及法律性质相关的重要问题,也是自该法颁布后一直有争议的问题。

根据清政府的要求,在清末中外商约"版权条款"中有对言论控制、思想检定的规定,如中美商约规定,凡"美国人民或中国人民为书籍、报纸等件之主笔、或业主、或发售之人,如各该件有碍中国治安者,不得以此款邀免,应各按律例惩办"[2],中日商约也有类似的条款。应该强调的是,作为对等条款,只是单方面满足清政府的要求,这对以后著作权法的立法目的、著作权的私权性质均有一定的影响。

刘坤一、张之洞在与美国、日本的商约"版权条款"的谈判中非常重视言论管制。光绪二十八年(1902)5月15日,刘坤一、张之洞在致外务部、议约大臣的电文中对商约"版权条款"提出新的要求,将来纵使保护外国人版权,"亦只能保护有切于用而无违背中国礼法者"。张之洞在与外务部、刘坤一及谈判大臣讨论中日版权条款时明确向日方索要一条:"凡日本人在中

---

[1] 秦瑞玠:《著作权律释义》,《法政杂志》1911年第5期。
[2] 王铁崖:《中外旧约章汇编》(第二册),生活·读书·新知三联书店1959年版,第187页。

国开报馆者,及中国人与日本人合伙开报馆者,及在日本国刊印之报而流传散布入中国者,如该报中有捏造、污蔑、悖逆、谤讪之谈,有碍邦交、惑民助匪者,日本允即行查禁封闭,必不袒庇",强调"此节甚关紧要,正与版权相抵"。① 中美"版权条款"亦如此,均增加了政治性思想检定规定,这成为中日、中美商约"版权条款"的一个重要内容。

作为专制政体,清政府传承了对思想言论传播进行控制的传统。除《大清律例》外,1906年,清政府颁布了《大清印刷物件专律》,作为言论管制新的基本法律,被认为是我国近代第一部出版法。此专律加上1910年颁布的《大清著作权律》,这两部法律均与作品有关,出版法承担对言论的监督控制,著作权法是否兼有此项功能值得研究。著作权法与出版法的区别是什么?《大清著作权律》有无思想检定之目的?这是商约"版权条款"影响清政府制定著作权律的深层次的问题,对认识著作权的本质属性亦十分必要。

(1)著作权法与出版法的区别。

清末,在区分著作权法与出版法问题上,陶保霖及秦瑞玠两人有重要贡献。这两位学人以近代西方法理为依据,对著作权法与出版法的性质、功能作了非常深入的论述。

在《论著作权法出版法急宜编订颁行》一文中,陶保霖认为,从立法目的来看,著作权法与出版法明显不同,著作权法是为了保护个人权利,出版法则是政府检定出版物之善恶。从著作权发展历史来看,著作权法律制度确实承担过对作品审查的功能,但主要在著作权法的第一时期即特许权时期,将著作权法与出版法混淆,对于社会有益之作品予以报酬,无益则不予报酬,出版物之是非善恶,如果是禁止发行之出版物,即不保护其版权。如我国著作权保护在宋代就已经产生,其特点是"保护思想之意多,保护财产之意少",今日保护的著作权的性质亦包含此两种含义,现今译书、教科书流行,学堂发达,保护版权愈益紧迫,著作物之印刷发行,乃商业,保护版权乃商部之责,此时之观念,与欧洲第一时期相仿,采报酬说,从特许主义,用审

---

① 苑书义,孙华峰,李秉新:《张之洞全集》(第11册),河北人民出版社1998年版,第8934-8935页。

查方法，这是过渡时期不可避免之阶段。但是，当今世界，各国著作权立法多不采用此理论，无论何种著作，均享保护之权，并不以社会所受利益为准。陶保霖还举例，比如一不洁之物，置于公众处，警察以有碍卫生禁止之，但不妨碍其物之所有权，如有窃取毁坏仍应赔偿损失，同理，一著作物不能因检定而丧失版权，所以国际版权同盟，不问著作物之性质目的，只认著作权。出版物之检定与报律相仿，依警察法实行，宗旨在于保护治安，维持风俗，著作权法则纯为保护个人私权，与出版法迥然不同。① 显然，陶保霖是以西方天赋人权为理据，说明著作权的不可剥夺性，在当时还是封建皇权专制体制下，这是难能可贵的理论认识。

《大清著作权律》颁布后，秦瑞玠著《著作权律释义》，对著作权法与出版法之目的、性质的区别作了类似的分析。他认为，出版法主要功能在于对初次出版图书的检定，凡妨碍治安风俗，破坏政治、军事及司法图书予以禁止出版发行。且著作者、出版发行者均有承担该书责任，均负呈报之义务，其目的在于"防制禁限"，与报律相同。而著作权律则不同，他认为著作权法之制定，对于国家经济文化及个人都非常重要，著作权纯为一种权利，鼓励人们创作而非用以"防制禁限"，其目的在于保护图书出版后的专有权利。注册为权利之证明，注册只是巩固权利之手续，是著作权之附加条件，而非义务，因而著作权法在于权利保护，出版法在于"取缔"，二者目的"全异"。②

客观而言，对于著作权法与出版法功能定位上的区别，体现了清末学人近代著作权的理性认识，在专制皇权体制下难能可贵。辛亥革命以后，在著作权法与出版法功能定位的区别仍沿用了清末的话语表达。

1915 年，北洋政府颁布《著作权法》，为了鼓励著作者积极申报，以政府公文的形式特别说明著作权法与出版法的区别："著作、出版二法，一基于权利之证明，一属于警察之作用。惟权利之证明本属于私法，故注册之请求与否，可听人民之自由；警察之作用必本于法规，而呈报为责任所归，应

---

① 陶保霖：《论著作权法出版法急宜编订颁行》，《教育杂志》1910 年第 4 期。
② 秦瑞玠：《著作权律释义》，《法政杂志》1911 年第 5 期。

依明文所规定。乃自各本法规定以来，其以著作物请求注册者尚不乏人，而出版之文书图画，依法呈报者寥寥无几。推原其故，实由于人民误会立法之本意，或以为著作权之注册即视为出版物之呈报，或以为出版物之呈报亦属于约法上之自由，不知著作、出版二者不特法律之性质全然不同，即登录之机关亦复互异。且关于书类之出版在本人固负有呈报之义务，即警察机关亦负有检查之责任也。兹本部解释法律奉行起见，应请饬由警察机关布告人民。所有在出版法公布以后，已经出版之文书图画，未经警察机关备案者，应即一律各赴该管警察机关依法补行呈报。嗣后出版之文书图画，除著作权请求注册与否仍听人民自由外，均须依照出版法呈报核办，倘应行呈报而不呈报者，即应受违反之处罚。"①

（2）《大清著作权律》是否具有思想言论的检定功能。

1）著作权特许权时期普遍存在出版许可与审查的结合。

著作权特许权时期，普遍存在版权保护与国家审查的密切联系，《大清著作权律》颁布之前也是如此。

在英国，印刷术的产生不仅催生了图书印刷的特许权，还导致了作品的广泛传播，引发了政府对于出版物的控制及审查。"经过审查的出版许可与出版特权得到巧妙的结合"，出版特权成为封建统治者思想审查的工具，直至英国《安妮法》的出现，才摒弃了封建特许权与思想审查制度，体现了促进作品传播、思想自由的法律价值。②

在中国，我国著作权保护制度在宋代已经产生，其特点是"保护思想之意多，保护财产之意少"③，实际上，把出版前的审查和上述对翻刻的其他限制，以及针对异端材料的厉禁视为更大的控制观念传播的网络的一个部分，而不是要建立一个印制者、书商、作者或其他人的知识产权制度。无论中国，还是早期的西方国家，限制未经许可而复制书籍的观念最初不是出于相信这类作品的内容构成其作者的财产，而是源自国王想要鼓励印刷者不出版异端

---

① 《内外部晓谕人民切实遵照出版法呈报著作物致省长、都统咨》，见中国第二历史档案馆：《中华民国史档案资料汇编》第三辑"文化"，江苏古籍出版社1991年版，第444-445页。
② 吴汉东：《知识产权法律构造与移植的文化解释》，《中国法学》2007年第6期。
③ 陶保霖：《论著作权法出版法急宜编订颁行》，《教育杂志》1910年第4期。

材料的欲求,同样,西方专利法的早期历史也表明了王室想要通过国家力量巩固其地位而不是承认发明者固有的财产利益的诉求。在著作里刊载有关这种国家行为的声明,以反对私自翻印,这不过是出版前检查制度的"副产品"。① 美国学者安守廉的这一论述虽然否认中国古代存在著作权保护,但十分肯定那种保护就是思想控制,这一结论大体属实。

晚清专制政府亦强调图书审查。商约大臣吕海寰对当时新学后出现的官编教科书与私纂课本十分担心,认为两者可以相辅而行,但人自为说,家各成书,未能尽归一律,甚至有些新书互相煽惑,有害世道人心,亟须厘正,以端人心。因此,他提出建议,要求朝廷饬令学部,知照各省督抚会同学政,要求调取各省学堂自纂及诸家私著教科书,详加甄别,严核弃取,其中合宜者准予版权,与官书一体通行,而主张邪说之无益教科书,要通饬学堂不许购置,以强化清末的思想控制。②

2)《大清著作权律》是否有思想言论检定功能的争议。

《大清著作权律》是否有思想言论检定功能,在该法制定过程中即有争议,一直延续至民国初期,争议焦点主要在版权的管理机构及注册制度两个问题。

从著作权的管理机构来看,《大清著作权律》第二条规定,"凡著作物归民政部注册给照",清末,民政部负责民政、警政等工作,对书籍报刊履行检定之职责,清政府将著作权交由民政部管理,用意明显。民政部在向资政院说明著作权律草案理由时表明,草案第二、三、四条等规定所以明检定之权限,其不呈报检定者不在保护之列。③ 民政部在向清帝呈请著作权律的奏折中也表明其检定之意。在该奏文中,表明其职责职司警政,首在保卫治安,治安中尤以集会、结社、新闻、著作等最为重要,所有报律、结社、集会等律,均须经民政部核定实施,阐明著作权在其"保卫治安"的重要管理之中。④ 所

---

① 转引自梁治平:《法律的文化解释》,生活·读书·新知三联出版社1994年版,第252-255页。
② 《吕海寰事奏稿》(光绪二十八年十二月初八),见沈云龙:《近代中国史料丛刊三编(第58辑)》,文海出版社1990年版,第552-554页。
③ 周林、李明山:《中国版权史研究文献》,中国方正出版社1999年版,第86页。
④ 周林、李明山:《中国版权史研究文献》,中国方正出版社1999年版,第88页。

以，从拟订《大清著作权律》的指导思想看，明显具有思想检定的意图。

注册制度是争议最集中的问题。注册制度是各国普遍的做法，中国的著作权法仿照日本，施行注册制，日本著作权法未尝没有检定之意，但是，日本"其检定者，亦只教科用图书而已"。在著作权法修改过程中，张元济主张借鉴日本的做法，只审定教科书即可，而不必文字图书"尽数呈报"。实际上，这是张元济经过仔细权衡之后的结论，一方面，他非常担心言论失范，"商部之意，亦因近日少年好作种种惊人之谈，惑世诬民，不可不严为杜绝，故寄其权于学部，庶邪学无自而萌"；另一方面，现在新书"日出日多"，图书检定极为"繁剧"，最要紧的是对教科书的审定，其他书籍只能"翻阅一过而已"，难免疏漏，如果有"违碍"书，官府却"遽给版权"，则流弊更甚，学部徒增无数"周折"，著作家也会增加无数"窒碍"，而那些惑世诬民之书仍不绝，为何？因其必不肯申请版权。张元济认为，图书是天下法律最难禁者，现在普及教育，一定要设法多出版教科书。可见，张元济的考虑是一种折中办法，检定仅限于教科书，且为了鼓励出版教科书，检定中订立版权律，"必宜扶助之意多，而防遏之意少"，因之，对于第二条必须修改，"鄙意版权律第二条、第十六条……皆有不便，必须更改"。[①] 这是张元济一贯重视教育、重视出版的结果。

秦瑞玠的观点则有所不同。他认为，该律在最初草拟时确有思想检定的目的，但在资政院议定时有所改动，主要争议在第二、三条关于注册的规定。就此，秦瑞玠作了详细的分析。《大清著作权律》规定著作权取得方式实行注册制，是否"寓含思想控制"？秦瑞玠在《著作权律释义》中作了开解式释读。他从该律相关条款的演变角度作了详细分析，认为其具有"寓含思想控制"是一种误解。著作权律草案中，第二条原文为"凡著作物归民政部检定"，这样规定，确实是以著作权律之名，寓出版取缔之目的，"沟合二者为一"，所以，资政院在议决时，有人提出著作物纵有检定之必要，也不宜在著作权律中加以规定，且在注册时即检定，其范围"转失之碍"，资政院最终将"检定"二字予以删除，改为"凡著作物，归民政部注册给照"，因此，

[①] 张元济：《张元济诗文》，商务印书馆1986年版，第160 – 162页。

既然删除了草案中"检定之条文",该法又无其他相关发行禁止方面的规定,因此,不能以草案中之"意旨",牵强于本律,谓著作权律"实隐含出版取缔之目的",此非事实。出版取缔,属出版法令之范围,与著作权律完全不同。①

秦瑞玠在解释第二条时,还进一步从著作权法的功能说明该律并无"检定"目的,"检定"为审查制作物之内容,为出版取缔,是出版法的目的,与著作权律所保护目的完全不同。著作权律"送部注册",是为了证明其权利,所给之执照,是业经注册之"证券也"(证明书),其意即民政部注册并非检定,亦非审查思想内容。关于著作权须由民政部注册给照,秦瑞玠认为,著作权与商标、专利不同,商标、专利在工商部注册,而著作权在日本亦不归工商部注册,为内务部注册,此与中国相同。② 在这里,秦瑞玠强调了《大清著作权律》与出版法的区别,阐明《大清著作权律》并不具有思想检定功能。

张元济、秦瑞玠作为当时人,受时势影响,均认为在草案初期确有思想检定的目的,后来作了修正。《大清著作权律》第四条规定"著作权经注册给照者,受本律保护",1915年《著作权法》第一条规定"下列著作物,依本法注册,专有重制之利益者,为著作权",第二十五条又规定,"著作权经注册后,遇有他人翻印、仿制及其各种假冒方法,致损害其权利利益时,得提起诉讼"。学者李雨峰认为,《大清著作权律》规定注册制度的影响至少有两个方面,一是便于确权,明确版权状态;二是注册制也是国家行使审查制度的需要,以之强化意识形态的控制。③

3)民国后对《大清著作权律》思想检定功能之评价。

明确主张《大清著作权律》具有检定功能的观点主要在辛亥革命以后,以商务印书馆为代表。

辛亥革命以后,国体变更,旧有法律能否适用,出现了一定程度的混乱,1912年9月,内务部发布通告《著作物呈请注册暂照前清著作权律分别核办

---

① 秦瑞玠:《著作权律释义》,《法政杂志》1911年第5期。
② 秦瑞玠:《著作权律释义》,《法政杂志》1911年第5期。
③ 李雨峰:《版权的中国语境———一种历史的考察》,《西南民族大学学报》(人文社科版)2004年第25卷第3期。

通告文》:"查著作物注册给照,关系人民私权。本部查前清著作权律,尚无与民国国体抵触之条。自应暂行援照办理。为此刊登公报,有凡著作物拟呈请注册,及曾经呈报未据缴费领照者,应即遵照著作权律分别呈候核办可也。"《大清著作权律》仍可施行,但并不意味该法没有思想检定功能。

同时,报刊书籍不受中央控制,有较为广泛的自由。1912年3月4日,南京临时政府内务部制定了《暂行报律》,与报界约法三章,出版报刊必须履行登记手续,流言煽惑、破坏共和政体者应受惩处,调查失实、污毁个人名誉者应受处罚。对此,报界纷起反对,章太炎亦大加指责,称民主国本无报律,美法诸国对于新闻杂志,只以"条件从事",无所谓报律,且立法之权,职在国会,内务部敢擅定报律,以侵立法大权,更严厉斥责内务部,"三数吏人,口含天宪,越分侵权,已自陷于重辟"。[①] 可见,民初学人对于言论自由的重视。

为了防止盗版行为的发生,上海书业商会具文向各省督抚呈送,要求各省执行内务部发布的《著作物呈请注册暂照前清著作权律分别核办通告文》,之后,上海书业商会将各省批文汇集登载于《法政杂志》(第二卷第三号),《教育杂志》予以转载,其中有关于《大清著作权律》的评议。上海书业商会是当时最有影响的书业行会,其汇集全国省级行政机关的观点,能够反映当时政府部门对《大清著作权律》的真实意见。该文中,上海书业商会首先肯定《大清著作权律》具有思想检定的功能,认为"前清著作权律立法苛细,颇与共和国国民著作者自由出版之旨不符,将来必将修正",然后分别介绍了各省对《大清著作权律》的评议,以山西省的评议最具代表性,其从著作权是否登记的三种方法角度阐明其具有言论控制的目的。山西省的评议中非常强调言论自由权利的重要性,"立宪国家首以保障人民权利为第一要素,而人民权利之最为尊贵而不可侵犯者,尤莫过于言论自由、著作自由、印刷自由之三者",然后,从著作权产生的三种方法说明《大清著作权律》具有思想审查功能。这三种方法分别是:一为必须登记才能产生权利;二为虽须登记,但不以登记为权利产生的要件;三为不必登记,因创作事实而产

[①] 章太炎:《却还内务部所定报律议》,《大共和日报》1912年3月7日。

生权利,作品创作完成即产生权利与所有权同。各国不尽相同,日本采取第二种方法。清代提出著作权律于资政院时,草案本含有出版法之性质,"盖专制时代,思俦借保护著作之名,以行限制出版自由之实,用意甚狡。后虽经院议修正,而仍不能尽洗限制之臭味",正是由于《大清著作权律》采注册制,所以书业商会不得不"承用亡清之恶主义",必须先登记才能产生权利,仍然有控制言论之目的。① 此后,在 1916 年及 1922 年,上海书业商会两次向国务院、内务部呈交著作权法修改意见的请愿书,在请愿书中直指《大清著作权律》对于出版"限制束缚之意多,利用推行之心殊少",同时要求对现行《著作权法》予以修改,以保护著作者、出版者的权利。②

三、被动移植还是主动保护——近代中国著作权法律制度的道路选择

作为外部因素,清末中外商约"版权条款"对近代中国著作权法律制度的影响主要是,通过条约将保护外国人的版权"制度化",开启了近代中国移植西方近代著作权法律制度的进程。但是,如何制定中国自己的著作权法,取决于中国政府,并没有像《商标法》的制定那样深受西方列强的影响,而是独立自主地制定了中国自己的著作权法律制度。

(一)清末中外商约"版权条款"与近代中国著作权法律制度"移植法"的色彩

1937 年,南京司法部创办的刊物《现代司法》载文《中外著作权互惠问题》,对中外版权诸问题作了非常详细的论述。在谈及中外商约"版权条款"与我国著作权法律制度之关系时,指明"在该二约(指中美、中日商约)以前,我国本无所谓著作权。故二约不特为外人在华享有著作权之嚆矢,且亦

---

① 《各省关于著作权律之批语汇评》,《教育杂志》1912 年第 4 卷第 7 期。
② 周林、李明山:《中国版权史研究文献》,中国方正出版社 1999 年版,第 163 页。

为我国人民享有著作权之起因"。①

1. 清末著作权法律制度移植的文化土壤

虽然晚清政府制定了近代意义上的著作权法，但是，作为私权，与西方比较，近代中国缺乏应有的文化土壤，必然限制了该部法律的效力，产生诸多问题，有关清末著作权法的争议正源于此。

在清政府与日本、美国的"版权条款"谈判中，美、日的立论重点是版权保护的正当性是基于近代资产阶级的劳动创造价值论、人权理论，以及反对不正当竞争的需要。在急切的救亡图存的时代背景下，清政府保护版权的出发点则是启蒙与救亡，是对社会意识形态的进一步的控制，二者大异其趣。清政府的商约谈判代表、朝廷重臣，以及学界、出版界人士，反映这种观点的言论比比皆是，因而，学者普遍认为，清末著作权法律制度的移植缺乏足够的土壤。著名的知识产权学者吴汉东教授等作了非常精辟的分析，在封建特许权向资本主义财产权转化的过程中，英国、法国、德国、美国知识产权是内在的自发结果，虽然也有法律移植，但是在相同或相似的社会文化基础上完成的，是一个自然的演化过程，它经历了文艺复兴、宗教改革、罗马法复兴以及资产阶级革命几百年的文化准备。"思想自由是自由主义精神的核心内容，也是近代知识产权法律构造的灵魂所在。思想自由本是一项政治性权利，其内容包括创作自由、学术自由、艺术自由、言论自由、出版自由等。"1789 年，法国《人权和公民权宣言》第十一条规定："自由传达思想和意见是人类最宝贵的权利之一。因此，每个公民都有言论、著述与出版的自由。"美国宪法也规定"推广知识传播、公共领域保留、保护创造者权利"三项知识产权政策。知识产权法的产生，是近代社会法律革命与制度变迁的结果。与西方国家不同，中国封建特许权制度的存在与近代知识产权法的产生缺乏历史链接，中国未能完成这一历史转变。"建立在个人主义、自由主义、理性主义基础之上的西方知识产权法，移植于义务本位、专制主义、人伦理性的中国传统文化土壤中，难免会产生'水土不服'的法律异化后果"，

---

① 曾特：《中外著作权互惠问题》，《现代司法》1937 年第 2 卷第 10 期。

因而,"知识产权法律,在中国历史上既没有制度传承,也缺乏文化土壤"。①

1908年8月,清政府颁布《钦定宪法大纲》,其中,关于臣民的权利与义务中规定:"臣民于法律范围以内,所有言论、著作、出版及集会结社等事,均准其自由。"但是,实际上,清政府并不愿意如此,晚清的仿行立宪纯粹就是一个骗局,其仅具有思想史的意义。

当然,清末移植西方的著作权法律制度并非全无"历史链接",有限的"历史链接"体现在中、西共有的"禁擅镌"制度,反对盗版,这是中国接受西方近代著作权理论最核心的价值观。即使《大清著作权律》颁布,已经开始实施著作权从特许权向私权的转变,但是,皇权体制下著作权的私权属性仍然受限,主要表现在对图书出版的检查、审查制度。如更早之康熙、雍正、乾隆时期的文字狱反映出皇权对于思想言论的极端控制,也反映皇权体制下版权的"无能为力",皇权体制下如何处理作品,亦如其处理所有财产一样。

2. 清末中外商约"版权条款"是近代中国著作权法移植的起点

清末中外商约"版权条款"规定由中国政府按照保护商标的办法制定法律,保护涉外版权,因此,制定著作权法是履行商约"版权条款"的必然结果,促使清政府将制定近代意义的著作权法提上了议事日程。履行商约"版权条款"是中国制定著作权法的一个重要的直接动因。

中外商约签订后,西方不断催促清政府制定著作权法。光绪三十年(1904)正月二十九日,美使致函清外务部,称中美商约已经批准换文,该约第九、第十与第十一条载明设立衙门,定专律保护其商标、专利、版权,"本大臣兹据美国商人禀询上项各款,应请明告如何保护方得享此利益,望早为查核,作速见复"。中方告以专管商务衙门"现当开办伊始,百端待举,所有商标注册及保护创制各物与书籍等保护之法,本部正在妥拟章程,编订专律"。

日本政府也催促清政府制定著作权法。1906年10月,据《大公报》援引日本媒体记载,日商所刊行各种图书被中国人随便翻刻,利益"异常受

---

① 吴汉东:《知识产权法律构造与移植的文化解释》,《中国法学》2007年第6期。

亏"。上海为人文荟萃之区，印书局不下数十家，翻刻之业甚盛，销售又大而侵害利权极巨。"此其版权虽有犹无"，而中日商约版权保护"久已悬案未见实行"，为此，日商曾屡次向日本政府建议落实中日通商条约内版权保护问题，日本政府"颇为俞允"，答应与中国交涉。①

1904年1月，为制定著作权法作准备，刚成立不久的商部即组织人员翻译国外著作权法，"文明书局编译教科书数十种，呈请商部奏明立案通饬各省严禁翻版，已蒙批准，闻商部某司员日前奉堂谕译辑版权法律，以便奏准见诸实行"。1905年5月拟定初稿。不久，清政府设立学部，制定著作权法工作交由学部。"学部制定版权一事，闻其内容系按照商部前定之大概量为增删，惟尚须大加磋议，以期尽善，日内尚不能即行宣布，缘部署各堂对于此事极为慎重也。"②1906年，民政部成立，著作权法的制定工作又移交给民政部。从1904年开始，断断续续6年时间，至1910年，终于颁行《大清著作权律》。

3.《大清著作权律》是一部典型的移植法

《大清著作权律》是清末法制改革的一部分，中国本无著作权法，也无制定著作权法的立法经验，在该法制定过程中，与其他法律一样，是移植外国法的结果。确切地说，《大清著作权律》移植了日本1899年的著作权法。③

学者王兰萍对《大清著作权律》和《日本著作权法》作了比较研究，认为，《大清著作权律》共55条，其中32条是从《日本著作权法》中移植而来。④ 1899年，日本在其著作权的立法时借鉴了大陆法系尤其是德国的著作权法，其中，规定著作权为作者"专有复制该著作物之权利"，把著作权界定为财产权，没有正面规定人格权。《大清著作权律》也是如此，第一条规定，"凡称著作物而专有重制之利益者，曰著作权"，重制权即复制权，强调著作权的内容主要是财产权。关于人格权保护方面，《大清著作权律》有三

---

① 《裹议保护版权事宜》，《大公报》（杂记）1906年10月16日。
② 《学部慎重版权》，《大公报》（要闻）1906年4月26日。
③ 王兰萍：《近代中国著作权法的成长》（1903—1910），北京大学出版社2006年版，第99页。
④ 王兰萍：《近代中国著作权法的成长》（1903—1910），北京大学出版社2006年版，第120页。

条涉及人格权的规定，第三十四条规定"接受他人著作时，不得就原著加以割裂、改窜及变匿姓名或更换名目发行"；第三十五条规定"对于他人著作权期限已满之著作，不得加以割裂、改窜及变匿姓名，或更换名目发行"；第三十六条规定"不得假托他人姓名发行己之著作"。这些规定均涉及人格权，但是从侵权的角度予以保护，不是正面授予作者人格权。秦瑞玠在《大清著作权律释义》中认为著作权"宜为人格权"，又纯为"财产权"，具有双重属性。

从法律体系来看，《大清著作权律》共五章，包括：通则、权利期间、计算、呈报义务、权利限制，另加附则，关于著作权的概念、著作权的主体、著作权的客体范围、权利内容、保护期限、申请程序、权利限制、侵权惩罚等均有规定，内容详明，奠定了我国著作权法的基本体系。此后，1915年北洋政府制定的《著作权法》、1928年南京国民政府制定的《著作权法》均沿用此例。

（二）清末中外商约"版权条款"与近代自主制定著作权法律制度

近代中国著作权法律深受清末中外商约"版权条款"的影响，但是，从近代中国著作权法律制度的演变过程来看，清政府及民国政府又摆脱了西方的干预，走上了独立自主的立法之路。究其原因，一方面，清末尤其是辛亥鼎革以后，中国国家主权意识逐渐增强；另一方面，相较于商约"商标条款"及"专利条款"，商约"版权条款"是具有实体性质的条款，内容具体，有较强的可操作性，在缺乏著作权法的情形下仍然可以适用。

1. 制定著作权法是近代中国的内在需求

制定著作权法是中国内在需求，这是清政府及民国政府自主制定著作权法的社会基础。戊戌变法后，新式教育、出版文化产业勃然兴起，梁启超有言："戊戌政变，继以庚子拳祸，清室衰微益暴露。青年学子，相率求学海外，而日本以接境故，赴者尤众。壬寅、癸卯间，译述之业特盛，定期出版之杂志不下数十种。日本每一新书出，译者动数家。新思想之输入，如火如荼矣，然皆所谓'梁启超式'的输入，无组织，无选择，本末不具，派别不明，惟以多为贵，而社会亦欢迎之。盖如久处灾区之民，草根木皮，冻雀腐鼠，罔不甘之，朵颐大嚼，其能消化与否不问，能无召病与否更不问也，而亦实无卫生良品足以为代。"①

盗版是自古以来的顽疾，至20世纪初，新书一经出版，射利之徒竞相翻印，不仅西方人不满意，中国人自己也不满意，作者、出版者、学界、清政府等均有保护版权的要求。

从作者角度来看，清末"新政"后，废除科举，举办新学，亟须统一课本。光绪二十八年（1902）7月，管学大臣张百熙在《奏进大学堂章程》中便临时开列了书目，发放到各省，要求各省"即饬翻刻印行，发交各学堂，由教习查照课程，分科选授可也"。② 结果各省官私书局据此以为撤销了开列书籍的版权，大量翻印，给当时保护薄弱的版权市场造成很大冲击，对此，严复的体会最为深刻。对于当时传言有撤销版权之语，严复甚为焦急，上书管学大臣，指出版权的重要性，认为国之强弱贫富，纯视其民之文野愚智为转移，版权之兴废，绝非细故，国家无版权法，出书必少，于教育之不利可想而知；次则作者著书，疲精劳神，耗其心力，若夺其版权，那么辛苦之事，"谁复为之？"所谓版权就是补偿著书者"之前所耗也"，且东西各国对于版权"莫不重其法者"，如果"国无版权之法者，其出书必希，往往而绝。希且绝之害于教育，不待智者而可知矣"。③ 严复从作者角度强调版权立法的重要性。

从出版者角度来看，1902年6月，廉泉创办文明书局，大量出版教科书，所出图书皆经审定，嗣后凡文明书局所出各书，请管学大臣"明定版权，许以专利"，并令全国大小学堂、官私印刷局所不得私自翻印，得到管学大臣的批准，嗣后文明书局所出各书，准其随时送候审定，加盖审定图章，严禁翻印。④ 虽然文明书局的书籍受到官方保护，"明定版权"，对于一般的盗印者可以起到震慑作用，但是，当时并无版权法，对于北洋官报局的盗印行为只能另当别论。出于利益的追求，北洋官报局公然盗印文明书局的

---

① 梁启超：《清代学术概论》，上海古籍出版社2005年版，第97—98页。
② 《管学大臣批答廉惠卿部郎呈请明定版权由》，《大公报》（专件代论）1903年6月4日。
③ 《与张百熙书》（二），见《严复集》（三），中华书局1986年版，第577页。
④ 《廉部郎上管学大臣论版权事》，《大公报》1903年5月22日。

图书，袁世凯还电请商部及大学堂撤销文明书局印书的版权，廉泉痛感其版权得不到有效的保护，在向商部申述理由的同时，请求清政府"援东西各国之公例，将版权法律奏准通行，于朝廷兴学、保商之政不无裨益"。①

中外商约"版权条款"的规定，引发了国内舆情，当时即有人认为："此次美日商约，皆版权专条，日本书肆，咸思编译汉文书籍，贩运来华，夺我利权，且以资我开化为词。吾之版权不能自保，而外人之著作，吾官长必遵约为之保护，严禁翻印，主客之情颠倒若此。"②

学者陶保霖认为，著作权法、出版法与教育前途关系最为密切，以今日情形，万不能缓。古代著书、印书几视为慈善事业，与今日追求盈利相反，不能因出版法尚未编订，而妨碍著作权法之制定，此时宜编订著作权法及著作登记法，版权保护才有依据。③

此外，由于清政府保护著作权不力，出版界纷纷自发组织，成立行业协会以自保。首先，外国人成立了版权公会，美国教会某书局之人，"将联合京沪等处各书局，自立版权公会，凡盗翻新书者，由会中自行查办，不复借重官场"。④ 1904年底，北京某书局"具禀商部，拟在上海、北京设立书会，以期互通声气而禁私行翻印"。⑤ 1904年12月28日经商部批准，北京书业商会成立于1905年，上海书业商会也相继成立。这些旨在保护著作权的民间社团的成立无疑也是促进清政府制定著作权法的助力。

1911年，清政府民政部在《大清著作权律》颁布后不久的"晓谕"中，分析了现行的版权特许权制度的不适应以及颁布著作权律的原因，认为，由于文艺、美术作品日新月异，欧美各国均定有专门保护法律，而我国载籍宏富，技艺精良，殚毕生精力著成之书发行不久，尚未酬劳，而剽窃者反已获利，现行的著作权保护制度严重滞后，有鉴于此，特厘定著作权律。自该律实施之日起6个月内呈报，逾期不予保护，该律实施前三十年内已发行之著

---

① 《廉部郎声复商部请奏订版权法律呈稿并批》，《大公报》（附张）1904年4月17日。
② 《商部速订版权之原因》，《时报》1905年10月17日。
③ 陶保霖：《论著作权法出版法急宜编订颁行》，《教育杂志》1910年第4期。
④ 《拟立版权公会》，《大公报》（事实要闻）1904年3月6日。
⑤ 《书业开会》，《大公报》（中外近事）1905年1月25日。

作,均可呈报,仰即迅速遵章呈报,以卫私权。①

从民间到官方,从作者到出版机构,均有制定著作权法的强烈愿望,这是近代中国独立自主制定著作权法律制度的内生动力,也是根本原因。

2. 著作权国际保护主义趋势的中国应对

自1886年《伯尔尼公约》诞生,著作权的国际保护渐成趋势,清末中外商约谈判恰处国际版权扩张时期,美日提出版权保护是著作权国际保护趋势扩张的结果。

在中美、中日商约谈判中,著作权国际保护趋势对清政府形成了较大的压力。此前,日本舆论界即要求日本政府与清政府签订版权保护的协议,蔡元培等予以回应。现在,美日商约谈判中又提出版权保护条款,在中国引起了激烈的反应,是否加入国际版权公约,是朝野必须面对的"话题",《外交报》1902年第2号刊发了《驳美日两国索要版权》一文,文中根据中国国情,提出《伯尔尼公约》"在民智既进时则可,在民智尚幼稚时则大不可"②的观点,这成为此后中国一直反对加入国际版权同盟的主要理由。此后,秦瑞玠也认为,中国目前处于翻译模仿时代,而非创造时代,各种科学"多恃取资外籍,而非外籍所取资"。

中国朝野虽然普遍反对加入国际版权同盟,但一致认为必须制定著作权法,保护版权。在商约谈判中,以张之洞为首的谈判团队最终接受了商约"版权条款",应该说与国际版权保护的大势不无关系。

1910年,民政部向资政院详细说明著作权律草案各条文中,其理据无不参照世界上其他各国著作权法的相关规定。如第一条,关于著作权的定义,美国、匈牙利等国著作权法规定"重制权",同时又规定发行权,发行权本包含于"重制权"中,是重复规定,因而采德国、比利时等国立法主义,仅规定"重制权"。第二章中关于保护期,参考各国规定,最后取德国、奥地利、匈牙利等国做法,著作权保护期为著作者终身后,可继续三十年。

3. 中国自主制定近代著作权法律制度

商标法的制定过程中,迫于西方的压力,加之清政府毫无商标法的立法

---

① 周林、李明山:《中国版权史研究文献》,中国方正出版社1999年版,第96页。
② 《驳美日两国索要版权》,《外交报》1902年第2号。

经验,轻易授权英国人赫德等帮助制定商标法,结果造成了西方列强对清政府商标立法的严重干扰,持续至1923年。前车之鉴,在著作权立法中,虽然受商约"版权条款"的影响,但清政府及民国政府摆脱了西方的干预,走出了独立自主的立法之路。

立法权是一国主权之一,在制定著作权法过程中,不受外部影响,严格按照中外商约"版权条款"保护涉外版权。

1910年《大清著作权律》颁布。从该法制定的过程来看,该法以日本1899年《著作权法》为蓝本,并未像制定商标法那样受到西方的严重干扰,且该法未规定保护外国人版权。该法颁布以后,在国际上引起了一定的反响,德国媒体作了报道,瑞士伯尔尼公约办事处曾向清政府驻奥大使沈瑞麟问询,要求将其翻译成英文、法文以在其会刊上登载。①

1915年北洋政府制定《著作权法》,从条文内容来看,沿袭了《大清著作权律》的做法,没有保护外国人版权的规定,引起了法国政府之特别注意,因其未使法国著作家享此权利,并未能够加入国际版权同盟。

1928年,南京国民政府颁布新的《著作权法》及实施细则,首次在著作权法实施细则第十四条规定了保护外国人著作权,美国等西方国家却大为不满。为此,1930年6月,美国驻华使馆向外交部提出两点异议:其一,关于保护期,外国人著作权保护年限比中国人大为减少;其二,保护的客体范围,中国官厅可以借口外国人著作物非专供中国人所用而拒绝保护。其理由是,中国著作权法保护中国人著作权年限为五十年,外国人只有十年,中美商约规定,中国人民著作物之保护,应一律实诸在华美国人民之著作物。对此,外交部回应称,我国著作权法实施细则第十四条并未违反中美商约第十一条,美国人著作权保护十年乃中美商约第十一条的规定,当时,中国尚未颁布著作权法。后外交部与内政部咨商,决定对此点于美国人民暂不适用,报国民政府备案,予以让步;但是,对于保护范围则"未允所请"。双方争议的焦点在于商约中"无论何国,若以所给本国人民版权之利益一律实诸美国人民之者,美国政府亦允将版权律例之利益给予该国之人民"的理解。对此,曾

---

① 丁进军:《清末修订著作权律史料选载》,《历史档案》1989年第4期。

特在《中外著作权互惠问题》作了非常详细的分析，他认为，该条文分为两部分，此句为清末中外商约"版权条款"之前段，是商约"版权条款"之"序文"，故该条款后有"中国政府今欲中国人民在美国境内获得版权之利益，是以允许凡专备为中国人民所用之书籍……由中国政府援照所允保护商标之办法及章程，极力保护十年"之规定，细思当时立法本意，因中国尚未有著作权法而美国要求保护著作权，所以在约文中美国乃申说该条第一段，请求中国政府在某种条件下，特许美国人民享有著作权，在当时实为一种"特权"之允许，再看其他国家条约内，并无此项规定，十分明了，所以美国许可中国人民之著作物以本国人之待遇，乃美国人在华获得著作权之交换条件。所以，依据中美商约之规定，美国本来负有给予中国人民之著作物以本国人民待遇之义务，而中国则并无以本国人待遇完全给予美国人民之必要。①

中国制定了保护版权的法律，且主体范围包含外国人，但是，"外国人正同中国人相反，在这方面的情形很为狼狈"，因为实际上，法律并没有保护他们的著作，以美国人为甚，他们并提起了琐碎的诉讼。威洛白对于中美几起版权案例判决评论道："这个案子明明是上海商务印书馆的翻印行为，然而，因为这本书既不是用中文出版的，又不是'专为中国人民教育之用'的，所以法院宣称与中美条约无关。"对于外国人作品的转载权、翻译权、改编权、摄制权、广播权、录制权皆无保护。②

近代中国在制定著作权法律过程中，既有外部压力因素，也有内生动力，如何看待内外因素在其中的作用呢？学界对此理解有歧义。学者夏扬认为，在制定著作权法的过程中，国内出版机构向清政府提出了版权保护的要求，国外出版机构也向清政府提出了版权保护的要求，不过前者的要求促成了版权法的制定，后者的要求最终落实到政府之间的条约而非版权法上，所以不能简单地将版权法的制定完全归因于国内法的自然发展，也不能将版权法的制定完全归因于外来压力。列强在华均享有领事裁判权，外侨可以依照其本国法

---

① 曾特：《中外著作权互惠问题》，《现代司法》1937 年第 2 卷第 10 期。
② 罗文达著，高庆琛，丁龙宝译：《中国版权法》，《报学》1941 年第 1 卷第 1 期，第 70 - 72 页。

享有版权权利而无须依据驻在国的法律规定。依此原则，即使中外商约中没有版权保护规定的内容，外国侨民的版权仍然可以在中国得到保护，西方列强之所以坚持要在商约中加入版权条款，其目的无非是为强化清政府的国家责任，促使清政府采取各种措施保护外商版权。[1] 这里需要进一步强调的是，西方将商约"版权条款"强加于中国，其结果反而丧失了其依据治外法权所享有的更广泛的权利，中国在其后制定、修改著作权法的过程中，完全排除了西方的干扰，独立自主地完成了著作权法立法，正如吴汉东教授所言，"中国知识产权法的历史是一个从'逼我所用'到'为我所用'的制度变迁史，也是一个从被动接受到主动安排的法律移植史。"[2] 清末商约"版权条款"只是清政府制定著作权法的起点。

---

[1] 夏扬：《外来压力还是内在需求？——重新认识近代知识产权制度的建立动因》，《西南民族大学学报》2011 年第 8 期。

[2] 吴汉东：《知识产权法律构造与移植的文化解释》，《中国法学》2007 年第 6 期。

| 第三章 |

清末中外商约"专利条款"：
缘起、实施及影响

第一节 清末中外商约"专利条款"的缘起

近代以来，科学技术逐渐成为全球经济增长最重要的推动力，而制度变迁则为科学技术进步提供了基础性的保障。① 交通运输的便利，国际交流的频繁，远程贸易的兴盛，国际贸易中技术因素的增长，客观上要求知识产权的国际化保护。18世纪英国工业革命带来社会经济制度的根本变革，工业产权是顺应国际经济技术交流在法律上的回应，1883年，《保护工业产权巴黎公约》制定以后，英国、法国、美国、德国、日本等主要资本主义国家相继加入，形成专利国际化的保护趋势，这是清末中外商约"专利条款"产生的历史背景及重要原因。

一、清末中外商约谈判前专利保护的历史现状

1. 太平天国时期洪仁玕的专利思想

我国先秦已经出现"专利"一词，最早见于古代文献《国语》，"今王学

---

① 吴汉东：《国际变革大势与中国发展大局中的知识产权制度》，《法学研究》2009年第2期。

专利，其可乎？匹夫专利，犹谓之盗，王者行之，其归鲜矣。"① 此处"专利"是指通过垄断而牟取暴利。秦之后，汉武帝时期出现了"盐铁专卖"、宋朝"禁榷"制度等，虽然没有"专利"字词，但其具有利益垄断、行业垄断之意，至近代，"专利"一词常常被用来对译西方的近代专利，实际上，中国古代并无近代意义的专利概念。

鸦片战争以降，欧美列强浮海东来，近代意义的专利制度作为"舶来品"传入中国，最早介绍西方专利制度的是太平天国后期领袖洪仁玕。金田起义后，由于没有赶上洪秀全的起义部队，洪仁玕被迫逃亡至香港，在香港滞留期间，他留心学习西方文化，思想上有了质的变化，撰写了著名的启蒙思想名著《资政新篇》。该书刊行于1859年，介绍了西方的物质文明及典章制度，主张学习西方文明，走西方富国强兵之路，其中，在介绍西方的科学技术及专利制度时，洪仁玕提出了自己的设想，"倘有能造如外邦火轮车一日夜能行七八千里者，准自专其利益，限满准他人仿做"，"以坚固轻便捷巧为妙，或用火用气用力用风，任乎智者自创。首创至巧者，赏以自专其利，限满准他人仿做，若愿公于世，亦禀明发行"，"有能造精奇利便者，准其自售，他人仿造，罪而罚之。即有法人而生巧者，准前造者受为己有，或招为徒焉。器小者赏五年，大者赏十年，益民多者数加多，无益之物，有责无赏，限满准他人仿做。"② 从洪仁玕的这些主张可以看出，奖励技术发明，获得一定时期的独占权，并禁止他人仿造，已经具备西方近代专利制度的基本内容。但是，在当时特殊的政治环境下，洪仁玕的这一主张不可能施行，随着太平天国的覆灭，其仅具有思想史上的意义。

此外，1875年，王韬在《瓮牖余谈》中也介绍了西方的专利制度："英、美、法三国设立成例，凡民间有独出心思，精创一器一艺者，许其专利，或著书，或医药，或工作，类皆专门名家，他人不能模仿影射，籍希行世，夺其利薮。所以怀才抱异之士，不患致富之具也。惟是某人创制某物，必先奏明国家，给以文凭，方许行之久远。其设立文凭之法，自古所无，今则欧罗

---

① 史延庭：《国语》，吉林人民出版社1996年版，第6页。
② 洪仁玕：《资政新篇》，见中国史学会：《中国近代史资料丛刊·太平天国》（二），上海人民出版社1957年版，第523页。

巴及亚墨利加皆有之矣。"① 从内容上看，王韬对西方专利的介绍比较模糊，既有专利，也有著作权，专利可以理解为产业垄断，也可以理解为专利技术特许，反映出他对西方专利制度较为粗浅的认识。

2. 洋务运动时期近代专利制度的初步实践

洋务运动是我国近代专利法律制度的萌生时期。在镇压太平天国起义过程中，晚清部分地方实力派如曾国藩、李鸿章、左宗棠等认识到西方坚船利炮的重要性，开始大力仿行，纷纷创办西式军工企业及民用企业，至甲午战争之前，军工企业计有二十余家，民用企业五十余家，在此过程中，诞生了中国第一例专利。光绪初年，李鸿章在上海创办了上海机器织布局，这是我国第一家机器织布局，其目的是抵制外商纱布进口，与洋商分利，也是一家官督商办企业。为了进一步垄断织布行业利润，1881—1882年，上海机器织布局总办郑观应先后两次通过李鸿章向朝廷奏请，要求获得机器织布的专利权，并获批准，"公禀傅相，奏设上海织布局，限期十年，不准他人搀夺。如限期内有欲添设者，或另开纺纱厂，均由该局代禀，酌抽牌费"②，具体做法，"十年以内只准华商附股搭办，不准另行设局"③，这就是"十年专利"的由来。其主要特点是，十年期限内，上海机器织布局享有机器织布的专利，禁止华洋商人在通商口岸利用机器另行设立纱厂。

近代西方的专利制度，其核心是为了鼓励发明创造，授予发明人一定时期的专有权，并对发明技术仿制行为予以规制。郑观应在申请"十年专利"时，一再声称其依据是仿照西方专利制度，"查泰西新例，凡新创一业为本国所未有者，例得俾以若干年限，许以专利之权。又如在外国学得制造秘法，其后归国仿行，亦合始创独造之理"④。事实上，洋务派所称专利实则是利用官府权威仿制西方专利技术，设厂制造，禁止其他市场主体使用机器开设纱厂，排斥其他同行进入，实行行业垄断，并非仿形"泰西通例"。其后，湖

---

① 薛理勇：《旧上海租界史话》，上海社会科学院出版社2002年版，第242页。
② 中国史学会：《中国近代史资料丛刊·洋务运动》（一），上海人民出版社2000年版，第566页。
③ 《李鸿章全集》（卷43）第3册，海南出版社1997年版，第1339页。
④ 郑观应：《盛世危言后编》，见夏东元：《郑观应集》（下），上海人民出版社1988年版，第534页。

广总督张之洞欲在武昌兴办湖北织布局,由于尚在李鸿章"十年专利"保护期内,不得不去电李鸿章,咨询能否设厂:"十年内不准另行设局是否专指上海而言?粤设官局,本与商局有别,且进口布多旺销,断非沪局所能遍给,粤不至侵沪局之利,望速电复。"① 李鸿章答:"粤设官局,距沪较远,似无妨。"② 但是,如果民营企业创办机器纺纱厂则不会被批准,当时,上海、湖北即有民营企业筹办纺纱厂的计划,均未成功。洋务派的"十年专利"的行业垄断性质与目的十分明显,并非近代西方专利制度,恰与封建"专营"制度类似,正如学者所言,洋务派"援用西方奖励创造发明的'通例',凭借封建权势以垄断机器生产……歪曲专利权的内涵"。③ 其后,这种类似的官督商办企业还有垄断漕运专利的轮船招商局、国家电报局等,并且逐渐从官办企业扩及民营企业,如大生纱厂、天津自来水公司等,以行业垄断、产业垄断或地方垄断理解西方近代专利制度,实际上是中国古代传统"禁榷"制度的承袭,误解了近代西方的专利制度,这种认识上的误差一直延续至清末"新政"时期,在民国初期仍有余绪。

  19世纪80年代,曾发生一起洋商设厂的争议,将洋务派对西方专利的误解表现得淋漓尽致。1882年,美商丰泰洋行经理魏特摩(W. S. Wetmore)及英商祥生船厂经理格兰特(T. V. Grant)拟在中国筹办纱厂,听说已有设厂之禁令,特请美国驻华公使杨格(J. R. Young)照会清政府总理衙门,查询此事。当年10月18日,总理衙门复函称:"前年北洋通商大臣批准上海华商新设织布公司,予限十年内只准华商入股,不准他人再设,业已奏明在案。盖因机器织布系中国创举,必须酌情妥为保护,庶期数年之内得以渐沾利益,若准许他人设厂夺利,则首先试办者将被排挤,几无自立。是故不准华商另行设厂,然则何能反而准洋商得设厂欤。"④ 谓机器纺织已经取得专利权,中外商人不得另行设厂。对此,西方外交使团认为清政府的说法"显然出于误

---

① 《张文襄公全集》(卷131《电牍》十),中国书店1990年版,第16页。
② 《李文忠公全集》(电稿卷十),文海出版社1965年版,第39页。
③ 林平汉:《"十年专利"与近代中国机器织布业》,《学术月刊》2000年第10期。
④ 赵冈,陈钟毅:《中国棉纺织史》,中国农业出版社1997年版,第140页。

会","该争议无疑是涉及垄断问题,与专利全然无关"。①

随着经济的发展,这种"设厂专利"阻碍经济发展的现象愈益明显,"十年专利"的始作俑者郑观应后来也反思"十年专利":"侧闻前此上海布局开办之初,有禁止仿效,准其独行,其说岂狃于泰西有保护创法者独行若干年之例而误会之耶!夫泰西此例本为鼓励人才兼筹其创始之劳,不闻因人有法而复禁仿效者,况中国此举系欲收回利权,以拒敌洋纱洋布来源之盛,非与本国人争利也,设若误行此例是何异临大敌而反自缚其众将士手足,仅以一身当关拒守,不亦惧乎?"②

3. 戊戌变法时期专利法律制度的发展

1894年,甲午战争的失败,极大地刺激了清政府,戊戌变法期间,为了"智民富国",以康有为为首的维新派提出了一系列发展经济的改革措施,得到光绪皇帝的支持,其中包括创立专利制度,称其为"致富致强之道",必须"劝励工艺,奖募创新"。1898年,清政府颁布了《振兴工艺给奖章程》③,学界一般认为这是我国第一部专利法。但是,从这部法律的内容来看,它与近代《专利法》有较大距离,严格来看,只是一部奖励法。该法共12款,既有鼓励文化创作的版权内容,也有鼓励发明创造的内容,不能说是一部纯粹的《专利法》。在鼓励发明创造方面,该法把发明创造按照创新程度分为三类,一类为国际领先的发明创造,能够"自出新法制造船、械、枪、炮等器",且胜出西方,或采用新法修建铁路、电报者,予以特赏,并可专利五十年;二类发明创造为西方所无而于日常生活有益者,"请给工部郎中实职,许其专利三十年";三类为能够仿造西方机器者,"请给工部郎中实职,许其专利十年"。申请程序上,"必由总理衙门认真考验实属新书新器,乃得给奖",如果"私贩洋货、自称新器及兴办各事,捏报不实等情,自应从严驳斥,显暴于众以愧耻之",对于作假者予以严惩。该法虽然具备专利法雏形,但是,由于没有相应的申请程序,缺乏可操作性,清政

---

① 方流芳:《公司:国家权利与民事权利的分合》,中国人民大学博士论文1992年。
② 陈忠倚:《皇朝经世文三编》(卷61),上海书局光绪二十八年(1902)石印本。
③ 冯晓青,刘友华:《专利法》,法律出版社2010年版,第22页。

府也无专门的技术人才,随着戊戌变法失败,该法也就不了了之。

该法颁布不久,福州人陈紫绶发明纺纱机器,委托前任闽海关税务司爱格尔绕道至京向有关部门申请专利执照,据称,该项机器"曾经机学名家考验,实为灵便合用之新法",申请按照西例发给专利执照,最后允准:"总税务司转饬陈紫绶将前项纺纱机器解署呈验,确为有用之器,制价亦廉——核案给发执照,准其专利十五年。"①另据1889年《湖北商报》载:"宁郡伟成织布局主王承准,独出心裁,置办机器,制造各样布匹,颇与专利新章相符,禀请转详,已有邑遵,详情抚宪核办。昨奉抚宪刘中丞来文,以该局创制造布,核与定章相符,应准其专利二十年云云。"②这些是清末有文献记载的为数不多的专利特许案例。

在清末中外商约谈判之前,尚未发现外国人在中国申请专利的确切史料,但如果外国人向清政府申请专利保护,可以比照商标、版权取得特许权,应无疑义。中国人赴国外申请专利,并无直接史料,在中美商约谈判中,中美双方代表均言及有中国人在美国申请专利的史实。中美商约谈判中,"专利条款"谈判极为艰苦,双方立场分歧明显,中方一再反对"专利条款"。为了说服中方,美国谈判代表提出一个理由,即美国已经保护中国人专利,因此,要求中国"亦应照此保护,以合报施公理"。且中方谈判代表伍廷芳也承认此点,他在给张之洞的谈判电文中说:"廷芳使美时,闻有华民曾赴美国专利衙门注册者,并非美使造言。"③中国人在美国已经申请专利,这一事实应该是促使中方接受美方"专利条款"的一个动因。当然,在中美商约谈判前,保护涉外专利的需求并不十分迫切。

清末,相较于洋务派,清政府对于西方的专利制度有进一步的清醒的认识,商部在给朝廷的奏折中称:"给凭专利权与法国而英美德奥等国仿之,迄今欧西已成通例矣,故其性质不容不辨。盖所以允其专利者,缘此器物通国所无,由彼发明创造,是以奖励而酬报之。此属于提倡工艺范围,与商业保障显有不同。乃近日往往混而为一,寻常物品非出创制,一设场厂便请专

---

① 《湘报》第157号。
② 《示准专利》,《湖北商报》(各省商情)1899年第7期,第14页。
③ 苑书义、孙华峰、李秉新:《张之洞全集》(第11册),河北人民出版社1998年版,第9070页。

利若干年，致后来者无所发展，此直垄断而已，是宜明定章程以取缔之也。"① 将之前洋务派的"十年专利"视为垄断，并且认为其"十年专利"妨碍了后来者的发展。

有职商马某禀请商部在山东开一家松华煤业公司，想申请"专利"，业由商部咨行抚，现在咨复到商部，商部谓，此事既非制造又非新法，难予专利，况包办挖煤，未免垄断，着不准行。②

对于违反已经授予的特许专利，清政府予以严查。"汉口燮昌火柴公司以前蒙鄂督批准专利二十五年，限内不准他商另设火柴厂。近有汉镇人吴得厚等勾结日商福岛丰太郎买硚口外基地续开火柴厂，有碍销路。特禀请商部转咨鄂督照会日本驻汉领事，禁阻日商不得于该公司专利年内在湖北境内开设火柴厂，以杜争端。商部当即据情咨行鄂督查办。张香帅以燮昌公司前经批准专利二十五年，并咨部立案，嗣有人禀请在武汉开设大成公司，在宜昌府开设华昌公司，均经一律批驳，复因已革知府韩监拟在汉镇开设火柴厂，亦经札道严查禁阻，并照会各国领事一并备案。现在吴得厚等复有勾结日商买地开厂，事情属实违背商律，即札饬汉口关道照会日领事将日商丰昌公司赶紧查明，立予禁阻，以符燮昌公司专利原案，一而札饬夏口厅，如查有吴得厚等勾结日商情事，即严行禁止。"③

孙宝瑄在其日记里评述中国专利之弊病："我国欲鼓励其民，每以给奖或赐匾额示宠异，不知皆虚名也。虚名不足以动人久矣，必如西国之许人专利，而后足发人之歆羡心也。"④

孙宝瑄还记载，姚复光著《镜镜詅痴》，专论光学原理，以及制造望远镜之法，称其为我国制造家，感叹我国"国家不早定专利之法，无以鼓舞之，使进而益上耳"。⑤

---

① 刘锦藻：《清朝续文献通考》（卷38），商务印书馆1936年版。
② 《商部近闻》，《大公报》（中外近事）（天津版第2版），1904年12月4日。
③ 《请保专利》，《东方杂志》（商务·各省商务汇志）1906年第8期。
④ 孙宝瑄：《忘山庐日记》，上海古籍出版社1983年版，第679页。
⑤ 孙宝瑄：《忘山庐日记》，上海古籍出版社1983年版，第984页。

二、清末中外商约"专利条款"的订立与涉外专利保护方式的转变

清末中外商约谈判内容十分广泛,专利方面主要是美国及葡萄牙提出保护要求,中美商约谈判先于中葡谈判,中葡商约专利条款基本上沿用中美"专利条款",因此,清末商约"专利条款"指中美、中葡商约中专利条款内容,又以中美"专利条款"为主。

1. 中美商约"专利条款"

19世纪,由于国际交通发达、贸易的兴盛,商品流通已从国内市场走向国际市场,工业产权的保护已成为紧迫的问题。1883年,西方主要发达国家签订了《巴黎公约》,此后,参与国日增,1887年3月,美国也加入了该公约,20世纪初,已然形成保护专利的国际趋势。《辛丑条约》后,美国在与清政府举行的商约谈判中首次提出保护专利的要求,也是清末商约谈判中第一个向清政府提出知识产权全方位保护的国家。

自1902年6月27日开始,中美商约谈判历时一年有余。美方谈判代表为美国驻上海总领事古纳、上海商董希孟(J. F. Seaman),以及译员海克斯(Hykes),中方谈判代表主要为吕海寰、盛宣怀,后伍廷芳加入。与英国、日本不同,美国在谈判中提出了专利保护的要求,其谈判草案第三十一款规定,"美国政府允许中国人民将其创制之物在美国注册发给创造执照,以保自执自用之利权。中国政府今亦允凡美国人民创制各物已经美国给以执照者,经向南北洋大臣注册后,援照所允保护商标之办法保护其在华自执专用之利权。"[①] 由于美国提出了全面保护知识产权的协议,关于商标,双方争议不大,但是对于版权、专利,中美双方争论尤为激烈。专利方面,中美在1903年才正式讨论"专利条款",1903年3月17日,美方交来新的谈判草案,"专利条款"改为第十款,内容基本没有变化。中方对于美方"专利条款"的态度十分明确,认为"此款为英、日各约所无",是美方提出的一项新要

---

① 中国近代史资料丛刊编辑委员会:《辛丑和约订立以后的商约谈判》,中华书局1994年版,第156页。

求，对中国极为不利，坚决反对。作为谈判的重臣，张之洞十分关注中美商约"专利条款"，不断向清政府外务部及谈判大臣提出指导意见，其观点具有代表性，其主要理由如下。

首先，中美商约"专利条款"不利于发展本国经济。当时，正值清政府举办"新政"，全国各地正鼓励引进西方技术，兴办实业，"以挽利权"，自强救国，而一旦同意"专利条款"，势必影响新的工业经济的发展。张之洞见美方"专利条款"的用心，在给外务部及上海谈判大臣的电文中反复强调其危害性，第十款保护创造专利，关系全国制造，"一经允其保护专利，禁我仿造，为害无穷"①，所谓保护者，"实禁我仿效之谓也"②，中国尚不能博采西法创新制造，"正须仿效各国机器"，如果同意此款，于我必有大损，"中国难望自强矣"③，必宜设法辩驳。

后来，张之洞又在给谈判大臣的电文中进一步分析，如果允许美国专利保护，那么"各国无不援照"，如此，则各国洋人纷纷赴南北洋申请专利挂号，而我不能拒，其结果是"不独中国将来不能仿效新机、新法，永远不能振兴制造，即现有之各省制造各局、枪炮弹药各厂，仿效外洋新机、新法者，立须停工，中国受害实非浅鲜"。④

其次，中美"专利条款"看似平等，但现实是中美技术实力的不平等，"专利条款"互保实乃"愚我也"。"专利条款"规定美国允许中国人在美国申请专利牌照，但是，当时岂有中国人有能力创制新机在美国设厂者？美国不过是借此"饵我允保美国人专利"，所以"第十款则必须全删"⑤。

但是，随着谈判的进展，中方被迫改变态度，最终妥协。综合谈判中往

---

① 苑书义，孙华峰，李秉新：《张之洞全集》（第 11 册），河北人民出版社 1998 年版，第 9071 页。
② 苑书义，孙华峰，李秉新：《张之洞全集》（第 11 册），河北人民出版社 1998 年版，第 9068 页。
③ 苑书义，孙华峰，李秉新：《张之洞全集》（第 11 册），河北人民出版社 1998 年版，第 9051 页。
④ 苑书义，孙华峰，李秉新：《张之洞全集》（第 11 册），河北人民出版社 1998 年版，第 9068 页。
⑤ 苑书义，孙华峰，李秉新：《张之洞全集》（第 11 册），河北人民出版社 1998 年版，第 9068 页。

来电文,中方妥协有以下三方面的原因。

第一,美方十分重视专利保护,态度坚决,对"专利条款""坚不肯删"。在谈判中,中方提出"专利条款"会影响中国制造,且"自塞其智慧",希望取消"专利条款",美方则认为,发明人发明创制之物费尽心思,如果他人"盗而效之",与夺人财产无异,而且美国已经保护中国商民创制新法,已享受"专利之益",中国应照此保护,"以合报施公理",美方甚至将专利保护与取消治外法权相联系,威胁中方,"正是因为有了这一款,美国代表才同意将来取消治外法权",因而,"万难删除"。①

第二,美方消除了中方最担忧的仿造军火器械的顾虑。清末"新政"时期,张之洞等晚清重臣尤其注重军工制造,其在武汉主持创办了著名的湖北枪炮厂,主要是仿造西方的"新机、新法",深知专利的利害关系,其一再电告中方谈判代表,要求"专利一款,必须全删",如果同意"专利条款","即现有之各省制造各局、枪炮弹药各厂,仿效外洋新机、新法者,立须停工,中国受害实非浅鲜"。所以,在中方意识到美方不会改变态度后,即直言相告,"中国所虑者,在军火器械不能仿造,必须声明此项不在此列",在探明中方的真实意图后,美方也作了妥协,接受中方的主张,提出"将来中国定专律时,可以载明某项不在此列","凡中国专律所不许,即不在'合例'之列",② 这样,可以在以后的《专利法》中以"合例"二字将军火器械排除在专利保护外,不必在约文中写明,打消了中方的顾虑。

第三,清政府可以借机将涉外专利的管理权纳入自己的掌控之中。"专利条款"谈判中,美方妥协的另外一个表现是,对"专利条款"原来希望"立见施行",由于中方一再反对,再三商改,美方承诺"俟将来设有专门衙门及定专律后,始允保护",③ 并非"约一定即须保护",这就为中方赢得了想象空间,"似可借为延宕之计",因为,专利衙门"不独其设与否,其定与

---

① 中国近代史资料丛刊编辑委员会:《辛丑和约订立以后的商约谈判》,中华书局1994年版,第195页。
② 苑书义,孙华峰,李秉新:《张之洞全集》(第11册),河北人民出版社1998年版,第9081页。
③ 苑书义,孙华峰,李秉新:《张之洞全集》(第11册),河北人民出版社1998年版,第9068页。

否，权操在我"，① 且事实上，各国领事常有照会各地方官，请求保护其"专利商牌者"，各地衙门"均照准示禁有案"，与其这样"漫无限制"地任由地方保护涉外专利，还不如"允彼'俟设专管衙门'，则衙门未设，彼即不能违约"，制定《专利法》后，各省办理涉外专利申请皆有依据，不至"茫无所措"，专利管理可以"转归划一"，② 这样就将涉外专利管理主动权掌握在自己手中。

中美谈判过程异常艰难，中方谈判代表几次向外务部诉述谈判之艰难，在光绪二十九年（1903）4月23日、5月19日两次电文中称："此次美约开议，悉本英约，为之磋商至三十余次，辩论不下数十万言，唇焦舌弊，屡次决裂，实已辩至磋无可磋、磨无可磨之地。"③ 中美双方经过反复磋商，就"专利条款"终于达成初步一致，拟款为："美国政府允许中国人民将其创制各物在美国专管衙门注册，领取专制保护执照。中国亦允俟将来设立此项专管创制衙门及定有创制专律以后，凡美国人民创制各物，为中国合例，并在美国衙门注册、准其专制者，如未经中国人预先注册，可向中国专管衙门注册，缴纳所定规费，发给专制保护执照，与发给中国人民者，一律无异。"④ 此款基本满足了中方的要求，之后，中美之间再未就"专利条款"商谈。

1903年10月8日，中美签订《通商行船续订条约》，第十款为"专利条款"："美国政府允许中国人民将其创制之物在美国注册，发给创造执照，以保自执、自用之利权。中国亦允将来设立专管创制衙门。俟该专管衙门既设，并定有创制专律之后，凡有在中国合例售卖之创制各物已经美国给以执照者，若不犯中国人民所先出之创制，可由美国人民缴纳规费后，即给以专照保护，并以所定年限为限，与所给中国人民之专照一律无异。"⑤ 与拟稿基本相同。

---

① 苑书义，孙华峰，李秉新：《张之洞全集》（第11册），河北人民出版社1998年版，第9071页。
② 苑书义，孙华峰，李秉新：《张之洞全集》（第11册），河北人民出版社1998年版，第9081-9082页。
③ 苑书义，孙华峰，李秉新：《张之洞全集》（第11册），河北人民出版社1998年版，第9066-9067页。
④ 苑书义，孙华峰，李秉新：《张之洞全集》（第11册），河北人民出版社1998年版，第9081页。
⑤ 王铁崖：《中外旧约章汇编》（第二册），生活·读书·新知三联书店1959年版，第186页。

2. 中葡《通商条约》"专利条款"

除美国外，在清末商约谈判中提出专利保护的还有葡萄牙。1902年5月，葡萄牙将谈判草案交清政府外务部，初始，条款内并无专利保护内容。1904年6月8日，中葡商约谈判代表正式开议，中方代表为吕海寰、盛宣怀，葡萄牙代表为白朗谷、博帝业。从此次谈判的内容来看，葡萄牙提出了知识产权保护议题，包括商标、版权、专利三个方面。至于条款具体内容，在1904年8月25日谈判时，葡萄牙即向中方提出要求，"在条约草案的第八款至第十八款内一般地接受中国与英、美、日各国所商定的事项"①，第十五款即为"知识产权条款"，因此，条款内容与中美商约"知识产权条款"大致相同。在谈判过程中，由于比照中英、中美、中日商约，双方对"知识产权条款"争议不大，主要是围绕条款的文字表述，葡萄牙谈判代表白朗谷提议"用美约的文字代替"，中国方面不愿意采用美约内的字句。吕海寰甚至提出可以删除版权一节，或单独另订一款，白朗谷竟表示"请中国方面自行决定"②，最终，中葡商约只有商标、专利条款，没有版权保护的内容，就专利而言，其内容与中美商约"专利条款"完全一致。

1904年11月11日，中葡签订《通商条约》，其中，第十五款是关于商标与专利的保护，关于"专利条款"的具体内容为："凡葡国人民若创制新物、新法，在中国专管创制衙门定有创制专律之后，请领创艺执照者，中国查察若不犯中国人民所先出之创制，可由葡国人民缴纳规费后，即给以专照保护，并以所定年限为限，与葡国保卫华民在葡国所请创艺执照者一律无异。"③

中美商约、中葡商约关于"专利条款"，其主要内容有以下几点，一是中国与美国、葡萄牙互相保护对方专利权；二是中国保护美、葡专利是以中国成立专利管理专门机构、颁布《专利法》为前提；三是中国以国民待遇原

---

① 中国近代史资料丛刊编辑委员会：《辛丑和约订立以后的商约谈判》，中华书局1994年版，第277页。
② 中国近代史资料丛刊编辑委员会：《辛丑和约订立以后的商约谈判》，中华书局1994年版，第285页。
③ 王铁崖：《中外旧约章汇编》（第二册），生活·读书·新知三联书店1959年版，第256页。

则给予美、葡人专利。

中美商约"专利条款"的签订,是西方追求"制度化"保护其专利的结果,是涉外专利从传统的特许权保护向条约保护的转变。中美商约"专利条款"签订前,西方依据领事裁判权,通过"文告示禁"的特许权方式保护其专利,且"示禁有案",中美商约签订以后,涉外专利的保护以商约"专利条款"为依据。从商约"专利条款"的话语分析,中美互相保护对方专利,是以中国政府成立专利机构、制定《专利法》为前提,对中方而言,在被动中实隐含一定的主动权,为中方在以后涉外专利交涉中借此施以"延宕之计"埋下伏笔,并深刻影响了此后涉外专利的保护及中外交涉事项。

第二节 清末中外商约"专利条款"的实施

根据清末中外商约"专利条款"的内容,其实施的核心是制定《专利法》。清末中外商约"专利条款"签订后不久,西方列强即催促清政府履行该条款,但是,就当时的贸易需求而言,专利没有版权、商标面临诸多需要解决的现实问题,加之,清政府本不愿意保护外国人专利,因此,对于制定《专利法》并不热心。逊清以后,民国政府对于保护涉外专利,一直处于"两难"的境地,一方面,为了履行商约"专利条款",也是为了鼓励国人创新,必须制定《专利法》;另一方面,为了发展民族经济,引进西方技术,又不能制定《专利法》保护涉外专利。清末至民国时期,中国政府采取的策略是,制定科技奖励法,如此,既鼓励了国人创新,方便引进西方技术,又可以回避制定《专利法》保护涉外专利这一难题。

20世纪以来,技术进步对促进经济发展的作用日益凸显,列强对于保护专利有迫切的需求,一方面,它们要求中国政府履行"专利条款",制定《专利法》;另一方面,在缺乏专利法律制度的背景下,它们寻求各种方式保护其专利,构成近代中国涉外专利保护的"一体两面"。

一、清末中外商约"专利条款"与专利立法的中外交涉

1903 年 10 月,中美订立商约"专利条款",至 1944 年正式颁布《专利法》,近代中国《专利法》的制定经历了一个比较长的纠结过程。面对专利立法的"两难"困境,从清末至民国时期,均以奖励法的方式予以化解,称奖励法属行政法,具临时性质,而《专利法》属基本法。

1. 清末的科技奖励法

光绪三十年(1904)1 月 29 日,中美商约签订不久,美国驻华公使即向清政府函询商约中知识产权条款如何落实,称:"案查中美新定商约已经批准交换,可以实在施行,该约第九、第十、第十一各条内载明保护商标注册及创制各物,并允设立专管衙门定有创制专律,给发专照,又书籍地图印件镌件亦援照商标保护之法极力保护各情,本大臣兹据美国商人禀询上项各款,应请明告知如何保护,方得享此利益。"对于美方的询问,商部答复称:"本部系专管商务衙门,现当开办伊始,百端待举,所有商标注册及保护创制各物与书籍等保护之法,本部正在妥拟章程,编订专律,应俟次第酌定奏明颁行后,再请贵部照会各国驻京公使,转饬各洋商。"① 清政府以未成立专门衙门、未颁布《专利法》为由予以拒绝,在中美商约"专利条款"谈判时,中方代表即考虑《专利法》之立法及专利局之设立,"不独其设与否,其定与否,权操在我",可为"延宕之计",终清之世,未颁行《专利法》。

清政府既无意颁布《专利法》,又必须鼓励发明创造,引进西方技术,颁布了几部科技奖励法规。《辛丑条约》签订之后,为了拯救危局,清政府从中央到地方厉行"新政",采取诸多措施,大力兴办实业,其中,包括鼓励发明创造。1906 年 10 月 15 日,清政府颁布《奖给商勋章程》,给有技艺的工匠及发明创造人员授勋,给予一定的官阶,以示奖励。制造轮船、火车、汽车与外洋新式车、船相埒者,造长桥在数十丈以上者,能出新法造机器者,授予一等商勋加二品顶戴;能够制造各种汽机,以及察勘矿苗者,授予二等

---

① 《商部咨覆外务部美使函询商标版权专利筹办情形文》,《东方杂志》1904 年第 3 期。

商勋加三品顶戴；能制造新式机器制造土货格外便捷者，出新法制炼钢铁价廉工省者，能造新器或农用机器，用新法栽植各项谷种，出新法制新器开垦水利，独立种树五千株以上，以及独立种葡萄等树能造酒约估成本一万以上者，授予三等商勋加四品顶戴；改良中国工艺，仿造外洋工艺，畅销外埠者，授予四等商勋加五品顶戴；仿造西式物品畅销内地者，授予五等商勋加六品顶戴。① 这是清末颁布的最重要的奖励发明创造的一部法规，也是一部纯粹旧式的奖励法。对于发明创造者，奖励的方法是授予商勋及顶戴，侧重于"政治奖励""精神奖励"，甚至没有提及发明创造者的专有权，包括制造、销售、保护期限等核心内容，对于西方的工艺技术，则鼓励"仿造"，清政府无意保护涉外专利。当然，由于缺乏发明创造的社会土壤，申请奖励的人很少，1909年，农工商部奏请停止了该法规。

2. 北洋政府时期的科技奖励法

辛亥革命后，民主共和体制的建立，确立了私有财产的法律地位，无论初期的南京临时政府还是北京政府，都把发展实业作为重要任务，奖励科学技术是其中的应有之义，在法律制度的选择方面仍然沿袭清末的奖励法。1912年12月，工商部公布了《奖励工艺品暂行章程》，有学者认为这是我国最早的专利法规②，该法第一条即指明保护客体为"发明或改良之制造品"。这是一部鼓励发明创造的专门法规，虽然仅有13条，但内容比较完整，包括保护的客体范围、权利内容、权利期限、申请程序，对专利的实施及其侵权救济均有规定，从体例来看，此章程已经具有《专利法》的雏形。

1923年3月，农商部颁布了《暂行工艺品奖励章程》，内容更充实，扩大了专利保护的客体范围，包括方法发明，还特别规定，对于"应用外国成法制造物品著有成效者"，亦予以"褒状"，并且，在保护的主体上明确将外国人排除在外，规定仅"以中华民国人民为限"。③ 北洋政府并没有实施商约"专利条款"的意图。

---

① 《商部奏酌拟奖给商勋章程折》，《东方杂志》（实业）1906年第12期。
② 秦宏济：《专利制度概论》，商务印书馆1945年版，第13页。
③ 秦宏济：《专利制度概论》，商务印书馆1945年版，第136页。

3. 1928年《奖励工业品暂行条例》

南京国民政府成立以后，百废待兴，十分关注工业技术之"奖进"。1928年6月，民国政府颁行了《奖励工业品暂行条例》，对专利仍然实行奖励制度。在涉外专利方面，沿袭了北洋政府的规定，未规定保护外国人的专利，其第二条第二款规定，鼓励"应用外国成法制造物品著有成绩者"，工商部审查合格予以"褒状"奖励。① 中国政府一直未颁行《专利法》，在已经施行的专利法规中又明确将外国人排除在外，引起西方列强的关注。1930年2月，美国驻华大使照会中国政府，"现行条例明确免除外国人民专利注册，因此，本国政府请求贵国政府确定证实，在关于保护外国专利权之中国法律颁布以前，中国政府并不按照现行条例采取任何官式之举动，侵害美国人民专利权"，国民政府外交部长王正廷在回复美使照会中辩称，"《奖励工业品暂行条例》专为奖励国内工业技能而设，系属临时性质，并非专利特许法规"②，国民政府仍然以奖励法予以应对。

对国民政府颁布《奖励工业品暂行条例》，日本也颇有微词，日本大阪贸易调查所雨田生撰文认为，日本商品在中国货与西洋货之间，中国货最感威胁者为日货，而日本土地狭小，物资缺乏，日本生产之工业发展正赖专利，"舍此别无他法"，该条例实为"变相之特许条例"，对于外国人专利申请"则见拒避"，日本之专利品变为中国企业家之专利品时，日货之损失，"实罄竹难书"，对于日本商品输入中国产生的不利影响，日本呼吁西方各国，同为"宜早解决之事"。同年，日本驻上海副领事加藤日吉在上海《日日新闻》新年附录中撰文，指责中国政府没有保护外国人专利，民国元年暂行工艺品奖励规则，赋予五年专利权及褒状，但其范围"仅限于华人"；及至民国十六年，为了保护涉外专利，北京政府公布了《外国人特许品暂行登记办法》，但当时北京政府已经动摇，不及施行；至民国十七年，国民政府颁布《奖励工业品暂行条例》，在华外人不能享此权利；及民国十九年，公

---

① 秦宏济：《专利制度概论》，商务印书馆1945年版，第139页。
② 王铁崖：《中外旧约章汇编》（第三册），生活·读书·新知三联书店1962年版，第764—765页。

布了《特种工业奖励法》,"是华人之特许法,正在逐渐进行,而外人之特许权,则陷于危境",加藤日吉甚至提出,凡私权,在国内之内外人,应一律平等,这是世界公认之原则,中日间有最惠国条款,所以,外国人在华理应享有专利权。①

面对国外的反对言论,国内也有学者包括政府方面人士主张制定《专利法》,其理由有六,一是"资我工业知识之利",我国工业"幼稚",如果颁行《专利法》,外国人以其"最新奇之工艺来华设厂以牟利",必用华人,由粗渐细,以至于精,不费一钱,"坐收培成人才之利";二是"资我工艺进步之利",促进我国技术进步;三是"推广土产销途之利";四是"维持无产阶级人民生活之利益",办实业,帮助贫民就业,解决民生之忧;五是"提高国际地位之利";六是反对者以为保护涉外专利,我国并不能仿造西方机器,西方便不会将其新式器械输入我国。② 这说明我国对于保护涉外专利有新的认识并逐步深化,不再一味反对。

4. 1932年《奖励工业技术暂行条例》

1932年9月,为了鼓励国内工业学者对于工业上之物品及方法精研探讨,民国政府拟颁布新的《奖励工业技术暂行条例》。该法颁布前,为慎重起见,由实业部主持,财政部、外交部、交通部、铁道部参加,在实业部召开四次会议,会同审查,主要讨论了四个问题,其中的核心问题是保护外国人的专利。为了鼓励国内的发明创造,又避免产生外交纠纷,制定者在该法的名称、议定机关上煞费苦心。该法第一条规定,申请者为中华民国人民,再次明确将外国人排除在外。

在条例名称上,冠以"暂行"二字,以示与《专利法》之区别。实业部在《奖励工业技术暂行条例》草案说明中提出,由于我国工商业幼稚,"仍采用保护政策,发明奖励,以本国人为限",确定仍将外国人排除在外。③ 由

---

① 吴洞东:《三十年中国之发明专利》,见《三十年来之中国工程》,中国工程师学会,1946年8月,第7-8页。

② 吴洞东:《三十年中国之发明专利》,见《三十年来之中国工程》,中国工程师学会,1946年8月,第8-9页。

③ 中国第二历史档案馆:《中华民国史档案资料汇编》第五辑第一编财政经济(五),江苏古籍出版社1994年版,第77页。

于中美《通商行船续订条约》中规定保护美方专利权,外方一直十分关注,"恐其发生异议,故改称《奖励工业技术暂行条例》,专以奖进国内工业界之技术为主,而实际仍以专利方法奖励发明"。并且,条例中冠以"暂行"字样,以强调该法的临时性质,且这种做法"久已行之",自民国政府初创以来一直沿此惯例,"又查此种办法,前北部久已行之,民元十二月,前北部曾公布暂行工艺品奖章,十二年修改为暂行工艺品奖励章程,十七年三月又改为专卖特许条例。自民国政府成立,前工商部于十七年六月公布奖励工业品暂行条例,迄上年四月间始行废止"。[①]因而,此次修改公布名称上仍然以暂行法代之。

在议定机关上,为避免西方误以为中国政府颁布《专利法》,特意将《奖励工业技术暂行条例》不经立法院审议,而由实业部制定,报国民政府备案。本来,该草案应该"呈请钧院核转立法院审议,呈由国民政府公布施行",但由于"现在外交上关于国际间请求保护其专利权之抗议,均以中国尚未公布特许法、未设立特许局、未办到外国人专利注册程序及未加入万国工业所有权保护同盟相应付",如果经过立法院审议,国民政府公布,"恐国际间即以中国特许法已公布,抑或以奖励只限中国人,有违条约,特借口将来办理交涉,未免多费周折"。因此该条例"饬由实业部暂以部令发表施行,"变更条例公布程序,"用兹权宜办法,既可减少外交上之纠纷,而于本条例发表时期,亦较迅捷"[②],亦可谓用心良苦。

1933年11月,实业部拟具《特种工业奖励法修正草案》,呈请行政院转送立法院审议,该草案在涉外专利问题上亦十分审慎,《特种工业奖励法》之颁行,系为扶助国内幼稚工业,使其逐渐自立发展,以应社会发展之需要,故对于依照该法核准奖励者,应考核其营业成绩及供求情形,以防止蒙混垄断等情弊,庶于奖励生产中兼寓监督限制之意。又该法原第一条丙款"输入新发明"句中"新发明"字样,外人每认为有妨害专利权提出质问,以此并

[①] 中国第二历史档案馆:《中华民国史档案资料汇编》第五辑第一编财政经济(五),江苏古籍出版社1994年版,第79页。

[②] 中国第二历史档案馆:《中华民国史档案资料汇编》第五辑第一编财政经济(五),江苏古籍出版社1994年版,第77-78页。

拟将"新发明"三字，改为最新方法，以保原意，而免误会。①

二、《专利法》的正式颁布

抗战时期，国际形势及中外关系发生重大变化，社会各界开始重新思考保护涉外专利的利弊得失，并促成了我国第一部《专利法》的诞生。

（一）抗战时期对保护涉外专利态度之转变

近代中国是以西学东渐为轴线的发展历程，其核心内容之一是学习西方科技、兴办西式企业，晚清经历了洋务运动、清末新政，大力兴办实业，民国时期制定了一系列奖励科技和实业的规章制度，促进了中国民族工业的发展。但对于涉外专利是否予以保护，长期以来，无论学界、实业界还是政界，主流观点均持否定态度，认为我国工业薄弱，若保护涉外专利，则不利于我国"工业界之仿造"，阻遏国内工业进步。抗战以后，这一认识逐渐发生了重大变化，从排斥转向保护，主要原因是：

（1）日本的侵略导致空前的民族危机，中国迫切需要引进西方技术发展民族工业。九一八事变后，日本侵略中国的野心昭然若揭，促使南京政府加快国家工业化建设的步伐。1935年4月成立了资源委员会，这是主管工业建设的重要机构，确立了"积极利用外资，利用外国先进技术"的指导思想，其负责人翁文灏、钱昌照认为："要办现代工业不能事事由自己的科技人员摸索前进，而必须付出相当代价，从国外工业发达国家引进先进技术，经过消化，然后再谋进一步的发展。"②抗战时期，资源委员会开展了广泛的中外经济技术合作，并取得了显著成效，曾经"下辖121个总公司，近1000个生产单位，拥有技术和管理人员3200人，技术工人226000余人"③。此对支持

---

① 谢振民：《中华民国立法史》（上册），中国政法大学出版社2000年版，第609页。
② 全国政协文史资料研究委员会工商经济组：《回忆国民党政府资源委员会》，中国文史出版社1988年版，第148页。
③ 全国政协文史资料研究委员会工商经济组：《回忆国民党政府资源委员会》，中国文史出版社1988年版，第1页。

抗战发挥了重要作用,也深化了国人对涉外专利重要性的认识。

(2)废除治外法权。治外法权是影响中国制定《专利法》的一个重要因素。1943年,美国、英国相继与中国签订条约,废除了在中国的治外法权,消除了影响涉外专利的政治因素,中外人民取得平等地位。"自英美各邦,自动宣布放弃在华特权之后,将来任何国家在华侨民均将受我国一切法律拘束,与我国人民,同等待遇。"① 颁布《专利法》,可以使中外人民皆能"恪遵恭守",国家有完全之法律,有利于废除不平等条约。② 因而,在给予本国人专利权的同时理应予外国人以专利权。

(3)世界上绝大多数国家均保护涉外专利。"迄今世界各国,不准外国人呈请专利者,除我国外,仅阿拉伯、阿富汗、泰国及印度境内若干地方而已……专利法规定准许外国人呈请专利,自极允当。"③ 抗战时期中国国际地位明显提高,几与美英比肩,保护涉外专利,有利于提升中国的国际形象。

(4)制定正式的《专利法》,必须解决涉外专利问题。国家工业化的建设,迫切需要《专利法》的制度保障,长期以来,历届政府以奖励法的方式鼓励发明创造,一直未颁行《专利法》,涉外专利是制约的重要因素,"正式专利法中应否规定外国人亦能呈请专利,是最重要的一个问题"④,至抗战时期,已到非解决不可的地步,这是当时学界、政界的共识。

(二)对保护涉外专利认识的深化

抗战时期,主张保护涉外专利的学者和政府主管部门的主要代表有秦宏济、欧阳崙、吴承洛和欧阳峻峰等,特别值得注意的是,吴承洛、欧阳峻峰、欧阳崙先后担任民国政府经济部工业司司长,其主张具有代表性。其观点为:

(1)引入涉外专利是国家工业发展的成功经验。以英国为例,英国是世界上实施近代专利制度最早的国家,早期英国的产业较欧洲大陆落后,为了

---

① 秦宏济:《专利制度概论》,商务印书馆1945年版,第15页。
② 吴洞东:《三十年中国之发明专利》,见《三十年来之中国工程》,中国工程师学会,1946年8月,第8页。
③ 秦宏济:《专利制度概论》,商务印书馆1945年版,第16页。
④ 欧阳崙:《专利制度的检讨》,《新经济》1941年第5卷第6期。

谋求本国产业繁荣，采取奖励政策，吸引境外专家，其方式之一便是授予外国技术人员以专利特许权。据统计，1561—1603 年，"总共授予 55 项专利，而 21 项给予外国人"。① 英国在 1623 年正式颁布专利法，当时，英国工业技术仍较欧洲大陆落后，由于欧洲大陆连年战争，外国新发明源源不断地流入英国，加速了英国早期的工业发展。民国时期著名专利法学者秦宏济认为："论者以为英国工业发达，归功于专卖条例，不如归功于准许外国人呈请专利，更为切合事实。"② 从历史上看，保护涉外专利对发展本国经济有积极作用，这就破除了近代以来对涉外专利认识上的偏见。

（2）不必担忧外国人在中国申请专利而不实施。外国人在中国申请专利后，不在中国实施制造或小规模实施制造，而从国外输入其制成品，这是当时国内普遍疑虑的问题。对此，时任经济部工业司司长的欧阳峻峰认为，我国《专利法》采用强制实施制度，"规定获得专利权后，三年以内必须制造，否则应陈述正当理由，如无正当理由，即取消其专利权，由他人投资制造，如专利后并不大量制造以供需求，或仅作小规模之制造借以敷衍者，不能视为制造"。③ 因而，不必担忧外国人在中国申请专利却不在中国制造的情况。

（3）外国人在我国申请专利，有利于我国技术进步。这是关系涉外专利应否保护最关键的问题，长期以来，我国学界、实业界及政界一直认为，保护涉外专利，"中国工业将为外人所垄断""中国必无仿造之机会"，但是在抗战时期，国人产生了全新的认识。

1943 年 8 月 6 日，时任工业司司长欧阳峻峰在一次聚餐会上对即将颁布的《专利法》向社会各界作了较详细的阐释。他强调，外国人请求专利，需要附送详细说明书、图样模型、样品等，这种制度为"欧美专利法所无，而为我国专利法所特有"，在专利期间，这些说明书、图样模型、样品等由主管机关印刷销售、陈列，供大众研究，"使能触类旁通，推陈出新，而产生其它发明……实足为吾人研究之重要资料"。而且，保护涉外专利后，世界

---

① 黄海峰：《知识产权的话语与现实》，华中科技大学出版社 2011 年版，第 129 页。
② 秦宏济：《专利制度概论》，商务印书馆 1945 年版，第 15 – 16 页。
③ 欧阳峻峰：《经济部工业司欧阳司长峻峰讲：工业品专利问题》，《西南实业通讯》1943 年第 8 卷第 3 期。

各国新出品"纷来中国,可减少中国许多研究工作而缩短其进步时间,使吾人能达到迎头赶上的地步"。①

吴承洛是近代著名的化学家,曾任中央工业试验所所长、工业司司长,他认为《专利法》"最为重要者,即开放于外人及关于实施之规定","在我国开放专利于外国人之初期,必当能使外国人发明创作尽量输入并求其实施,实为国际技术合作最重要之一环",对于涉外专利,许多人担心,我国工业落后,恐外国人在国内获得专利权,国内工业反受其束缚,吴承洛认为事实刚好相反,"揆之事实,工业愈落后,其有待国外新发明之启发者亦愈多"。②因此,"主张接受外人专利挂号者,以外国人将发明图样及说明书等呈请审核,则我于专利品发明之原理,均可明白,于我国工业前途,非但无妨害,且有裨益,亦无流弊,绝不因此而受何等影响"。③

欧阳嵛也认为:"一般的讲,外国的工业技术比我国精良,倘准其呈请,则专利权恐多数将为外国人取得。但反过来讲,正因为外国的工业技术精良,准他们来呈请,则可输入新方法,可资我们的借镜。"④

(4)保护涉外专利,既可以促进我国工业繁荣,又可以提高我国工人的技术水平。欧阳峻峰在演讲中还认为,外国人在中国取得专利,实施制造,其工程师或工人一部分或大部分为中国人,中国的工程师与工人在工厂工作时,"获得实际之知识与技能,对将来公开制造有极大之帮助",而且外国人在中国申请专利,开办工厂,其原料必取自中国,"可促进中国农矿业之发展"。⑤

秦宏济也认为,保护涉外专利,"因其制造地点,必须在我国境内,故就经济之立场而言,固足以繁荣工业,就工业技术之立场而言,更有予我国

---

① 欧阳峻峰:《经济部工业司欧阳司长峻峰讲:工业品专利问题》,《西南实业通讯》1943年第8卷第3期。
② 谭熙鸿:《十年来之中国经济》(下册),中华书局1948年,第1037—1039页。
③ 吴涧东:《三十年中国之发明专利》,见《三十年来之中国工程》,中国工程师学会,1946年8月出版,第5页。
④ 欧阳嵛:《专利制度的检讨》,《新经济》1941年第5卷第6期。
⑤ 欧阳峻峰:《经济部工业司欧阳司长峻峰讲:工业品专利问题》,《西南实业通讯》1943年第8卷第3期。

技术员工参加实际工作，提高技术水准之机会，利害得失，昭然可见"。①

总之，保护涉外专利，利弊比较，利大于弊，既可以促进我国技术进步，又可以增加就业，繁荣工业，"于我实有无穷利益"，而"我国所损失者，仅十余年之专利利润而已"。②

（三）《专利法》的制定

国民政府在1944年5月颁布了我国历史上第一部《专利法》，其中第十四条规定："外国人依相互保护专利之条约，在中华民国为专利之呈请者，应依本法为之。"③ 该法的颁布，标志着西方通过条约"制度化"保护涉外专利的模式付诸实施迈出实质性一步。

三、清末中外商约"专利条款"与涉外挂号专利的法律地位

清末中外商约"专利条款"签订以后，历清末、北洋政府、南京国民政府三个时期，总体来看，历届政府均以未颁布《专利法》为由，拒绝外国人专利的有效申请。但当时也存在部分涉外专利的申请，主要是清末海关专利的挂号申请与北洋政府时期相关部门受理的涉外专利申请，这两部分申请数量不多，且并非有效申请，但成为涉外专利争议的一个焦点问题。

1. 历届政府拒绝涉外专利的申请

中外商约"专利条款"签订后，外国人断断续续有申请专利的请求，但大多数被中国政府以未制定《专利法》予以拒绝。

1908年，驻闽英总领事以闽人制造之赛光灯与英国商人天祥洋行所销售之吉星桥功用相同，指认中国商人为仿造，要求禁止，中方进行比照，确认并非仿造，英国领事不服，照会洋务局，继续交涉。洋务局对两灯进一步比对，仍然认定两灯"大不相同"，且仿冒的只有商标，而此案并无假冒商标，

---

① 秦宏济：《专利制度概论》，商务印书馆1945年版，第15页。
② 欧阳峻峰：《经济部工业司欧阳司长峻峰讲：工业品专利问题》，《西南实业通讯》1943年第8卷第3期。
③ 中华民国国民政府文官处：《中华国民政府公报》（第187册），渝字第679号。

以"严词拒驳"。①

民国初期，有外商向中国申请专利，未被受理，"外国人发明物品，在民国五、六年间，即有向我政府呈请专利，彼时农商部对于此项条件，尚未规定办法，概未受理"②。

1921年6月，丹麦驻京公使致函外交部，询问丹商能否在中国申请专利，中方以尚未制定专利法予以拒绝，称"中国现在关于专利条例尚未订定，对于外人专利一事，无从依据核办，应俟专利条例颁布后再行依法核办"。③

1928年3月，随着中国经济的发展，加之政府鼓励发展工商的政策，在上海的中外居民申请专利逐渐增多，上海特别市长张定璠向外交、司法部请示"应否一律予以保护"，外交部、司法部一致认为，专利属奖励权之一，依《暂行工艺品奖章》并《实行细则》第二条，"享有奖励权利者以中华民国人民为限，外人呈请专利，自难准许"。④

1937年3月，民国政府实业部对德国商人申请专利也予以驳回："实部近据德制造商人呈请，给予其发明品在中国之专利权，现经该部批示，以我国专利法，正在拟订，尚未公布施行，对于外人发明品请求专利权案件，无法依据核办。"⑤

2. 涉外专利海关挂号及其效力

海关专利挂号是涉外专利争议中十分重要的一部分。

1902年中英订立《续议通商行船条约》以后，上海海关开始管理英国商人商标注册事宜，专利的登记挂号亦"由上海海关办理"，由海关负责，"我国海禁开后，与外国所定之商约，即有保护商标及专利之规定……最初由上海海关办理。"⑥ 1924年，农商部商标局成立，开始行使商标行政管理权，收回了由外国人负责的海关商标挂号权，并开始接受外商专利登记。在上海海关向商标局移交的档案中，有一定数量的专利挂号案件，据统计，"为数约

---

① 《拒售灯专利之交涉》，《大公报》（天津版）1908年10月5日，第6版。
② 吴承洛：《废除不平等条约与中国工业》，《中央银行经济汇报》1943年第7卷第1—2期。
③ 《外人在中国专利事应从缓核办函》，《外交公报》1921年第3期。
④ 《外商请求专利保护案》，《外交部公报》1928年第1卷第1号。
⑤ 《外人发明品请求专利实部批无法依据核办》，《新新月报》1937年第3卷第4期。
⑥ 谭熙鸿：《十年来之中国经济》（下册），中华书局1948年版，第1036页。

在千件以上"。① 但是，如何认定该批专利的法律效力，中外分歧较大，外方认为应与商标一样，同受保护，中方则认为，海关商标挂号是受清政府明文委托，而专利挂号有无政府授权并不明确，为此，农商部接管商标注册后，曾专门"函询沪海关"，询问海关办理专利挂号"是否受同样委托"，挂号条件是否与商标挂号"同一条件"："据吾人所知，沪海关开始收受商标挂号呈请文件，远在二十年以前，当时系受中国政府明文委托，至于专利挂号，是否受有同样委托，以及收受专利挂号，是否与收受商标挂号同一条件。（一）中国政府，曾否明文委托沪海关办理商标挂号，同时并办理专利挂号，如有此项明文，系何年何月发出，暨由何机关发出。（二）如当时中国政府，并无此项明文，沪海关究因何种情势，收受专利挂号。（三）沪海关于收受商标挂号时，均声明俟商标法颁布后，再行依法办理。至收受专利挂号时，曾否声明俟专利法颁布后，再行依法办理。（四）专利挂号呈请人，是否与商标一律缴纳挂号费银五两。"对中国政府提出的四点疑问，上海海关方面"甚为肯定"地答复称："（一）海关并未奉有任何中国政府官长之命令，承受专利挂号。（二）上海海关之承受此项呈请，并予以挂号者，全出于误会，此事一九二三年，上海海关，曾呈报总税务司，但彼时既未与以如何办法，亦未令实行停止，故而仍继续照办。（三）呈请者一如商标挂号呈请，各皆告以该专利说明书已允按照挂号，俟中国正式管理专利机关公布，再行定夺。（四）专利挂号公费关银五两，与商标挂号同。"② 据此，上海海关专利挂号并无政府明确授权，"既无法律之依据，亦未有肯定之主管官署"③，上海海关专利挂号并无法律效力。

总税务司在拟订商标挂号章程后，赫德曾行文外务部称："再美国新约第十款设立专管创制衙门，以及美约第十一款、日约第五款书籍注册两事，应否归入津海江海两注册局并办，抑或另设专署办理，亦请酌夺。"同时，外务部又接商部及美使函，询问专利及版权保护机构何时设立，商约相关条

---

① 吴承洛：《废除不平等条约与中国工业》，《中央银行经济汇报》1943 年第 7 卷第 1-2 期。
② 吴涧东：《三十年中国之发明专利》，见《三十年来之中国工程》，中国工程师学会，1946 年 8 月，第 4 页。
③ 吴承洛：《废除不平等条约与中国工业》，《中央银行经济汇报》1943 年第 7 卷第 1-2 期。

款落实情况，商部回答是先落实商标注册，待其办理有端倪，然后"次第举办"，清政府的计划是先在商标试行，待其成熟后对专利、版权次第举办，换言之，清政府一直未授权海关专利挂号。

这些史料均反映，该批海关挂号专利并未取得清政府授权，海关在商标挂号是"附带办理专利品挂号案件"，自应无法享有法律上之地位。

3. 北洋政府时期涉外专利申请及其效力

除了外人向上海海关申请专利挂号外，北洋政府晚期也有外人向北洋政府申请专利注册。1923年9月，北洋政府对于外人专利申请"始行核准暂行存案"，据统计，至1927年5月底，农商部存案"共计二十又零"。① 由于外人申请逐渐增加，北洋政府认为，"非厘定一种暂行办法，无以应对"，于是，在1927年6月，北洋政府实业部公告实施《修正外国人专利品暂行挂号办法》，并规定了详细的申请"程式"。该办法规定，凡与中国"有约各国"，并在该国已获专利且在有效期内，可以向中国实业部呈请挂号。据统计，至北洋政府结束止，"所收案件共计九十余件，已准挂号者四十七件，未准者四十五件，未办者五件，来部接洽，预备呈请而正式呈文尚未依手续到部者，尚有数百件"。② 并且北洋政府规定，以前海关挂号之专利亦必须按照规定重新挂号，"以昭划一"。

对于这批专利应享何种权利，外商的解释及立法的原意与国人的认识颇有争执。中方认为，商标局虽然公布了《修正外国人专利品暂行挂号办法》，准许外国人专利挂号，但该办法第二条又明确规定，外国人呈请专利挂号后，"仅给挂号收据，并非予以专利权之注册"，待中国颁布正式《专利法》后，该挂号专利"得按挂号时日之先后为呈请专利之先后"。③ 可见，涉外专利挂号只是给予其日后申请专利时"有优先呈请之权"，绝非授予专利权。西方却有不同的看法，他们把专利与商标进行比较，认为商标与专利在立法上

---

① 吴涧东：《三十年中国之发明专利》，见《三十年来之中国工程》，中国工程师学会，1946年8月，第4页。
② 吴涧东：《三十年中国之发明专利》，见《三十年来之中国工程》，中国工程师学会，1946年8月，第4页。
③ 《外人专利暂行办法》，《外交公报》1927年第75期。

"异其性质",商标授权前须公示,单纯的"呈请"并不产生权利,专利则不同,专利在呈请以后至核准之间,要将发明人刻苦研究之专利详细内容"披露于世",有益于社会,如果不承认其权利,对于已披露之内容"并无保障",自无呈请之必要,因而应"认其效力,赋予相当的保护"。[1] 西方的这一辩解,具有一定的合理性,但涉外专利保护的依据是清末签订的中外商约"专利条款",在中国颁行《专利法》以前,坚持不予外商挂号专利权有充分的法律依据。北洋政府之所以允许外国人专利挂号,是制定《专利法》前保护涉外专利的一种过渡性的制度安排,南京国民政府成立以后,再未受理外国人的专利申请。

四、中外经济技术合作中涉外专利的保护

1. 技术分类与涉外专利保护

在我国颁布《专利法》以前,西方列强未能实现通过商约"专利条款""制度化"保护涉外专利,但不意味着涉外专利在近代中国完全没有得到保护。20世纪以来,西方发达国家不断通过技术创新,引领世界经济发展,获取高额利润,中国作为后进国家,虽然政局不稳,但历届政府仍十分重视发展实业,注重引进西方先进技术,在此过程中,涉外专利保护是无法回避的问题。

根据被拥有和被使用的范围不同,技术可以分为两大类,公有性技术和专有性技术。公有性技术是为公众所知的不受法律保护的技术,专有性技术受法律保护,它又"包括专利技术和专有技术两类"[2]。专利技术依靠法定授权获得,受《专利法》保护,其特点是必须公开,由于近代中国长期未颁布《专利法》,涉外专利不能通过专利技术途径得到有效保护。专有技术则不同,主要依靠保密方式维持其专有性。在近代中外经济技术交流中,外商常常将涉外专利以专有技术形式,在中外合资经营或合作生产中,通过签订经

---

[1] 吴承洛:《废除不平等条约与中国工业》,《中央银行经济汇报》1943年第7卷第1-2期。
[2] 莫世健:《国际经济法》,中国政法大学出版社2008年版,第287页。

济技术合同,在合同中明确约定专利保密条款加以保护。专有技术保护与商约"专利条款"保护恰似一枚硬币的两面,共同构成近代涉外专利保护的全景图示。

2. 专有技术保护涉外专利案例

据笔者查阅相关资料,略举数则专有技术保护的典型案例。

1919年9月24日,中华民国政府与英国马可尼无线电报公司在北京订立《合办中华无线电公司垫款合同》,双方计划合办中华无线电公司,制造无线电报和无线电话器具、材料等。合同规定,在合作期间,中华无线电公司"在中国境内使用马可尼公司之一切专利权、图案及该公司过去、现在与将来所有关于无线电报、电话之秘密制法"。为确保其在中国境内独占使用该技术,马可尼公司不得将专利技术"全部或一部让与他人在中国境内使用……亦不在中国售卖无线电报、电话器具"。利润分配方面,该公司纯利分为三份,政府与马可尼公司各领一份,为了酬答使用马可尼公司专利技术,"其余一份交付马可尼公司",马可尼公司实则占纯利三分之二。该合同还要求民国政府保护中华无线电公司的专利权,"政府允认,在该期间内,倘中华公司预先申请政府予以保护,政府应极力禁止中国境内无论何人侵犯此项权利,致使中华公司蒙受损害"。[①] 这样,专利为英国马可尼公司带来了高额利润,同时,又通过合同方式得到政府的有效保护。

1921年1月8日,中国政府与美国加利福尼亚省合众电信公司于北京签订了《无线电台协议》,规定中国政府与美国加利福尼亚省合众电信公司合作,在中国境内的北京、上海、广东等地建造无线电台,由美方提供报机及机件,该协议第十五条规定:"公司各项机件、用具之专利权或其商标等,中国政府应负保护之责。"[②] 同样明确要求中国政府保护其专利权。

进入全面抗战以后,主管工业建设的国民政府资源委员会非常重视引进西方先进技术,加大了技术引进的力度,与外方签订了不少技术合同,其中

[①] 王铁崖:《中外旧约章汇编》(第二册),生活·读书·新知三联书店1959年版,第1495-1497页。

[②] 王铁崖:《中外旧约章汇编》(第二册),生活·读书·新知三联书店1959年版,第150页。

也有涉外专利保护条款。

1937年8月，国民政府军事委员会、资源委员会拟设立工厂，制造电话机器材料，与德国西门子公司订立《电话厂技术协助合同》。合同要求西门子供给工厂各项工作图样全套技术资料，资源委员会付给西门子现金，为每年营业净额之百分之三点五，"以酬劳其协助服务"，并且对专利权的保护予以约定，规定在合同有效期间，资源委员会负责不向第三者泄露西门子所有技术资料，并且，"关于依照本合同所载在中国应用及出售之电话机器、材料之制造，凡属现在及将来归西门子所有及控制之专利权，西门子须允许资委会得享用之，但此项专利，非经西门子书面允许，不得转让与第三者"。合同还对后续发明也作了规定，在合同有效期间，资源委员会对于工厂依据其发明而享有专利权等，须即日通知西门子，西门子给付双方协定之特许费后，"即有权获得此项权利或专利权等"。[1] 中方对西门子公司专利权的保护可谓十分周全。

20世纪30年代，随着世界机电技术发展，该项技术也被引入我国。在缺乏《专利法》的背景下，西方这一技术也通过中外合作，以专有技术方式得到保护。1938年3月，国民政府经济部资源委员会拟设立工厂，制造发电机及其他各种机器，与瑞士巴登卜郎比股份有限公司（以下简称卜郎比）订立合同，规定在合同有效期内，"卜郎比给予资委会以独家享用不得转让之特许权。凡属现在及将来归卜郎比所有之设计图样、制造方法及专利权，资委会得在其厂内利用制造，并得在中国国民政府统治区域内销售其制品"。资源委员会则依照所制造各品"出场净价"按百分数计算酬金。为了保护卜郎比公司的专利权，合同第七条特别规定，对于卜郎比之专利技术，资源委员会在未得到卜郎比书面允许前，"应负责保守秘密，不向第三者泄露，并不得转让该特许权之全部或一部份，或颁给分特许权与任何方"。[2]

1938年6月，国民政府经济部资源委员会欲设厂制造柴油机，与瑞士温

---

[1] 王铁崖：《中外旧约章汇编》（第二册），生活·读书·新知三联书店1959年版，第1095–1097页。

[2] 中国第二历史档案馆：《中华民国史档案资料汇编》（第五辑第二编·外交），江苏古籍出版社1997年版，第685–686页。

脱多机车厂签订技术合作合同，由瑞方"将非独家之制造权给与甲方（资委会），在领导区设厂制造"，资源委员会应"允诺须绝对严守秘密，既不得自己泄露，或任其泄露与第三者"，并且规定在制定《专利法》后，"在中国注册"，由温脱多机车厂取得专利权。①

此外，中国政府还通过购买方式，间接保护了涉外专利。抗战时期，尤其是太平洋战争爆发以后，为了增强中国的抗战力量，中美之间进行紧密的军事、经济合作，美方给予了中国一系列的经济技术援助，还制定了中美合作方案，其中就有大量的技术合作项目，如聘请美国专家来华工作、派遣优秀青年赴美学习、在中国使用新式技术方法、交换技术资料等，其中也涉及专利问题，特别是对美国最新发明予以保护。1943年11月，国民政府拟定了《中美战时及战后经济合作方案草案》，在保障美国人在华经营事业时，特别规定："购买专利权，美国之特殊发明或制造方法为我国所必须者，应商美方供给，并可与美国主要厂家商定合作办法，经常供给我国最新发明，以期我国技术方面得与先进国家齐头并进。"②

涉外专利的保护是世界经济全球化背景下近代中外经贸关系深化中必然面对的问题，通过国际条约、国内法"制度化"保护是国际上主流解决方式。如果说制定《专利法》以实现中外商约"专利条款"是核心要义，那么，签订合同、订立保密条款等是商约"专利条款"实施的副产品，在一定程度上也是有效的替代手段。近代涉外专利冲突的解决，促进了近代中国专利法律制度不断走向成熟，有利于我国学习、引进西方的先进技术，促进民族工业的发展，此一过程对我国当今正确处理涉外知识产权纠纷亦具有借鉴意义。

---

① 中国第二历史档案馆：《中华民国史档案资料汇编》（第五辑第二编·外交），江苏古籍出版社1997年版，第693－696页。

② 中国第二历史档案馆：《中华民国史档案资料汇编》（第五辑第二编·外交），江苏古籍出版社1997年版，第416页。

第三节　清末中外商约"专利条款"的影响

一、清末中外商约"专利条款"与近代专利的初步转向

近代中国，专利概念的滥用泛化较为普遍，尤其是清末，用语方面有专利、专制、专有，内涵方面除技术独占外，与技术毫无关系者广泛存在，如版权专利、戏剧专利、烟草专利、彩票专利，还有开矿专利、航运专利、行业垄断，甚至还有赌博专利，等等，可谓用语杂呈，语义模糊。但是，从总的趋势来看，"专利"一词逐渐脱离古义，而接近近代专利的本义。至清末新政时期，受商约"专利条款"的影响，专利出现了从传统向近代的转向，由封建特许权向近代私权过渡。

在中美商约专利谈判期间，由于双方对"专利条款"产生的严重分歧及激烈争执，新闻媒体跟进报道，国人对近代西方专利有了更多的了解。尤其是，清末几位重臣如张之洞、刘坤一、袁世凯及伍廷芳等均参与了商约谈判，且极为关注"专利条款"，通过谈判，清政府决策层对西方专利及其制度的认识更接近近代专利及其制度的本义，产生了完全不同于早期洋务派的专利理论，这对于清末专利近代转向具有重要意义。

专利的近代转向离不开近代工业文明。清末，清政府对西方工业文明的认识更进一步，"近数十年以来，西人于工业上发明，工业之进步，咸有勃起不可遏之势，由手工而机器，由家制而厂造，艺通乎神，技进乎道"，"今日工业最占优胜之位置者，莫过于机器"。①

清末订立中外商约"专利条款"后，对专利的认识呈现了新的变化。新政时期广泛存在的"设厂专利"，形式上沿袭了洋务运动时期的"十年专利"，但其性质逐渐发生重要变化，只是作为清政府奖励实业的政策措施，

---

① 《东方杂志》1904年第10期，第165页。

不再将"设厂专利"等同于专利,甚至出现了否定"设厂专利"的案例。而且,在清政府审查专利申请时,开始重视所申请的专利必须具备创造性、新颖性、实用性等实质条件,这些都表明清末专利初步出现从传统向近代的转向。

(一) 清末"设厂专利"性质的转变

《辛丑条约》签订后,清政府深感"亡国亡种"之痛,意识到商战同于兵战,对于振兴实业的重视程度前所未有,采取了诸多"新政"措施,颁布了一系列诏令,《奖给商勋章程》《咨各省呈请专利办法略》《奏定商会简明章程》《商人通例》《公司律》等,旨在鼓励民营经济。在天津,直隶总督袁世凯在天津设立工艺局,调查当地物产,选派司员,调拨经费,筹划周详,主要经营四事,一设立工艺学堂,培养工业人才,首批120人,分四科学习;二设考工厂,以启发工商智识;三教育品陈列馆,陈列中外各种教科书籍、仪器、标本、模型图标;四实习工厂,传习手艺,提倡公司,作为高等学校学生试验场所。

1901年,张之洞、刘坤一向清政府联奏,提出"变法十条"的改革主张,专利即是其中之一,"至于自创新法,造成各种货物者,给予牌照,准其专利若干年"[①]。在晚清政府实业政策的鼓励下,全国各地出现了众多的"设厂专利",与洋务时期的"十年专利"相比,"设厂专利"主要是清政府鼓励经济的措施,但同时也出现了对"设厂专利"的否定,呈现出新的趋向。

1. "十年专利"的实质

从历史角度来看,各国专利制度均出现过从特许权向近代私权的演变过程,中国专利发展史同样如此。近代中国专利特许权的典型表现为洋务派的"十年专利",其实质是"设厂专利"。古代的"专卖制度",起源于春秋的齐国,盛于汉、宋。汉代盐铁专卖(亦称盐铁官营)、宋朝的"禁榷"制度,均是政府对某些商品尤其是盐、铁、酒、茶等实行专卖,限制民间贸易,借

---

① 沈师徐、席裕福:《皇朝政典类纂》(市场卷17),文海出版社1984年版,第403页。

以扩大政府财政收入，获得垄断利益。这种"专利"制度实际上是一种"官利"制度。

近代以来，西法东移，由于"专卖制度"固有的垄断特性，洋务派便以此对译西方传入的专利制度，李鸿章的"十年专利"是一个典型例证。已如前述，李鸿章"十年专利"将机器纺织予以专营，但机器并非新产品，更非中国自己发明的新产品，而是从西方引入的一种纺织品制造工具。"十年专利"禁止他人以机器纺织的方式生产纺织品，体现出与古代盐铁"专营""禁榷"制度同一特点，其依托于官府，扩大为全行业或产业垄断的趋势，这实际上是历史上官办封建工业的延续。① 洋务派在陈述其理由时，却谓仿照"泰西通例"，但这与西方近代专利内涵大相径庭，极大地限制了国内纺织业的发展。

19世纪末，中国最早的一批商人几乎没有不与"十年专利"关联的。张謇在南通创办的著名大生纱厂，取得"二十年内，百里之间不得有第二厂"专利，1897年宋炜臣在汉口建立了燮昌火柴公司，享有"十年专利"，张莲芬创办的中兴煤炭公司，"距矿百里内他人不得再用机器开采煤斤，十里内不许民人用土法取煤"，我国第一家面粉厂保兴面粉厂由荣宗敬、荣德生两兄弟创办，取得"十年专利"。

"十年专利"的实质是"设厂专利"，"设厂专利"的核心要义是行业垄断、产品垄断兼技术垄断，对于"设厂专利"的认知，绝大多数是从全国的行业垄断、地方行业垄断及企业垄断等语义来理解其专利。这是用固有的传统智识来解读近代专利，并无近代专利"技术垄断"的本义，实则消解了近代专利的应有之义。

2. 作为奖励政策的"设厂专利"

清末商约"专利条款"签订后，清政府在全国大力发展实业，鼓励新产品、新工艺、新矿产，包括从国外引进的新产品、新工艺、新行业，当时，全国各地媒体有许多报道。这些新设工厂是清政府鼓励发展实业的奖励措施，不再视为西式专利。

---

① 陈旭麓：《近代中国社会的新陈代谢》，上海人民出版社1992年版，第110页。

轮船招商局成立，即获得"五十年内只许华商附股""不许另树一帜"的专利权。①

光绪三十年（1904）10月10日，安徽候补道许鼎霖在江苏镇江府丹徒县矿产资源创设铅笔公司，通过实业家张謇转呈商部，奏请"专办二十年"。②

通州某甲前在商部呈禀熬炼土硝，请专利而兴工艺……"兹闻日前传该商问话，有问必答，井井有条，各委员亦颇乐闻……饬查不久即当批示"。③

商部工艺局拟开办玻璃公司，在房山寻得玻璃矿石，称"房山玻璃矿石既系本局寻觅所得，自应专利归本局采办，不准他人搀售"。④

"新政"后，烟台商务日盛，有英人士美利氏欲在烟台建一自来水公司，"禀请道宪"，须"二十五年专利方可开办"。⑤

张謇拟在徐州开设耀徐玻璃公司，商部代其上奏，"请准予立案，并准其在徐州境内专办十年"，要求两江总督、漕运总督、江苏巡抚等"实力保护"。⑥

张之洞拟在武胜门外设织呢厂，由于投资巨大，提出如有豪商独立承办，则"准予专利十五年"。⑦

新矿产专利。两广总督袁树勋在广东韶关、钦州等地发现锑矿，拟仿照湖南成例，官商合办锑矿公司，请求专利，并请给予税收方面的优惠。⑧

1905年《大陆》载："商部头等顾问张季直殿撰，与安徽候补道许九香观察，合股在镇江创办铅笔罐公司，现经商部核定，准其专利十年。"⑨

---

① 张后铨：《招商局史》（近代部分），人民交通出版社1988年版，第57页。
② 《东方杂志》1905年第2卷第5期。
③ 《北京商部批示·土硝有望》，《大公报》（天津版·中外近事）1904年10月13日第2版。
④ 路透要电汇登（262商部咨文照录），《大公报》（天津版·时事要闻）1905年1月15日第2版。
⑤ 山东商务情形（1629），《大公报》（天津版·外省新闻）1904年9月12日第5版，大公报附张。
⑥ 《商部奏创设耀徐玻璃公司准予立案饬下该省督抚饬属保护折》，《东方杂志》1904年第10期，第167–169页。
⑦ 《东方杂志》1905年第7期，第129页。
⑧ 《署理两广总督袁树勋奏官商合办锑矿公司请明定专利年限折》，《政治官报》1910年第1033期。
⑨ 《铅笔罐专利十年》，《大陆》（纪事·内国之部）1905年第4期。

外国人亦有申请"设厂专利"者，京师大学堂有电灯五六百盏，皆系洋人经理，"许以专利六年"。①

1907年，察哈尔都统诚勋奏请创办蒙古汽车公司，他在奏文中说，朝廷鼓励兴办实业而"挽利源"，拟在口外蒙古地方创行汽车公司，先购两车试办，以后逐渐扩充，因汽车可行数千里，实为中国所罕闻，所以"必予以专利年限"，方敢创办，"若不定年限恐效尤踵起"，公司成立以后，无论中国人或他国人，"概不得再于口外蒙古地方另行汽车"，以张库铁路告成之年为年限，拟由察哈尔商务总局转呈赴部注册。其理由有五，其中有"若不定年限恐效尤踵起""许其专利方足以昭激励"。② 这是明显的行业垄断。

1907年，张弼士创酿酒公司，申请了十五年的专利，"凡奉天、直隶、山东三省，无论华洋商民，一概不准仿造"。时间之久，范围之广，无出其右。

"设厂专利"制度延续至民国时期。张謇是近代著名的政治家、实业家、教育家，创办企业20余家，涉及纺织、面粉、榨油、垦牧、水利、蚕桑、鱼盐等。1918年，其召集资本，购买日本、德国机器，派员赴日本考察，延聘德人，组建通燧火柴公司，并于1920年申请开场备案，其呈文中，列举其曾经创办南通大生纺织公司时，商部准许二十年内百里间不得另设第二场，因此，通燧火柴公司亦仿行大生纺织公司成案，"亦以百里之间二十年为限"，不得另行设厂。

中外商约"专利条款"签订后"设厂专利"仍然比较普遍，本质上仍然属于行业垄断、产品垄断及技术垄断。从这一点来看，"设厂专利"与洋务运动时期"十年专利"并无不同，但在表达上已经发生了重要的变化，不再把"设厂专利"视同西方近代专利，"设厂专利"不过是清政府鼓励兴办实业的措施而已，虽有专利之名，实际与专利毫无关联，这是中外商约"专利条款"后"设厂专利"的重要变化。

3. 对"设厂专利"的否定

清末中外商约"专利条款"签订后，在出现大量鼓励性质的"设厂专

---

① 《拟设公司》，《大公报》（天津版·外省新闻）1905年5月9日。
② 《又奏华商开办蒙古汽车公司恳请专利折》，《政治官报》1907年第94期。

利"的同时,也对"设厂专利"予以限制,甚至出现明确予以否定的案例。

安徽人李有贵、许善林、姚树泰三人合股创办机器织布厂,之前此地已有李国楷开办了锦裕机器织布厂,李国楷便以该厂之设"势必夺其利权",要求商务局派员查禁,而商务局以此前已告示劝人购机纺织,且锦裕机器织布厂未申请专利保护,因而"未便查禁",予以拒绝。① 这是对洋务派的"十年专利""设厂专利"的明确否定。

再如1907年,察哈尔都统诚勋奏请创办蒙古汽车公司,他在奏文中说,公司成立以后,无论中国人或他国人"概不得再于口外蒙古地方另行汽车",以张库铁路告成之年为年限,拟由察哈尔商务总局转呈赴部注册。1908年,职商赵宗贻等合资创办蒙古汽车公司,请准奏十五年专利,邮传部却以"汽车非该职商所发明之物",碍难准予,予以驳回。② 这两起类似案例,前一例未见注册结果,在第二个案例中,邮传部以其非发明之物予以否决,也是对"设厂专利"的否定。

(二) 清末中外商约"专利条款"签订后专利的近代转向

清末中外商约"专利条款"签订后,专利逐渐脱离传统的特许权表达,而趋向近代话语,主要表现为,商部在审查专利申请时强调,受保护的专利仅限于技术,且应具备"创造性""新颖性""实用性",而不涉及行业垄断、产业专营等专利特许权的内容,而这正是近代专利法律制度建构的重要内容。

1. 创造性

创造性是指申请的发明创造与现有技术比较具有一定的进步,这是近代专利的基本要求,清末中外商约"专利条款"签订后,对于申请专利,清政府开始注意审查专利技术的创造性。

"夫专利云者,谓其物由创造,非他人所能做,故许其专利,以奖其劳。若平常制造之物,则此人能造,彼人亦能造,若乱许专利,是利有偏壅而反

---

① 《不准查禁新厂》,《大公报》(天津版) 1907 年 7 月 9 日。
② 邮传部奏驳蒙古汽车公司,《大公报》(天津版·要闻) 1908 年 4 月 7 日第 2 版。

狭出产之路矣。"①

上海道袁观察据商人王钊禀称，发明一物，可令往来江海商人，如遇轮船不测，能免沉溺丧生之祸，拟创设公司，广造发售，有商会转请立案，"酌定年限，以便注册专利"。其强调的是"一物"，为产品发明，非行业垄断。②

《东方杂志》载，顺天府工艺官局前自日本购到织布等机器，简捷易学，所织之布匹等件销售甚畅。近闻某侍郎尚拟集资添购百余架机器，并添招工人以广为疏通。周某递禀商部，自称能造新式百响抬枪，绘图帖呈进，恳请批准专利，振贝子即饬司务厅迅传周某到部听候问话。③ 这则资料非常有意思，介绍了两件事，一是从日本引入的织布机，按照洋务派观念应该予以专利，但并没有提出专利保护，二是一件完全新式的武器"抬枪"，虽然细节不清楚，但符合专利保护独创技术这个实质条件。这两件事情联袂报道，前者与专利无关，后者由于技术的新颖性给予专利保护，这正是"新政"时期对专利认识的深化。

1907 年，《大同报》载："宁波职商胡国珍自出心裁，采取内地山泥，炼造大小石板，会将制法并版样由商会转呈农工商部，恳请立案专利等情况。兹奉部批，以石板一项为学堂应用之品，向系购自外洋，该职商自创新法，采泥炼造以期保固利权，殊堪嘉尚。惟本部专利章程尚未奏准施行，应援案酌予专办五年，暂禁他人仿效，并咨行浙抚转饬宁波地方官保护，仰即传知遵照云（运）。"④ 部批强调的是"自创新法"，予以保护。

反之，如果申请的发明创造缺乏创造性，则不能授予专利。

法教堂李司铎所造自行车经过商务总局试验"尚为灵便，准其专利"。有王体元者，所造之吸水器"尚利农田，准其专利"，但是，另有一人造脚踏车，原以轻便为贵，而所造脚踏车"重二百磅，须四人抬之方能移取，未免笑人不知耻不如人，妄求专利"⑤，未予批准。

---

① 《辨近日专利之误视》，《鹭江报》1903 年第 41 期。
② 《新创拯溺器拟请立案专利》，《大陆》1905 年第 7 号。
③ 《东方杂志》1904 年第 10 期，第 179 页。
④ 《商部批准专利年限》，《大同报》（实业新闻）1907 年第 15 期。
⑤ 《四川驳专利》(232)，《大公报》（天津版·外省新闻）1904 年 6 月 23 日第 5 版，大公报附张。

引进技术不能授予专利。特别值得一提的是，此前洋务派、维新派非常重视的仿造西方器械也不能授予专利。如1908年，《农工商报》载，职商刘有成等仿制洋线，禀请农工商部予以专利，局员审核后认为："查线辘及竹纱洋纱等线，向由外洋入口行销，该商仿式制造，虽为挽回利权起见，但此种纱线系用机器制造而成，尽人皆可仿造，并非独出心裁，所请专利，核与定章不符，未便照准。"① 该种纱线制造尽人皆知，并非"独出心裁"，且为仿造外人机器，不具有创造性，不能授予专利。按照现代《专利法》的规定，这是采取了国际标准，这是一个较高的要求。

2. 新颖性

清末中外商约"专利条款"签订后，新颖性是近代专利申请制度的另一项重要要求，对于不符合新颖性要求的专利申请不予批准。由于我国技术落后，具有创造性的发明并不多，且没有把创造性与新颖性区分开来，因而，在审查时，把是否具有新颖性作为主要判断标准。

四川工务学堂教习王君新造碾米机器，呈请试验，已由商局出示保护，准予专利三年。② 碾米在中国有广泛的市场，一般使用传统的人工舂米方法，王君所造的是一种新型的碾米机器，强调了碾米机器的新颖性，予以专利保护。

1905年，商人孙峻卿等秉请商部，拟在京师设立机器磨面公司，并请专利保护，但商部认为机器磨面"并非独创新法，且天通等处试办已久"，在当时，机器磨面已较为普遍，不具有新颖性，被商部驳回。③

1908年，商人张树桂向农工商部申请"福寿"牌号的铜锁专利，要求专造该铜锁，不准仿造，农工商部认为，"所呈铜锁式样机关巧密，洵能自出心裁，翻陈出新"，要求民政部切实保护商牌号，"俟本部拟定专利章程后再行酌发执照可也。"④

虽然所发明器物在当地属首创，具有新颖性，但在全国属确已存在，该

---

① 《机造纱线不能准予专利》，《农工商报》1908年第36期。
② 《东方杂志》1904年第10期，第181页。
③ 《批驳专利》，《大公报》（天津版·时事）1905年12月12日。
④ 《本部要批一览表》，《商务官报》（第二册），台北故宫博物院1982年印行，第227页。

方法或器械久已存在，为通常之物，则不具有新颖性，均不能按照以往特许权先例授予专利权。

1905年，《商务报》载："据禀请将丹凤火柴公司援案准予专利年限，并将区域扩充，不准别家复在顺直省内续开公司等情阅悉。查各国专利章程，必须事属创始独出心裁者，方能得此特别之优待。火柴一项流行已久，事非特创，自难率请专利。该公司前此具禀，系援照山东博山玻璃公司成案，请于大苑两县境内专办十年，业经本部据情奏准在案。兹复请援照汉口燮昌公司专利二十五年成案，并扩充区域至顺直全省，所禀前后两歧，事关奏案，岂率意更改，况现在中国商业尚未发达，正赖多立公司，方足以资抵制，若一丹凤公司即可专顺直全省之利，在华商因此裹足，而洋货之源源接踵者，无禁止贩运之理，岂非自戕生机，于理尤为不顺。本部主持商政统筹全局，一秉大公，该公司但患制造之不精，勿虑消行之不广，慎勿因个人私利，率行禀请。"①制造火柴本是从国外引进的新产品、新行业，按照洋务派及维新派的观点，应属首创，予以独占经营。"新政"时期，虽然顺直省内没有商家开厂，但早在1897年，宋炜臣在汉口即已建立了燮昌火柴公司，享有"十年专利"，火柴一项并非新产品，亦非新技术，丹凤火柴公司要求准予专利年限，商部自难准予。商部统管全国商务，对专利申请的认定提出更高的要求，且商部进一步表明，一旦授予专利年限，会构成垄断，与鼓励广开厂家的"新政"措施不符。

如果申请的专利方法或器械久已存在，或为通常之物，同样缺乏新颖性，则不授予专利。

1906年，《卫生学报》载："东省职商李涵清禀请，在省城西开设冰窖公司，给予专利年限。现经商部议复，以各国通例，必须自出新裁，创造新奇之品，始准呈验给照，酌予专利。藏冰备用，北方所在多有，未便禁止他人营运，所请专利应毋庸议云。"②冰窖公司的藏冰之术在北方久已存在，非常普遍，按照近代专利的要求，当然不能授予专利。

---

① 《据禀请将丹凤火柴公司援案准予专利年限》，《商务报》（公牍·商部批要）1905年第60期，第2-4页。

② 《专利不准》，《卫生学报》（纪载近事）1906年第1期。

3. 实用性

实用性，该发明创造物要能够在工业上应用，并制造出产品，不能实施者，即不授予专利。

1904年《四川官报》载："前报武弁尹姓上禀劝总局谓，能制造机器炉等物，现商务总局悬牌示谕，该外委所造各物，前经本督办沈在劝工局分别考验所制机器炉及花露等项，均未适用，应再详求精良，其电化镀各物不能耐久，擦拭即去，所炼铜铅各物亦未得法，且不能自行构造器皿，是该外委于制造之学，尚宜加功考究。"① 由于该项机器炉没有实用性，且不能制造器皿，因此被驳回专利申请，并要求其再加研究。

1904年12月，商人马某向商部提出申请，欲在山东"开一松华煤业公司，由商部咨询东抚，现在咨覆到部，略谓此事既非制造又非新法，难予专利，况包办煤业，未免垄断，着不准行"。② 商人马某新开煤业公司非专利法上的创造，因不具备实用性，且无创新性，又有垄断之实，所以被山东督抚驳回，这表明地方对专利的认识也较为清醒。

专利权是一种典型的授予性权利，现代各国专利法对于专利授予的条件均作了明确规定，主要是"三性"，即"创造性""新颖性""实用性"，清末对于专利的认识及实践已经逐渐向近代转向。

(三) 专利近代趋新的困境及其清政府的立法努力

1. 清末专利申请存在的问题

清末中外商约"专利条款"签订后，清政府实行"新政"，重视实业，各地成立劝工局，鼓励开发新产品，但是，专利处于新旧转换时期，各处对于专利的认识并不一致，尤其是地方政府，有些省份能够正确理解运用，有些省份仍然囿于传统的特许权观念。由于没有统一的专利法规，专利申请比较混乱，对此，有学者作了较为详细的分析，指出了其中存在的几大误区："有请专利于商务大臣者，有请专利于南北洋大臣者，有请专利于本省督抚

---

① 《不准专利》，《四川官报》（新闻·省内近事）1904年第15期。
② 《商部近闻》，《大公报》1904年12月4日。

者。于是果否专利,商人或未通晓,遂致有此省已请专利,而彼省又擅行仿效者,是徒有专利之文,而未得专利之益也。"商部成立后,各省仍然奉行不力,不遵照专利之文,竟有擅自仿造者,虽"控诸有司,亦不克严行禁罚"。而在审核方面,"不知专考其物之是否创造,而苛求其合用与否;不知专利之事,但须查其实系创造,即可给予凭据。若其是否合用合销,则由民间自为计较,官可不须过问。今则禀请专利之人,有因制造未精而被诉者,斯则与准许专利之法不合矣";还存在"寻常制造土货亦乱许专利也",因此,"夫专利云者,谓其物由创造,非他人所能做,故许其专利,以奖其劳。若平常制造之物,则此人能造,彼人亦能造,若乱许专利,是利有偏壅而反狭出产之路矣"。① 专利的主管机关不一,对于专利的申请,各省标准各异,审核不严,保护不力等,这是当时专利管理中存在的主要问题。

2. 清政府专利立法的努力

针对各省专利申请标准不一、重复申请的现象,1903 年清政府商部成立后,拟予以规范,"华洋商人均须报部备案,俟专利章程施行后,再行核办,其未按部文以前业经批准之案,应予通融办理……各案一律报部,惟有年限已满,续呈请展限者,应均按照现拟办法办理,其有援案呈请专利者,亦应咨由本部核明情形,分别准驳云云"。②

1904 年,对于当时各省专利申请审核中的乱象,商部试图拟定统一办法,"以昭划一"。商部认识到西方的专利制度极为强调创造性,"东西各国近百年来,讨究艺术,研精阐微,一切事物无不日趋于新。凡国民有能创新法、得新理、制新器便民而利用者,准其呈官,考验得实,则给以凭照,许其专利若干年,他人不得仿效。其奖劝甚至,而定例尤严,必须确系创作,始得享此利益。所以人人竭思殚虑,智巧日出而不穷。"而我国,"风气初开,商民渐知专利之益,往往寻常仿制物品,率行禀请专利,核与各国通例不符。本部综理商政,提倡不遗余力,所有各项公司局厂,凡有关振兴商业

---

① 《辨近日专利之误视》,《鹭江报》1903 年第 41 期。
② 《商部以现在各省商人呈请专利往往即行照准》,《东方杂志》(商务·各省商务汇志)1906 年第 6 期。

挽回利权之举,正宜设法劝办,俾得逐渐推广",且我国专利制度,"间有创新办公司,本部准予专办者,然均指定地方,其范围极狭,实于力兴维持之中,仍寓严示限制之意。盖先办之人,一经准其专利,则虽有资本雄厚者,且将坐视垄断无所措手,殊与振兴宗旨相背。——现在,各省商人呈请专利,往往即行照准,或咨部立案办理,特属参差",所以,"急宜著定办法,以昭划一。嗣后,各省呈请专利者,接到此次部文之日为止,无论华洋商人均需咨报本部,先行备案,俟专利章程施行后,再行核办。其有未接部文以前业经批准之案,应予通融办理,惟年限已满,续请展限者,应按现拟办法办理。其有援案呈请专办者,亦应咨由本部核明,分别准校,以免分歧而维商政"。①

商部进一步指明各省专利与西方专利性质不同,实为"垄断":"给凭专利权与法国而英美德奥等国仿之,迄今欧西已成通例矣。故其性质不容不辨,盖所以允其专利者,缘此器物通国所无,由彼发明制造,是以奖励而酬报之。此属于提倡工艺范围,与商业保障显有不同。乃近日往往混而为一,寻常物品非出创制,一设厂便请专利若干年限,致后来者无所发展,此直垄断而已,是宜明定章程一取缔之也。"②

清政府意识到西方专利制度强调的是专利"确系创作",而我国一寻常物品即申请"专利"保护,明显缺乏创造性,且先办之人,一经准许专利,则形成垄断,与"振兴宗旨相背",所以,作为主管机关的商部,"急宜"制定统一办法,"以昭划一"。1906年10月15日,清政府颁布《奖给商勋章程》,给予有技艺的工匠及发明创造人员授勋,但是,该章程偏向于政治性的"商勋"奖励,而对于申请条件、权利内容基本没有规定。

清末出现专利新旧杂陈及整体趋新的现象,清政府在认识上是清醒的,但是,要规范专利申请,因势利导,最根本的解决办法是制定《专利法》,由于涉外专利问题的"窒碍",清政府并未准备制定《专利法》,而《奖给商勋章程》内容比较简单,奖励方法上过于偏重荣誉奖励,缺乏实施的现实与

---

① 《咨各省呈请专利办法略》,见刘锦藻:《清朝续文献通考》(卷383),商务印书馆1936年版,第11303页。
② 刘锦藻:《清朝续文献通考》(卷383),商务印书馆1936年版,第11304页。

社会基础,于 1909 年被废止。最终,直至清朝灭亡,近代专利法也没有诞生。

清末是我国近代专利制度发展的重要时期,虽然专利的用语、内涵及其实施过程十分复杂,"设厂专利"大量存在,但是,受中外商约"专利条款"的影响,已经出现近代转向的重要变化。有学者评价清末"新政"时期,"各类经济法规的制定与颁行,在中国经济法制史上奠定了前驱先路的重要历史地位,对于近代经济制度的构建具有开创性的意义"。① 清末专利制度表现出的新趋向,也是清末经济制度构建的一部分。

二、清末中外商约"专利条款"与近代中国专利私权性质的形成

封建特许权语境下,发明人的发明创造乃封建皇权的"恩惠",其产生、消灭均取决于封建皇权或地方政府。近代专利法律制度是以保护发明人的专有权利为核心,专利法律制度的形成是专利私权确立的标志。

从专利发展的历史来看,各国都存在从封建特许权向近代私权的转变。西方是在资本主义生产方式及其政治变革推动下的自然演变,有深厚的近代资产阶级思想文化土壤。中国则不然,专利从"特许权"向"私权"的转变,受清末中美商约"专利条款"的直接影响,外部因素是主因;同时,受中国固有管制理念"专营""专卖"的影响,专利的近代私权转变过程显得十分复杂与独特。以下通过对比中西近代专利的演变予以阐述。

(一) 西方特许权专利权到近代专利权的演变

中世纪,西方已经出现专利特许权制度,主要是在威尼斯和英国。

1. 威尼斯的早期专利制度

早期"专利",意指简短的表征专利权利的文书,申请人事先须支付一定的费用从而获得生产、销售某种产品的"特许权",即一项具有垄断性质

---

① 朱英:《研究近代中国制度变迁史应该注意的若干问题》,《社会科学研究》2016 年第 4 期。

的排他权。早在公元前 3 世纪，希腊古城锡巴里斯一位厨师发明了一道菜品而被授予一年内排他性制造此菜品的权利。文艺复兴时期，著名的建筑工程师菲利波·布鲁内莱斯基设计建造了一艘安装有齿轮起重机的轮船，在 1421 年 7 月 9 日被授予为期 3 年的排他性制造该种轮船的特许权。1443 年，法国商人马日尼（Antonius Marini）向威尼斯议会提出建立风车磨坊，前提是在未来 20 年内，他人不得在威尼斯城及周边建立类似磨坊。1492 年，一商人获得新式磨坊机 20 年的独占经营权。可见，在威尼斯，独占经营已经比较普遍，此时的独占经营可能是一项技术，也可能是一个新兴行业，独占经营的权利来源于市政府的授权，这是威尼斯繁荣的一个重要原因。1474 年 3 月威尼斯共和国颁布了世界上第一部《专利法》，该法规定："任何人在本城市制造了前所未有的新的精巧的机械装置，一俟改进趋于完善以便能够使用和操作，即可向市政机关登记。本城其他任何人在 10 年内没有得到发明人的许可，不得制造与该装置相同或近似的产品。"① 这部《专利法》包含了近代专利法的基本内容，具备了近代专利法的基本轮廓，且仅赋予发明专利权人对某项技术一定时期的垄断权，与此前的特许权制度有明显不同，排除了行业垄断，是特许权向近代专利权的过渡，试图在限制过度竞争和过度垄断之间保持适当的平衡，以满足商人之间相互冲突的盈利需求，但是，在性质上"更多表现为贸易规制法"。②

16 世纪后期，随着海外殖民地的拓展，欧洲商业的重心转移至荷兰、英国、法国等，拥有某种技能的商人则纷至这些新兴崛起的国家。"这种授予发明人以特许权的做法迅速从意大利向欧洲其他国家扩散，从文献中不难找出英国、法国等关于授予此等特权的记载。实际上，前文提到的中世纪保护著作权的书籍特许权制度就是以发明专利的特许权制度为蓝本的。"③

2. 英国近代专利的形成及其特点

近代专利制度源于英国，经历了由王室特权向近代私人财产权的转化。

---

① 汤宗舜：《专利法教程》（第三版），法律出版社 2003 年版，第 7 页。
② 黄海峰：《知识产权的话语与现实——版权、专利与商标史论》，华中科技大学出版社 2011 年版，第 127 页。
③ 李飞：《意大利法学家的知识产权历史观》，见林秀芹：《中外知识产权评论》（第 1 卷），厦门大学出版社 2015 年版，第 84 页。

其过程表现为议会与国王持续的较量，伴随着资本主义人权理论的强大，并最终产生近代意义的专利法《反垄断法》，其对世界专利制度的影响远超威尼斯《专利法》，表明近代专利法律制度转型的完成。

（1）英国早期专利特许权性质及其内涵。

近代"专利"一词即来源于英国单词 patent，原意为盖有国王印玺而不必拆封可以打开阅读的一种文件，为英国君主特权之一种，表现为"令状"的方式。起初，其涉及内容十分广泛，后逐渐演变为对某一技术、行业的"独占""垄断"之意。在英国历史上，除了对本国发明人授予特许权外，为了发展本国工业，增加王室税收，吸引外国能工巧匠，英国国王还通过特许令状鼓励外国新兴行业的商人来英国发展，给予其特别的保护，往往给予其某种产品或行业的独占经营权。1331 年，英国国王爱德华二世授予来自欧洲大陆佛兰德斯（Flanders）的商人约翰·坎佩（Joho Kempe）从事纺织、染色和漂洗业务的独占经营权，以使其不受地方行会的排挤。1449 年英国国王授予 Utynam 商人约翰对其引进的彩色玻璃制造工艺拥有 20 年的独占经营权。1559 年，意大利商人捷克布斯·阿肯（Jacobus Acontius）发明了一种新式磨碎机，包括轮机、染色及酿造的熔炉，在移居英国后，上书女王，请求对其予以专利特许权，最终获得批准。为了奖励新式制造业的发展，至伊丽莎白一世时，这种独占经营的专利特许权大为增加，据统计，1561—1603 年，英国君主总共授予 55 项专利，而给予外国商人的专利特许权就达 21 项，包括肥皂、制盐、纺织、皮革、采矿、玻璃等。① 因此，此种专利特许权在本质上是国王授予的一种恩惠与荣誉，并且拥有对专利纠纷的完全管辖权。从某种程度上来看，专利制度源于国际贸易的竞争，其目的是实现国家利益。

从性质上来看，以令状的形式授予商人一定期间的专利独占经营权，该项权利并非一项法定权利，更非近代私权，其权利来源于君主，是否授予、独占期限长短等均取决于君主。

（2）近代英国专利私权的形成及其合法性来源。

伊丽莎白一世统治时期，由于专利授予并无统一的标准，女王为了增加

---

① 黄海峰：《知识产权的话语与现实——版权、专利与商标史论》，华中科技大学出版社 2011 年版，第 128－129 页。

收入及获得政治支持，肆意授予专利，滥用特许权，甚至连日常生活用品如油、盐、醋和淀粉等都作为授予专利的对象，以致于影响了普通民众的生活。围绕专利特许权，英国议会与女王之间展开了一场持久的争执与较量。新兴的工商资产阶级依据"法律至上"的原则，提出王权应受制于法律权威，受限的范围当然包括专利的特许权，这种较量以达熙诉阿兰案为转折点。

达熙诉阿兰案涉及扑克牌的进口、生产与销售特许权。1576 年，起初该专利授予商人波斯与贝丁斐德，后转手授予达熙，其享有独占经营扑克牌 12 年垄断权。扑克牌的生产本身已存在，并非一种新产品，是国王授予宠臣达熙的一种恩惠。达熙将违反扑克牌专利特许权的阿兰诉至普通法院，结果却适得其反，法院判决，由于达熙所独占经营的扑克牌并非引入的新产品或新发明，这一独占经营特许权违反了普通法、成文法和人们的自由，损害了其他人的贸易自由，因此达熙败诉。[①] 这一判决结果最重要的意义是对国王专利特许权的否定，表明国王专利特许权制度逐渐衰落。

1623 年，英国颁布了《反垄断法》，这是议会与国王在专利上发生冲突的新的重大事件，是议会限制君主专利特许权的又一重大胜利。该法被认为是世界第一部近代专利法。该法首先明确所有以独占买卖、生产、经营或使用为内容的垄断、授权、许可和公示令状无效，任何个人、政治团体或公司不得使用或行使授权、许可、特许令状、公告等垄断特权。这就以法律的方式否定了君主行使专利特许的权利，不再以个案方式否定国王的专利特许权。同时，该法又规定，对于最初真正属于发明人的新产品，只要不违反法律，即拥有 14 年独占经营的专利权。《反垄断法》的目的在于限制王权，保证商人的营业自由，保护最初真正的发明为合法垄断。《反垄断法》授予垄断的专利规定了七项适格条件，特别值得注意的是，其中三项意在排除行业垄断，强调所授予的对象仅限于从事新产品的制造者，且该发明是英国国内未曾使用过的新产品或工艺，且不得损害已有贸易，这是近代专利法的核心要义，专利私权属性最终完成。

[①] 黄海峰：《知识产权的话语与现实——版权、专利与商标史论》，华中科技大学出版社 2011 年版，第 132-133 页。

进入 18 世纪，受资产阶级人权理论的影响，欧洲国家专利制度获得了新的合法性来源。以英国为代表，专利从特许权进一步向近代专利权演变，主要体现在专利的说明书及新颖性的要求上。

此前，专利申请并不要求发明人公开专利技术，后来为了确权的需要，发明人主动提交专利说明书，并逐步发展为发明人申请专利的一项义务。在1795 年伯顿与瓦特诉布尔一案，法官更明确宣布："专利说明书乃是专利人为了获得一定期间的独占利益而必须付出的代价。"[①] 要求专利发明人提交专利说明书这一规则具有重要意义。比较而言，在君主特许权语境下，发明是发明人与国王之间的契约关系，发明人发明新产品、引入新产品或新产业，促进经济发展，以获得国王的庇护；而发明申请人公开说明书，于社会进步有益，即发明人为了获得政府保护而支付的对价，以平衡发明人与社会之间的利益关系，此种语境下的专利可视为发明人与社会公众达成的契约关系。

另外一个变化是提高了对发明专利新颖性的要求。此前，从国外引入新式产品或工艺亦授予专利特许权，予以保护，这是采取专利相对新颖性的标准。但在 18 世纪，专利申请对新颖性采取绝对性标准，只有真实的发明人才有资格申请专利，对已有产品或工艺予以改进也被认为具有新颖性，但不得延及原有产品，换言之，只有自身创造的新产品或工艺才可申请专利。专利绝对新颖性的要求，契合了当时流行的洛克劳动财产权理论。洛克认为，劳动是财产权的基础，个人对于自己劳动而产生的任何事物皆享有财产权，故此，发明人发明的新产品、新工艺，发明人改进的那一部分，均对此享有财产权，这是一种自然权利。

专利的说明书及绝对新颖性标准，"促使了专利在表达上从垄断话语向权利话语的转变"。18 世纪，受劳动价值理论即自然权利理论的影响，专利权作为私权获得了新的合法性来源，专利所具有的垄断、独占性质更具有正当性。[②]

---

① 黄海峰：《知识产权的话语与现实——版权、专利与商标史论》，华中科技大学出版社 2011 年版，第 140 页。
② 黄海峰：《知识产权的话语与现实——版权、专利与商标史论》，华中科技大学出版社 2011 年版，第 141 页。

3. 法国专利私权属性的理论基础

以自然权利作为知识产权理论的典范是法国。法国大革命时期,《人权宣言》影响深远,以天赋人权作为保护发明的基本理论,其表现是专利申请采取不审查主义,意谓发明乃最原始之私人所有权,且系由自然法而生,不必等待人为之制度审查其实质,只要自信有所发明,即可申请由国家予以保障其权利,而国家亦有保护之义务。① 这充分反映了人权理论对法国专利制度的浸润,因而,法国的不审查主义在世界各国专利制度中极具特色。1791年,法国颁布了《专利法》,并在其前言表明:"所有新颖的设想,本来就应属于想出这种思想的人,假若工业发明不承认创造者的财产,那么就是从实质上无视人权。"② 且其第一条规定,发明是发明人对其智力创造成果所享有的一项财产权利,只要符合一定的要求,就享有相应的权利,是天赋人权,而不是君主或政府的恩赐。

1878 年的《巴黎公约》也认为:"发明人和产业上的创造人,应视其作品的权利就是财产权。"

4. 美国以宪法确立专利之私权依据

美国在早期殖民时期,受英国影响,为了发展殖民地的经济,对于新的发明予以一定期限的垄断权。1641 年,美国诞生了第一个专利,由马萨诸塞州普通法院授予撒母耳·温斯罗(Samuel Winslow)制盐新方法专利。1646 年,该院又授予约瑟·金克斯(Jose Jenkes)制造大镰刀的机械专利。③ 1776 年美国独立后一段时间,各州仍按照惯例授予发明人专利特权。1787 年,美国宪法规定国会有权"赋予作者和发明人就其作品和发明在一定期限内的专利权,以促进科学和实用技术的进步",从宪法的高度确定专利是发明人就其发明享有的专有权。1790 年,美国颁布了第一部《专利法》,为美国专利法的发展奠定了基础。

从对威尼斯、英国、法国及美国专利制度的发展历程的梳理,可以得到

---

① 曾陈明汝:《专利商标法选论》(增订新版),中亨打字印刷行 1977 年版,第 272 页。
② 吉藤幸朔著,宋永林,魏启学译:《专利法概论》,科学技术文献出版社 1980 年版,第 11 页。
③ 曾陈明汝:《专利商标法选论》(增订新版),中亨打字印刷行 1977 年版,第 10 页。

三点启示，一是西方近代专利法律制度的演变过程，其缘起与国家产业政策有关，是国家主动追求经济发展的结果。从具体进程来看，该专利制度是在议会与以王权为代表的行政权的不断斗争中逐渐演变而来，是西方近代资本主义政治制度变迁的必然结果，最终完成了从国王的特许权走向近代私权的转变，由官方个案自由裁定的特权向法定权利的转变。二是从西方近代专利的理论基础来看，人权理论是专利制度产生与发展的肥沃土壤。近代人权语境下，发明人的专利权来源于发明人的创造性行为，是一种自然权利、法定权利，不是来自国王的授予，更非国王的恩惠。三是从近代专利的表现形式来看，近代专利是一种技术专有与独占，非产业垄断。

（二）影响近代中国专利私权性质形成的主要因素

我国近代专利也经历了从"封建特许权"到"私人财产权"的转变过程，这一过程与专利法律制度的产生、发展共生。与西方迥异的是，由于近代中国极度缺乏产生专利私权的文化土壤，这一转变过程的动力主要来自外部压力，具体表现为履行中外商约"专利条款"。

1. 近代中国缺乏产生私权性质专利的文化土壤

吴汉东教授认为，近代专利制度产生的土壤是民主政治、自由经济、私权文化，反观我国，"从本土化的过程来看，与西方不同，中国封建特许权制度的存在与近代知识产权法的产生缺乏历史链接"。[①] 此外，"重农抑商"的封建统治政策和"重义轻利"的传统文化价值观严重阻碍了私权的发展，也没有对发明创造保护的诸如财产权劳动价值论或者人格理论的思想基础，这就注定了我国近代专利制度不可能源于本土。即使在以后的西方专利制度的传播过程中，我国专利制度的发展也经历了一些认识上的误区和波折。[②]

学者一般认为，中国极端的封建皇权专制政治强调的是对社会全方位的控制，中国古代的法律文化基本上是重刑轻民，作为私权的近代专利观念难

[①] 吴汉东：《知识产权法律构造与移植的文化解释》，《中国法学》2007年第6期。
[②] 冯晓青，刘成军：《我国保护发明创造立法和政策文献分析——从〈振兴工艺给奖章程〉到〈中华人民共和国专利法〉》，《南都学刊》（人文社会科学学报）2013年第33卷第1期。

以生根。正是在这样特殊的背景下，清末中外商约"专利条款"为西方近代专利制度在中国落地生根提供了一种可能与机会，决定了近代中国专利制度不同于西方的发展历程。

专利含义不清，理解不一，新旧杂陈，专利滥用、泛化十分突出，是晚清至民国时期的普遍现象，出现这种现象的主要原因就是近代中国缺乏专利私权的文化土壤，洋务派的"十年专利"即是典型。

洋务运动时期中外专利内涵之争，是对西方专利的曲解。1882年，美商丰泰洋行经理魏特摩及英商祥生船厂经理格兰特拟在中国筹办纱厂，听说已有设厂之禁令颁行，特请美国驻华公使杨格照会清政府总理衙门，查询此事。10月18日，总理衙门复函称："前年北洋通商大臣批准上海华商新设织布公司，予限十年内只准华商入股，不准他人再设，业已奏明在案。盖因机器织布系中国创举，必须酌情妥为保护，庶期数年之内得以渐沾利益，若准许他人设厂夺利，则首先试办者将被排挤，几无自立。是故不准华商另行设厂，然则何能反而准洋商得设厂欤。"其强调机器纺织已经取得专利权，中外商人不得另行设厂。[①] 且清政府认为，中国专利乃仿行西方通例，"所有西方各国，均有一体遵行之立法，对该国前所未有之发明给予一定期限的独占利益。上海采行之计划与西方各国所为并无二致"。对此，西方外交使团认为清政府的说法"显然出于误会""该争议无疑是涉及垄断问题，与专利全然无关"。[②]

关于李鸿章"十年专利"的评价，近年来学界更多趋向于负面，认为其"贻害无穷，在这十年中上海织布局迟迟不开工，而其他华商又受禁不得另行设厂，本来大有可为的新兴工业，竟始终一片真空，坐失十年最紧要的时光"[③]，"使中国之棉纺织工业，甚至整个工业化运动，都遭受了无法估计的巨大损失，而其所种下的祸根，严重影响到此后数十年的发展"[④]。日本在明治维新后大力发展纺织业，甲午战争后在中国马上抢得先机，占有了中国棉

---

① 赵冈，陈钟毅：《中国棉纺织史》，中国农业出版社1997年版，第139-140页。
② 方流芳：《公司：国家权利与民事权利的分合》，中国人民大学1992年博士论文，第30页。
③ 赵冈，陈钟毅：《中国棉纺织史》，中国农业出版社1997年版，第143页。
④ 赵冈，陈钟毅：《中国棉纺织史》，中国农业出版社1997年版，第135页。

纺织业较大的市场份额。洋务派专利思想的特点是仿制专利,用古代"专营"理解西方专利制度,正是近代中国缺乏产生近代专利文化土壤的典型表现。

2. 中外商约"专利条款"与近代中国专利私权性质的形成

近代专利私权与专利特许权的区别。近代专利理论认为,专利的私权属性来源于发明创造者的创造性劳动行为及政府授权性的行为,创造性的行为是事实行为,为权利产生的"源泉",政府授予性行为是法律行为,为权利产生的"依据"。[①] 专利特许权也来源于这两个方面,所不同的是,近代专利的理论依据是自然权利,是一种法定权利,而专利特许权虽然一般也立足于创造性行为,但国家(如君主、国王、地方政府等)的行政授予起决定性作用,是否授予,完全取决于国家(如君主、国王、地方政府等),是一种恩赐。

近代专利私权的内涵包括对专利的完全独占权、处分权,包括实施、继承、转让、许可,侵权之保护等,"创造者对自己的智力成果享有私人权利,能够随意处分知识财产,是资产阶级革命时期形成的现代知识产权观念"。[②] 如果说,创造者对于自己的智力成果享有随意处分的权利是专利私权成熟的标志,那么,在近代中国专利私权逐步完善与专利法律制度的孕育发展相伴相生,是为了激发发明人的积极性,有关的专利法律在专利的权能方面不断扩充、完善,并最终完成这一过程。

1906年,清政府虽然颁布了《奖给商勋章程》,但对专利的保护主要通过授予匾额、官职和专制权等行政手段实现,在封建专制体制下,授予专利不过是鼓励发展经济的措施而已,并非建立在私权基础上。

辛亥革命后,民主共和的国家体制的建立,在有关专利立法方面与晚清政府的各类专利法规不同,历届政府颁布的相关法律在专利的私权属性方面有明显的进步,显现出逐步完善的趋势。

1912年12月,北洋政府颁布《奖励工艺品暂行章程》,其中规定了专利

---

① 吴汉东:《知识产权法》(第六版),中国政法大学出版社2012年版,第11页。
② 吴汉东:《知识产权法律构造与移植的文化解释》,《中国法学》2007年第6期。

申请的原则、审查程序及说明书，且专利仅限于发明创造者及其改良者，特别重要的是，该章程废除了以前的设厂专利，专利权脱离了专制权，使得该法不同于清代的专利保护法律法规。从权利来源看，专利权已经不是君主的授权，而是源于发明者创造性的劳动，只要符合该章程的条件，任何人均可以申请专利，已经非常接近近代专利制度。因而，有学者认为，1912年，"临时政府北迁以后，工商部又颁布了《奖励工艺品暂行章程》，把专利权之授予严格限制于工艺品的首先发明及改良者，并规定了具体年限，从而废除了此前封建性的专利垄断"。① 该法可称为我国最早之专利法，此后20年间北京及南京政府所施行者均以此为蓝本。②

1923年，北洋政府颁布了《暂行工艺品奖励章程》及其实施细则，这是对《奖励工艺品暂行章程》的一次重要修改。修改以后的《暂行工艺品奖励章程》有长足的进步，关于奖励的对象，在发明及改良前加"首先"二字，强调保护客体的创造性，应用"外国成法"者仅予以褒状。关于专利的申请、审查、公布、继承、取消、查禁保护等都有非常详细的规定，尤其是，该法规定专利权人享有对专利的继承、转让的权利，拥有比较完整的权能。所以，从性质上看，该条例是近代专利私权的重大进步。

1928年6月，南京国民政府颁布了新的《奖励工业品暂行条例》，从内容上来看，该法给予了专利权人更加完整的私权内容，延续了1923年北洋政府《暂行工艺品奖励章程》中规定的继承权、转让权外，保护年限更长。1923年，北洋政府颁布的《暂行工艺品奖励章程》规定专利保护期为三到五年，1928年6月，南京国民政府颁布的《奖励工业品暂行条例》规定保护期分别为十五年、十年、五年及三年，对侵权规定更加具体等。

1932年9月，南京国民政府颁布《奖励工业技术暂行条例》，完善了专利申请程序、客体范围、职务发明、侵权规制等，是专利法律制度发展史的又一明显进步。该法第二十五条规定，"明知为伪造或仿造之物品而贩卖或意图贩卖而陈列者，处六月以下有期徒刑或一千元以下罚金"，赋予了专

---

① 陈旭麓：《近代中国社会的新陈代谢》，生活·读书·新知三联书店2017年版，第310页。
② 吴涧东：《三十年中国之发明专利》，见《三十年来之中国工程》，中国工程师学会，1946年8月出版，第15页。

利权人销售权及许诺销售权,这是以前没有的,专利权的内容更加充实,但是,该法规定此种侵权是以主观上的"明知"为前提条件,有一定局限性。

　　1944年,国民政府颁布了《专利法》,在专利权的内容方面更加完备。该法第一章第四节专门规定"专利权",通观全文,专利权人享有以前规定的权利外,又增加了使用权及进口权,至此,专利权的所有内容已经完备。这是我国第一部《专利法》成熟的标志之一,也是我国近代专利私权性质形成的标志。正如学者所言,1944年颁布的《专利法》,是我国颁布的第一部正式的专利法,该法基本形成了专利申请、审查、实施、保护的完善的专利制度,专利权脱离了专制权成为一种同于西方专利的私有权利。①

　　近代汉语新词较为普遍的形成方式,是用汉语古典词对译内涵相近的西洋术语,古语中渗入西义,演变为一个包孕近代意义的新名。②"专利"一词亦然,经过近代近半个世纪的演变,化蝶为具有全新意涵的鼓励发明创造的专用词,"专利"一词终于实现了华丽的近代转变。

　　"知识产权不是君权神授的结果,而是基于作者、发明者创造性活动的产物。近代知识产权立法使这种权利从公法领域进入私法领域,由特许专有权转变法律规定的可转让的知识财产权,这是罗马法以来财产领域的一场非物质化革命。"③

三、清末中外商约"专利条款"与近代中国专利保护体制的构建

　　从权利的性质来看,专利是私权,是民事权利,是民法保护的范围。我国近代专利保护是以行政奖励法为主,而非以民法为主,这是我国近代专利法律制度的特色,其原因与专利独有的公共属性有关,更受清末中外商约

---

① 冯晓青,刘成军:《我国保护发明创造立法和政策文献分析——从〈振兴工艺给奖章程〉到〈中华人民共和国专利法〉》,《南都学刊》(人文社会科学学报)2013年第33卷第1期。
② 冯天瑜:《"自由"概念之演绎》,武汉大学传统文化研究中心"傅说新语"公众号。
③ 吴汉东:《财产的非物质化革命与革命的非物质财产法》,《中国社会科学》2003年第4期。

"专利条款"的影响。

1. 专利的公权属性与近代中国专利法律保护制度的选择

私人本位的知识产权具有公共政策属性。知识产权是私权,世贸组织知识产权协议也规定了知识产权的私权属性。知识产权性质上虽为民事权利,但又并非单一的私权属性,在私权客体中,作为知识产权客体的知识产品具有特殊性。由于知识产品的无形性,决定了其同时具有公共产品的属性,智力成果不易为权利人所控制,易被他人"搭便车",在域外国家尤其如此,因此,知识产权是"具有某种私人本位的公共政策属性"。①

纵观古今中外,对知识产权的保护既涉及私人利益,又涉及国家利益。从专利制度的起源来看,它并非仅简单地为了鼓励发明创造,也是政府发展经济的政策手段。事实上,专利制度产生的初期,其目的首先是发展本国经济,其次才是鼓励、保护发明人的发明创造。英国初期的专利法就是为了吸引外国技术工人,近代中国同样如此,清政府奖励发明,其出发点即为挽回利权、救亡图存,而非以保护私权为目的。有学者认为:"在封建特许令时代,国家或政府的公权力在知识产权制度中是起到非常关键的作用的,甚至可以说,从知识产权的起源看,这一权利的产生是国家或政府的公权力干预的结果。"② 学者安守廉也认为,西方专利法的早期历史也表明了王室想要通过加强国家力量巩固其地位而不是承认发明者固有的财产利益的诉求,因此,如英国王室就将专利授予那些将新的产品、生产程序和发明引进英国的外国人,即使那些人并不是所争议之创新的发明人。③ 因此,专利制度的初期,其作为奖励法的性质尤其明显,之后,由于资本主义的发展,专利制度才在近代社会逐步摆脱奖励法的羁绊。

知识产权的公权性质衍生知识产权相关的产业政策理论。关于专利法律制度的基本理论,学界公认的主要是基本权利论(自然权)、产业政策论。

---

① 吴汉东:《国际变革大势与中国发展大局中的知识产权制度》,《法学研究》2009年第2期。
② 李永明,吕益林:《论知识产权之公权性质——对"知识产权属于私权"的补充》,《浙江大学学报》(人文社会科学版)2004年第34卷。
③ 安守廉著,梁治平译:《知识产权还是思想控制:对中国古代法的文化透视》,见梁治平:《法律的文化解释》,生活·读书·新知三联书店1994年,第255-256页。

基本权利论是近代以来依托于资产阶级的人权理论，具有深厚的理论基础，但其本身并不周延，不能解释多人完成同一项发明，为何只能授予一个发明人。产业政策论则是通过奖励、保护发明人的利益，以促进国家经济发展，对发展中国家知识产权政策、产业政策、投资政策及贸易政策等均有影响。时至今日，各国专利法在立法宗旨上，仍然坚持保护发明人专利与促进产业发展并重，我国《专利法》第一条规定，保护发明人的合法权益，"促进科学技术进步和社会经济发展"。美国同样如此，其《宪法》第一条第八款第八项规定，国会有权"赋予作者和发明人就其作品和发明在一定期限内的专利权，以促进科学和实用技术的进步"。

2. 清末中外商约"专利条款"与近代专利科技奖励制度

近代中国，自清末至1944年国民政府颁布《专利法》，保护发明创造的制度特点是以科技奖励为主，虽然与专利本身的"准公共产品"属性有关，但中外商约"专利条款"的影响是主因。

清末中外商约"专利条款"影响近代专利保护体制的逻辑是：按照中外商约"专利条款"的规定，中国政府须制定《专利法》，然后才能据此保护外国人的专利，制定《专利法》是保护外国人专利的前提，而保护外国人专利于中国经济发展不利，为了避免与西方发生外交冲突，就不能颁布《专利法》，但是，近代中国要发展经济，又必须鼓励发明创造，最现实的办法就是制定行政奖励法，既可以回避保护外国人专利问题，又可以鼓励发明创造，这就决定了近代中国专利保护的体制以奖励法为主导。

据学者统计，1889年7月12日至1984年3月12日，我国颁布的保护发明创造的立法文件共有60部，晚清政府及民国政府颁布的计有39部[1]，这些立法文件基本上是科技奖励法。奖励的方式一般有表彰、授予荣誉、减免税收、发奖金、资金支持等。所以可说，在近代中国，授予专利权是作为奖励的方式之一。

（1）晚清专利特许权的保护。

1889年，"百日维新"颁发的《振兴工艺给奖章程》，是我国正式颁布

---

[1] 冯晓青，刘成军：《我国保护发明创造立法和政策文献分析——从〈振兴工艺给奖章程〉到〈中华人民共和国专利法〉》，《南都学刊》（人文社会科学学报）2013年第33卷第1期。

的第一个有关专利的法规。除给予发明创造一定年限外，它还特别规定奖予一定的官衔，"请给工部郎中实职"，封建皇权体制下，不可能给予发明人私权性质的专利权。

1906年10月，清末"新政"时期着重颁布的发明创造奖励法《奖给商勋章程》，其主旨仍然是奖励。在商部呈奏"酌拟奖给商勋章程折"中认为，欧美各国奖励新法、新器，实业兴盛，"其本原皆在于是"，因而要取法西方奖励制度，其奖励法的特色更加明显，其突出表现是许以官衔的奖励。

清政府颁布的《奖给商勋章程》共八条：(1) 凡制造轮船与外洋新式轮船相等者，能造火车汽车及造铁路长桥在数十丈以上者，能出新法造生电机及电机器者，拟均奖给一等商勋并请赏加二品顶戴；(2) 凡能于西人制造旧式外别出新法创造各种汽机器具，畅销外洋，著有成效者，能察识矿苗，实有成效，所出矿产足供各项制造之用者，拟均奖给二等商勋，并请加三品顶戴；(3) 能创作新式机器制造土货格外便捷者，能出新法制炼钢铁，价廉工省者，能造新式便利农器或农家须用机器，及能辨别土性用新法栽植各项谷种获利富厚著有成效者，独立种树五千株以上成材利用者，独立种葡萄苹果等树能造酒，约估成本在一万元以上者，能出新法，制新器，开垦水利著有成效者，均拟奖给三等商勋并请赏加四品顶戴；(4) 凡能就中国原有工艺美术翻新花样精工制造畅销外埠卓有成效者，能仿造外洋各项工艺，一切物件翻新花样畅销外埠卓有成效者，拟均奖给四等商勋并请赏加五品顶戴；(5) 凡能仿照西式工艺各项日用必须之物畅销中国内地卓有成效者，拟均奖给五等商勋并请赏加六品顶戴；(6) 凡上开列应奖各款仅举大端者，其有未尽事宜应均比附此项章程，由本部酌核办理，其有所制之器，所办之事成效卓著，实属特异者，应由本部专折奏请，恩施量加。优异以新观听至寻常工艺，制作精良者，未便概给此项商勋，应由本部参照功牌式样，另造商牌，以备随时给发。余下的两条为程序性内容。①

晚清的相关专利法规是在专制政治体制下以救亡图存为目的，这就决定了它的功利性以及奖励法的性质，不可能存在近代私权因素。至后期，中国

---

① 《商部奏酌拟奖给商勋章程折》，《东方杂志》（实业）1906年第12期。

的实业家并不想要名誉爵位和虚衔，而是迫切希望政府给予切实可行的保护措施①，而这正是近代私权产生的动力所在。

(2) 民国时期专利保护奖励法的特色。

辛亥革命后，共和政体确立，历届政府颁布了一系列鼓励发明创造的法律，这些法律仍然极具功利性，表现为行政奖励法的特色。

从法律的名称来看，与专利相关的法律均有"奖励"二字。1912年12月民国政府颁布《奖励工艺品暂行章程》，1923年4月北洋政府农商部将之修改后颁布《暂行工艺品奖励章程》，1928年6月颁布《奖励工业品暂行条例》，1932年9月颁布《奖励工业技术暂行条例》，1933年颁布《特种工业奖励法修正草案》，1939年9月颁布《奖励工业技术暂行条例施行细则》，1940年11月颁布《奖励工业技术补充办法》是对前面两法的补充，1944年3月还颁布《政府机关场厂人员发明或创作专利权处理及奖励办法》，无不带有"奖励"二字。

从颁布法律的机构来看，制定这些专利的奖励法规的国家机关均为行政机关，而非立法机关。1912年12月颁布的《奖励工艺品暂行章程》为商部公布，1923年4月颁布的《暂行工艺品奖励章程》为北洋政府农商部公布。1928年6月，《奖励工业品暂行条例》颁布后，美国驻华大使照会中国政府，提出异议，民国政府外交部长王正廷在回复美使照会中称，该法并非专利特许法规。1932年9月颁布《奖励工业技术暂行条例》，本来应该送交立法机构审议，为了避免外交纠纷，特意改为由实业部制定，报国民政府备案。1939年9月颁布的《奖励工业技术暂行条例施行细则》更是由经济部制定。

从权利的内容来看，民国时期专利的相关法律既有精神奖励，又有专利奖励。精神奖励主要为"褒状"，如1912年12月颁布的《奖励工艺品暂行章程》第四条奖励办法规定，名誉之奖励，给予"褒状"，1923年4月颁布的《暂行工艺品奖励章程》第六条，规定"准予褒奖者由部发给褒状"，1928年6月颁布的《奖励工业品暂行条例》第二条仍然规定给予专利奖励的方式有"专利"及"褒状"两种，直到1932年9月颁布《奖励工业技术暂

---

① 《东方杂志》(时评·奖励华商)，1905年第1期。

行条例》才没有相关的"褒状"规定。值得注意的是，即使在这些法规中规定予以发明创造人专利权利，却强调授予专利是政府奖励的措施之一，在审查过程中，发明人的"创造性行为"固然重要，但在某种程度上，在专利权授予范围、权利内容等方面，政府的"授予性行为"要服务于国家救亡图存的需要，起决定作用。近代专利，政府"授予性行为"只是专利取得的"必经程序"，权利来源于发明人的发明创造劳动，是发明人当然享有的自然权利。这表明在行政奖励法语境下的专利与近代专利仍然存在一定的差别，这种差别随着近代中国专利法的逐步完善而趋于消失。

对于外国人的专利，中国政府首先将外国人的专利排除在保护之外，同时鼓励国内企业仿造外国技术产品，从晚清至民国均如此。1923 年 4 月颁布的《暂行工艺品奖励章程》规定享有奖励者以中华民国人民为限，第三条奖励对象中规定，"凡应用外国成法制造物品著有成效者"给予"褒状"，这也反映了民国时期专利法规的奖励法性质。1928 年 6 月颁布的《奖励工业品暂行条例》第一条规定应用外国成法制造物品著有成效可以向工商部申请奖励，第二条对于应用外国成法制造物品著有成效者，工商部审查合格，给予"专利"和"褒状"两种奖励。

近代专利发展历程中，"专利权""专制权""专有权"通常混用，1946 年，国民政府工业主管人之一的吴涧东就此问题作了区分。在论述中，吴涧东主要是从政府专利立法角度讨论采用何种专利法名称为宜，表述中凸显出专利法作为奖励法的特质："专利权系以全国为范围，而专制权限于指定之区域，视当地原料、工人及制品之供应情形而核定之。奖励工业法系奖励国内企业家兴办工厂而设，受奖者之资格，属于工业界之企业家即工厂方面，而奖励工业品条例，系为奖励国人技术进步发明工业物品而设，受奖者之资格属于技术家个人方面"，"发明家获发明后，可在若干区域专制权设厂使用，享受减免税厘运费等待遇"，"此种方法，实与民元以来以至国民政府所采用奖励工业品之章程条例相同，但以前旧例均用专卖权或专利权字样，而兹所拟，则改用专有权之奖励、专有权之名称，借以免其与专利特许法相混。所谓专有，系包括专制、专销等种种性质，且以全国为范围，并不受先行设厂之限制。特种工业奖励法内之专制权，其一定区域之限制，既较全国为狭隘，且专制权亦仅为专有权之一部分。此系两种法例奖励方法不同之点。后经实业部提出立法审议仍沿用专利权字样，由国府明令公布为奖励工业技术暂行条例二十九条，时为二十一年九月三十日。"①

1939—1940 年，对是否保护涉外专利，国内曾经有废止奖励法、颁布专利法的讨论，最后，反对声占主导地位，没有颁布专利法，对于工业技术，仍以奖励方式予以鼓励。

作为保护发明的手段，除制定专利制度外，还有表彰、授予荣誉、减免税收、发给奖金等，但这些手段中，无论其中任何一个，都不能和给予垄断权的最优越的保护手段专利制度相媲美，它们不过是对专利制度起辅助作用。② 1944 年《专利法》的颁布，标志着近代中国专利法律制度完成从奖励法向专利法保护制度的转变。

以"专利条款"为轴心，如果说近代专利法的完成是以 1944 年《专利法》为标志，那么可以认为，它是清末中外商约"专利条款"兑现的结果，但从历史具体进程来看，"专利条款"又恰是迟滞《专利法》诞生的主因。清末中外商约"专利条款"与《专利法》的这种复杂关系正是外部因素在中国专利法律制度演变中的真实反映。

四、清末中外商约"专利条款"对治外法权、最惠国待遇的影响

治外法权、最惠国待遇是西方在华攫取的最重要的权利，在清末中美商约"专利条款"谈判中，"专利条款"作为废除治外法权的筹码，在清末商约"专利条款"的实施中，最惠国待遇一定程度上受到限制。

1. 商约谈判中作为废除治外法权对价的商约"专利条款"

清末中外商约谈判中，治外法权问题的提出，主要是列强要求增列新的

---

① 吴涧东：《三十年中国之发明专利》，见《三十年来之中国工程》，中国工程师学会，1946 年 8 月出版，第 17－18 页。

② 吉藤幸朔著，宋永林，魏启学译：《专利法概论》，科学技术文献出版社 1980 年版，第 4 页。

开放口岸，清政府考虑到会丧失更多的主权而提出的应对措施。至于它与"专利条款"的关系，则是由于美国"专利条款"对清政府的工业发展尤其是军工业影响较大，在清政府极不情愿的情况下作为谈判的筹码。

在清末中外商约谈判中，清政府的谈判代表对于国家主权十分敏感。光绪二十八年（1902）5月15日，刘坤一致电外务部及谈判大臣，对于日方谈判草案第五条"开广口岸"，提出自己的担忧，"索开多口，无非便其居住，侵我治权，耗我费用"，如果每一国议开多口，"恐各省皆成口岸"，既如此，"转不如仿日本，全国开通，寓华人民悉归我管，转可省费用、保治权"。①

光绪二十八年（1902）6月17日，张之洞致电外务部，指导谈判代表，对于英国提出的多项新要求，特别是新开口岸，认为，"皆是英国所索要于中国者，中国亦应向英国索要数端方为公平，如不肯商，我便不开议"，因此，提出一项重要要求，中国修改法律后，英人归我管辖。因而，清政府改定第十二条为："中国深愿整顿本国律例以期与各国律例改同一律。英国允愿尽力帮助中国以成此举。一俟查悉中国法律情形及其审断办法与其他相关之事皆臻妥善，英国可无放弃其治外法权之时，英国即允弃其治外法权"。以当时中国之国势，英国谈判大臣马凯竟然答应此条，"实为意料所不及"，此可以立自强之根，"壮中华之气"。②

清末中美商约知识产权谈判中，也涉及废除治外法权的问题。谈判中，由于美国提出了保护专利的条款，中方极力反对，一再要求将该款删除，1903年8月27日，中美举行第44次会谈，美方谈判代表古纳拒绝讨论取消这一款的问题。8月29日，中美进行第45次会谈，当中方再次提出取消保护专利一款时，古纳的态度更加坚决，表示，如果中国方面同意该款，那么，美国方面"就取消关于治外法权一款"。取消治外法权是中方此次谈判的一个重要预期成果，美方以此要挟，某种程度上是将"专利条款"作为取消治外法权的谈判筹码。近代日本在取消治外法权中也出现过类似情形，《巴黎

---

① 苑书义，孙华峰，李秉新：《张之洞全集》（第11册），河北人民出版社1998年版，第8835页。

② 苑书义，孙华峰，李秉新：《张之洞全集》（第11册），河北人民出版社1998年版，第8853页。

公约》后，列强要求日本加入，当时日本的外务卿井上馨答应日本保护外国人专利，但是，专利所所长高桥是清予以反对，理由是，保护外国人专利与废除不平等条约是对等的问题，不废除不平等条约，就不保护外国人专利，最终说服了井上馨，没有马上在专利法中规定保护外国人专利，而是将其作为日本与西方谈判废除不平等条约的交换条件，并取得成功。

2. 清末中外商约"专利条款"实施中最惠国待遇受限及其争议

清末中外商约"专利条款"一直未予实施，涉外专利没有受到有效保护，列强指责中国破坏其按照最惠国待遇享有的权利。

（1）清末中外商约"专利条款"实施中涉外专利受限。

清末中外商约谈判中，清政府之所以接受"专利条款"，一个重要的原因是，当时，清朝各地方衙门已经保护外国人专利。光绪二十九年（1903）6月29日，谈判大臣吕海寰、盛宣怀、伍廷芳致电张之洞、外务部，辩称接受"专利条款"的理由是，近年各国领事常照会清政府各地方官，要求保护其专利，各地方衙门"均照准示禁有案"，且"此皆未入约以前、业经照行之事"，即使不订明约章，将来各国领事请照保护，地方衙门"势必照案准行"，换言之，不与美国签订"专利条款"，并不能阻止涉外专利的保护，与其如此，还不如设专管衙门，定专律，"转归划一"，将涉外专利纳入自己的掌控之中。

但是，中外商约"专利条款"的订立让西方大感失望，外国人的专利不仅没有得到"制度化"的保护，甚至以前获得的特许保护也一并丧失，与商约"版权条款"的订立颇为类似。

首先，按照中外商约"专利条款"的规定，中国政府制定《专利法》是保护涉外专利的前提，但是，晚清政府、民国历届政府均未制定《专利法》，涉外专利失去了保护的法律依据。

其次，中国政府颁布了一系列鼓励发明创造的法律规定，均以奖励法的方式颁布，且在保护主体上明确将外国人排除在外。1906年，清政府颁布《奖给商勋章程》未规定保护涉外专利；1912年工商部颁布的《奖励工艺品暂行章程》虽没有规定奖励的主体范围，但实际上是以中国人为主；1923年12月，北洋政府颁布的《暂行工艺品奖励章程》第二条明确规定，"享有奖励权利者以中华民国人民为限";1932年9月,国民政府颁布的《奖励工业技术暂行条例》第一条规定,申请主体为"中华民国人民"。且清末至民国的奖励法中还公开鼓励引进西方技术,如1923年颁布的《暂行工艺品奖励章程》第一条规定"应用外国成法制造物品著有成绩者"可以呈请奖励,1928年《奖励工业品暂行条例》第一条规定了同样的内容。

此外,已如前述,外国人在华申请专利,往往被拒,已经在海关"挂号"之专利及向北洋政府少量的申请专利也不能获得专利权。

总之,中外商约"专利条款"后,由于中国没有颁布《专利法》,外国人的专利不能按照商约"专利条款"得到保护,且此前专利特许权也一并丧失。

(2) 清末商约"专利条款"实施中涉外专利争议。

我国近代形成了以行政奖励法保护专利的法律体系,被外国人指责为"变相之特许条例",保护了中国人的专利,对于外国人的专利"则见拒避"。以前涉外专利应受保护,"专利条款"后反不能保护,所以日本大阪贸易调查所雨田生认为,此问题应与领事裁判权问题"同为宜早解决之事"。1928年,日本驻上海副领事加藤日吉在上海《日日新闻》撰文,回顾中国颁布工业奖励法,只保护中国人专利,而外国人专利"陷于危境"。在该文中,加藤日吉回顾了中国历届政府颁布奖励工业技术的法规历程,民国元年,颁布工业品奖励规则,赋予五年专卖权及褒状,但仅限于华人,及至民国十六年(1927),北京政府公布了九条外国人特许品暂行登记办法,但当时北京政府已在"动摇",未及施行,民国十七年(1928),国民政府颁布了修改后的《奖励工业品暂行条例》,规定专利年限为三年、五年、十年、十五年,且若他人伪造或仿造时,"得行起诉禁止没收",该法已具专利法之"形体",但在华外国人则不能享此权利。民国十八年(1929),颁布了特种工业奖励办法。加藤日吉评价为"是华人之特许法,正在逐渐进行,而外人之特许权,则陷于危境"。[①]

在中国颁布奖励专利法规的过程中,由于未保护涉外专利,西方一再诘

---

① 吴涧东:《三十年中国之发明专利》,见《三十年来之中国工程》,中国工程师学会,1946年8月出版,第7-8页。

问,指责中国违反相关条约,破坏了其享有的最惠国待遇,加藤日吉在报刊撰文中进一步分析:"凡关于私权,在国内之内外人,皆同一保护平等取缔,固为世界一般所公认,且中日适用最惠国条款,故外人当然要请求外人特许权保护之道,当迅谋解脱此不妥之情。"① 中日商约中并无保护专利的内容,加藤日吉指责中国在专利问题上内外有别,没有"同一保护",理由是专利属私权,保护私权是世界各国公认的原则,且根据最惠国待遇原则,日本人应该享有专利权。

专利确属私权,国民待遇原则是《巴黎公约》确立的一项基本原则,其内容是任一同盟国之国民,在其他同盟国内,对于工业产权的保护,享各该国法律规定的现在或将来给予本国国民相同之利益,若受到侵害时,受到同样之司法救济,其核心是同盟国国民在该国享有无差别待遇,未加入《巴黎公约》同盟的非条约国国民,在任一同盟国内有居所或工商营业所者,按照缔约国公民一律享有同盟国国民同样的保护,并不以同盟国国民为限。但是,中国并非《巴黎公约》成员方,不存在适用国民待遇原则的可能性,只能按照清末中外商约"专利条款"执行,因而,加藤日吉的指责并无法律依据。

---

① 吴涧东:《三十年中国之发明专利》,见《三十年来之中国工程》,中国工程师学会,1946年8月,第8页。

参考文献

一、近代报刊资料

[1]《申报》《大公报》《时报》《民国日报》《外交报》《外交周报》《万国公报》《中华民国政府公报》《字林西报》《商标公报》《中央银行经济汇报》《外交月报》《东方杂志》《法政杂志》《法学季刊》《外交评论》《总商会月报》，《内政公报》《教育杂志》等。

[2]《大成老旧刊全文数据库》，《申报》《大公报》《瀚文民国书库》等全文检索数据库。

二、学术专著类

[1] 王建朗. 中国废除不平等条约的历程[M]. 南昌：江西人民出版社，2000.

[2] 李育民. 近代中外条约关系刍论[M]. 长沙：湖南人民出版社，2011.

[3] 李明山. 中国近代版权史[M]. 开封：河南大学出版社，2003.

[4] 左旭初. 中国商标法律史（近现代部分）[M]. 北京：水利水电出版社，2005.

[5] 徐海燕. 现代专利制度研究（1854—1949）[M]. 北京：知识产权出版社，2010.

[6] 王兰萍. 近代中国著作权法的成长（1903—1910）[M]. 北京：北京大学出版社，2006.

［7］刘志琴. 近代中国社会文化变迁录［M］. 杭州：浙江人民出版社，1998.

［8］周林，李明山. 中国版权史研究文献［M］. 北京：中国方正出版社，1999.

［9］王铁崖. 中外旧约章汇编（第一册）［M］. 北京：生活·读书·新知三联书店，1957.

［10］王铁崖. 中外旧约章汇编（第二册）［M］. 北京：生活·读书·新知三联书店，1959.

［11］王铁崖. 中外旧约章汇编（第三册）［M］. 北京：生活·读书·新知三联书店，1962.

［12］中国近代史资料丛刊编辑委员会. 辛丑和约订立以后的商约谈判［M］. 北京：中华书局，1988.

［13］苑书义，孙华峰，李秉新. 张之洞全集［M］. 石家庄：河北人民出版社，1998.

［14］张静庐. 中国近代出版史料（初编）［M］. 上海：上杂出版社，1953.

［15］张静庐. 中国现代出版史料（甲编）［M］. 北京：中华书局，1954.

［16］吴孟雪. 美国在华领事裁判权百年史［M］. 北京：社会科学文献出版社，1992.

［17］熊月之. 西学东渐与晚清社会［M］. 上海：上海人民出版社，1994.

［18］黄海峰. 知识产权的话语与现实——版权、专利与商标史论［M］. 武汉：华中科技大学出版社，2011.

［19］吉藤幸朔，著. 宋永林，魏启学，译. 专利法概论［M］. 北京：科学技术文献出版社，1980.

［20］直隶高等审判厅书记室，编. 何勤华，点校. 华洋诉讼判决录［M］. 北京：中国政法大学出版社，1997.

［21］杜颖. 社会进步与商标观念：商标法律制度的过去、现在和未来［M］. 北京：北京大学出版社，2012.

［22］叶德辉，著. 李庆西，标校. 书林清话［M］. 上海：复旦大学出版社，2008.

［23］梁治平. 法律的文化解释［M］. 北京：生活·读书·新知三联书店，1994.

［24］郑成思. 知识产权论［M］. 北京：法律出版社，1998.

［25］中国第二历史档案馆. 中华民国史档案资料汇编（第三辑）［M］. 南京：江苏古籍出版社，1991.

［26］中国第二历史档案馆. 中华民国史档案资料汇编（第五辑）［M］. 南京：江苏古籍出版社，1994.

［27］孙宝瑄. 忘山庐日记［M］. 上海：上海古籍出版社，1983.

［28］全国政协文史资料研究委员会工商经济组. 回忆国民党政府资源委员会［M］. 北京：中国文史出版社，1988.

［29］秦宏济. 专利制度概论［M］. 重庆：商务印书馆，1945.

［30］莫世健. 国际经济法［M］. 北京：中国政法大学出版社，2008.

［31］曾陈明汝. 专利商标法选论（增订新版）［M］. 台北：中亨打字印刷行，1977.

［32］黄宗勋. 商标行政与商标争议［M］. 长沙：商务印书馆，1940.

［33］章圭璟. 商标法要义［M］. 上海：商务印书馆，1923.

［34］薛理勇. 旧上海租界史话［M］. 上海：上海社会科学院出版社，2002.

［35］夏东元. 盛宣怀年谱长编（下）［M］. 上海：上海交通大学出版社，2004.

［36］吴永贵. 中国出版史（下册，近现代卷）［M］. 长沙：湖南大学出版社，2008.

［37］张玲. 日本专利法的历史考察及制度分析［M］. 北京：人民出版社，2010.

三、期刊论文类

［1］吴汉东. 知识产权法律构造与移植的文化解释［J］. 中国法学，2007（6）.

［2］吴汉东. 财产的非物质化革命与革命的非物质财产法［J］. 中国社会科学，2003（4）.

［3］吴汉东. 国际变革大势与中国发展大局中的知识产权制度［J］. 法学研

究，2009（2）.

[4] 李雨峰. 从特权到私权：近代版权制度的产生［J］. 重庆大学学报（社会科学报），2008（2）.

[5] 李雨峰. 版权的中国语境——一种历史的考察［J］. 西南民族大学学报，2004（3）.

[6] 李雨峰. 枪口下的法律——近代中国版权法的产生［J］. 北大法律评论，2004（1）.

[7] 李雨峰. 理性的宰制——关于帝制中国版权问题的省思［J］. 政法论坛，2005（5）.

[8] 张乃和. 论近代英国版权制度的形成［J］. 世界历史，2004（4）.

[9] 张玉敏，李雨峰. 中国版权史纲［J］. 科技与法律，2004（1）.

[10] 高汉成. 治外法权、领事裁判权及其他——基于语义学视角的历史分析［J］. 政法论坛，2017（5）.

[11] 高汉成. 中国近代"治外法权"概念的词汇史考察［J］. 厦门大学学报（哲学社会科学版），2018（5）.

[12] 李洋. 从词义到语境："治外法权误读、误用及误会"［J］. 社会科学，2015（2）.

[13] 田红梅. 近代中国"版权""著作权"概念的历史演变［J］. 山西档案，2018（4）.

[14] 刘文远. 从"移植"到"内生"的演变：近代中国商标权取得原则的确定及调整［J］. 知识产权，2015（4）.

[15] 夏扬. 外来压力还是内在需求？——重新认识近代知识产权制度的建立动因［J］. 西南民族大学学报，2011（8）.

[16] 屈春海. 清末中外关于《商标注册试办章程》交涉史实考评［J］. 历史档案，2012（4）.

[17] 赵晓耕. 试析治外法权与领事裁判权［J］. 郑州大学学报，2005（5）.

[18] 刘保刚. 近代以来中外关于保护知识产权的谈判［J］. 史学月刊，2002（9）.

[19] 蔡晓荣，王国平. 晚清时期的涉外商标侵权纠纷［J］. 学术研究，

2005（9）.

［20］蔡晓荣. 清末涉外版权纠纷问题［J］. 齐齐哈尔大学学报，2006（5）.

［21］侯庆斌. 晚清中外会审制度中华洋法官的法律素养与审判风格——以上海法租界会审公廨为例［J］. 学术月刊，2017（1）.

［22］冯秋季. 日中版权同盟论争与近代中外版权条约话语［J］. 河南师范大学学报，2011（3）.

［23］冯秋季. 张之洞与中外版权交涉［J］. 韶关学院学报，2004（1）.

［24］冯秋季. 近代中国版权制度产生的社会原因分析［J］. 郑州航空工业管理学院学报，2004（2）.

［25］冯秋季. 伍廷芳与中美专利交涉［J］. 郑州大学学报，2005（4）.

［26］李琛. 近代中国《著作权法》之体系选择小考［J］. 中国版权，2021（6）.

［27］李琛. 商标专用权概念考辨［J］. 知识产权，2022（1）.

［28］李明山. 民国初年的涉外版权纠纷［J］. 民国档案，2003（4）.

［29］李明山. 张百熙与中国近代的版权保护［J］. 韶关学院学报，2001（4）.

［30］张惠彬. 论商标权的宪法基础——以美国法的变迁为线索［J］. 西安电子科技大学学报（社会科学版），2017（3）.

［31］冯晓青. 商标的财产化及商标权人的准"作者化"——商标权扩张理论透视［J］. 中华商标，2004（7）.

［32］冯晓青，刘成军. 我国保护发明创造立法和政策文献分析——从《振兴工艺给奖章程》到《中华人民共和国专利法》［J］. 南都学刊，2013（1）.

［33］朱英. 近代中国广告的产生发展及其影响［J］. 近代史研究，2000（4）.

［34］朱英. 研究近代中国制度变迁史应该注意的若干问题［J］. 社会科学研究，2016（4）.

［35］李永胜. 列强与1923年中国《商标法》之颁行［J］. 社会科学，2009（4）.

［36］李永胜. 民国初年日美两国在华商标权之争——以1915年凡士林商标侵权诉讼案为例［J］. 社会科学辑刊，2017（2）.

［37］屈春海. 清末中外关于《商标注册试办章程》交涉史实考评［J］. 历史档案，2012（4）.

[38] 崔军伟. 保护与拒绝：清末民初译书版权之争［J］. 中国出版，2015（22）.

[39] 张丽红. 清末商标法律订立的肇始——中外续约谈判中最早涉及的商标保护条款［J］. 山西警官高等专科学校学报，2007（2）.

[40] 林平汉. "十年专利"与近代中国机器织布业［J］. 学术月刊，2000（10）.

[41] 崔志海. 中国近代第一部商标法的颁布及其夭折［J］. 历史档案，1991（3）.

[42] 崔志海. 试论1903年中美《通商行船续订条约》［J］. 近代史研究，2001（5）.

[43] 丁进军. 清末修订著作权律史料选载［J］. 历史档案，1989（4）.

[44] 王清. 商务印书馆与中国近代版权保护（上）［J］. 出版发行研究，1992（6）.

[45] 王清. 商务印书馆与中国近代版权保护（下）［J］. 出版发行研究，1993（1）.

[46] 艾俊川. 晚清的"书底"与版权保护——读《版权谁有？翻印必究？——近代中国作者、书商与国家的版权角力战》［J］. 中国出版史研究，2023（2）.

[47] 郑晓龙. 版权行政保护溯源：实践、动因与启示［J］. 出版发行研究，2022（11）.

[48] 惠科. 近代重庆中英"版权"诉讼案研究——以巴县档案为中心［J］. 重庆师范大学学报，2021（2）.

[49] 张南. 近代英美版权纠纷探考［J］. 东北师大学报（哲学社会科学版），2019（4）.

[50] 刘华，陆剑. 基于法文化视角的清末版权法律文本产生背景考察［J］. 甘肃政法学院学报，2006（5）.

[51] 王兰萍. 中国法制近代化过程中的三部著作权法［J］. 比较法研究，2005（3）.

[52] 徐海燕. 我国近代专利核准情况分析［J］. 知识产权，2009（4）.

[53] 郗万富. 近代中国社会转型时期专利制度变迁述论［J］. 河南大学学

报（社会科学版），2006（6）．

[54] 汪娜．近代中国商标法制建设：特色、成就与借鉴［J］．中南大学学报（社会科学版），2014（5）．

[55] 侯强．近代中国商标立法的特征及其社会效应［J］．中国矿业大学学报（社会科学版），2009（1）．

[56] 侯强．清末朝野及来华教士对涉外版权保护的认知与举措［J］．宁夏社会科学，2011（5）．

[57] 姚秀兰，张洪林．近代中国商标立法论［J］．上海政法学院学报，2006（2）．

[58] 凌金铸．中美知识产权冲突与合作的影响［J］．江海学刊，2005（3）．

[59] 贾中福．1923年中国商标法交涉过程中的中外商会［J］．中国社会科学院研究生院学报，2005（4）．

[60] 王黎明．论近代中外首次商标问题谈判［J］．江海学刊，2005（5）．

[61] 周其厚．传教士与中国近代出版［J］．东岳论丛，2004（1）．

[62] 裘争平．近代上海的几次商标纠纷［J］．世纪，2004（3）．

[63] 张东刚，冯素杰．近代中国知识产权制度的安排与变迁［J］．中国人民大学学报，2004（3）．

[64] 谢明．中国近代商标名称的语义考察［J］．扬州大学学报，2007（4）．

后　　记

在科技变革日新月异的当今，知识产权是一个热度居高不下的话题，涉外知识产权的冲突与调处是其中心议题，从历史视角来看，这一冲突早在清末中外商约谈判时即已开始。

近代"条约体制"下，中外商约"知识产权条款"是解决所有涉外知识产权问题的核心要义，对此，学界已有关注，但多为史实阐述，且集中于商约谈判期间，有诸多重要的议题仍须探讨。清末中外商约"知识产权条款"话语体系的实施及其评价，近代中国知识产权法律制度的自主立法之路，近代中国知识产权从封建特许权向近代私权性质的转变，清末中外商约"知识产权条款"对领事裁判权的限缩等，这些深层次问题的研究还十分薄弱，对其作系统的梳理、研究显得十分必要，此为本书撰写的初衷。

对涉外知识产权，近代中国的态度始终是"欲迎还拒"的复杂心态，日本则是另一面相。日本明治维新时期首任专利特许局局长高桥是清，是日本工业产权奠基人，其在就任专利特许局局长后不久赴美国、欧洲考察工业产权制度，历时一年之久，回国后说过一段颇有感触的话：环顾世界，我们寻找最伟大的国家并仿效它们，我们问：究竟是什么使得美国成为如此强大的国家？经过考察，我们发现是专利制度，我们也将拥有专利制度。事实上近代以来，日本专利制度从未中断，至21世纪初，时任日本首相小泉纯一郎提出"知识产权立国"，成立知识产权战略本部，自任部长，重视知识产权，这应是日本经济久盛不衰的秘诀之一。

本书是以清末中外商约"知识产权条款"为中心对近代涉外知识产权所作的比较完整的研究，不可否认，本书还存在一些不足，一个重要方面是外文资料收集研究不够。国外相关档案资料不易查找，国内近代涉外报刊《字林西报》《弥勒士评论报》等资料引用也较少，这些资料是研究外国人在华活动的重要依据，由于本人外语水平有限，涉猎不够；此外，研究近代中国涉外知识产权涉及多学科，除史学外，还有法学、经济学、国际关系等学科，本书运用这些学科理论作了一些粗浅的探讨，是否逻辑自洽，就教于方家。

本书从选题、收集资料到完稿，历时七载，其间由于身体原因，近三年未动笔，写作过程虽艰苦备尝，但能够完成一项学术研究，甚感欣慰。本书能够顺利出版，得益于教育部人文社科基金的资助，得益于知识产权出版社及宋云、罗慧编辑的鼎力相助，尤其是罗慧编辑对书稿字句必究，精益求精，颇费心力，其严谨、细致的敬业精神令人感佩。本书的出版还得到湖北大学法学院尤其是邹爱华院长的大力支持，没有他们的支持，本书难以付梓，在此，表示深深的感谢！

陈福初
2024 年 5 月 18 日于武昌沙湖之滨